Reihe Hanser 162

Christopher Caudwell · Studien zu einer sterbenden Kultur

»Christopher Caudwell, der 30jährig als Freiwilliger im Spanischen Bürgerkrieg fiel, ist noch mehr als 30 Jahre nach seinem Tode außerhalb Englands fast unbekannt, obschon aus seinem Nachlaß so wichtige philosophische Werke wie »Bürgerliche Illusion und Wirklichkeit« RH Band 76, »Studien über eine sterbende Kultur« und »The Crisis in Physics« erschienen. Das nun in der Reihe Hanser herausgegebene Werk sollte nicht geringere Resonanz auslösen, als es vor 15 Jahren die erste Benjamin-Edition tat.« (Hans Heinz Holz) Als zweiter Band der Werke in Einzelausgaben erschienen die acht Studien über eine sterbende Kultur, die Caudwells Ruhm als einer der glänzendsten anthropologisch-ästhetisch argumentierenden Kritiker bestätigen.

Reihe Hanser 162

Christopher Caudwell

Studien zu einer sterbenden Kultur

Aus dem Englischen
von Elga Abramowitz

Carl Hanser Verlag

Titel der englischen
Originalausgabe:
Studies in a Dying Culture

1. Ausgabe 1938

Wir danken dem VEB Verlag der Kunst
Dresden für die Erlaubnis zur Benutzung
der Übersetzung von Elga Abramowitz,
erschienen als Band 32 in der Fundus-
Bücherei.

ISBN 3 446 11876 4

Ausstattung: Heinz Edelmann
Gesamtherstellung: Pustet, Regensburg
Printed in Germany

Vorwort

«Wir leben in einem einzigartigen geschichtlichen Augenblick. Es ist im wortwörtlichen Sinne ein kritischer Augenblick. In jedem Bereich unserer geistigen und materiellen Zivilisation scheinen wir an einem kritischen Wendepunkt angekommen zu sein. Diese Krise ist nicht nur am augenblicklichen Stand der öffentlichen Angelegenheiten ablesbar, sondern auch an der allgemeinen Haltung zu grundlegenden Werten des privaten und des gesellschaftlichen Lebens.
... Früher bildete nur die Religion, vor allem ihre Dogmen und ihre Moralsysteme, das Ziel skeptischer Angriffe. Dann begann der Bilderstürmer die Ideale und Prinzipien zu zertrümmern, die bisher auf künstlerischem Gebiet gültig waren. Nun ist er auch in den Tempel der Wissenschaft eingedrungen. Es gibt kaum ein wissenschaftliches Axiom, das heute nicht von irgendwem in Frage gestellt wird. Und gleichzeitig würde fast jede unsinnige Theorie, die man im Namen der Wissenschaft aufstellte, sicherlich irgendwo Anhänger und Schüler finden.»

Max Planck: «Where is Science going?» New York, Norton 1932. London, Allen & Unwin. 1933.

Wie das obige Zitat beweist, muß man kein Marxist sein, um zu erklären, daß die bürgerliche Kultur ernstlich krank sei. In der Kunst, der Wissenschaft, der Religion, der Wirtschaft und der Ethik herrschen Uneinigkeit, und in den Schriften führender Männer der modernen Kultur von Einstein bis Freud kann man zahllose Eingeständnisse der Bestürzung und des Pessimismus finden. Die alte sorglose Zuversicht des vorigen Jahrhunderts ist vollständig verschwunden. Die Religion hat nur noch den Trost, daß die Wissenschaft die Kausalität leugnet; und Wissenschaftler finden Trost in der Tatsache, daß Männer der Praxis nicht imstande sind, das Staatsschiff anderswohin zu lenken als auf die Klippen.
Dennoch hat die bürgerliche Kultur in den letzten fünfzig Jahren viel geleistet. Ihre empirische Entwicklung umfaßt Rela-

tivität, Quantentheorie, die Genetik, einen neuen Einblick in die Tiefenschichten des menschlichen Gemüts, die verschiedenen Formen sozialer Beziehungen, die von der Anthropologie nicht behandelt wurden, und Hunderte technischer Erfindungen wie das Flugzeug, das Radio, die modernen Verkehrsmittel und die Elektrizitätskraft. Warum also die Verzweiflung trotz dieser stolzen Bilanz?

Die bürgerliche Kultur ist in Verzweiflung, weil jede Entdekkung wie die Berührung des Midas nur immer eine neue Enttäuschung vorbereitet. Die Quantentheorie scheint die Realität aus der Domäne der Wissenschaft zurückgenommen zu haben, indem sie die Kausalität leugnet. Die Entdeckungen in der Psychologie haben eine hoffnungslose Verwirrung hervorgerufen, und Hunderte völlig unterschiedliche psychologische Schulen kämpfen hier um die Führung. Die bürgerliche Anthropologie erhebt den Anspruch, den Beweis geliefert zu haben, daß die Stabilität von Gesellschaften auf Illusion beruht. Aber der moderne Mensch hat keine Illusionen – oder glaubt zumindest, daß er keine hat. Und das beispiellose Wachstum der Produktivkräfte hat nicht zu Frieden, Überfluß und Glück, sondern zu Krieg, Hungersnot und Elend geführt. Charakteristisch für diese Krise auf allen Gebieten ist die Anarchie. Der Krise ist jenes Merkmal der Anarchie eigentümlich, daß, obwohl alle Menschen dasselbe für sich erstreben, sie genau das Gegenteil erreichen. Und sie hat das weitere Merkmal der Anarchie, daß, je mehr die Menschen eine gemeinsame Wahrheit, einen gemeinsamen Glauben, eine gemeinsame Weltanschauung anstreben, ihre Anstrengungen, eine ideologische Konstruktion zu schaffen, die Zahl der widersprüchlichen und partiellen Auffassungen von der Wirklichkeit nur noch vermehren.

Was ist die Erklärung dafür? Entweder ist der Teufel unter uns gefahren und hat große Macht, oder es gibt eine kausale Erklärung für eine Krankheit, die gleichermaßen die Wirtschaft, die Wissenschaft und die Kunst befallen hat. Warum waren denn all die Psychoanalytiker, die Eddingtons, Keynes, Spenglers und die Bischöfe, die die Situation überschauen, nicht imstande, eine Infektionsquelle zu lokalisieren, welche die ganze moderne Kultur vergiftet und deshalb doch gewiß sichtbar genug ist? Als Antwort mögen diese Leute die Worte von Alexander Herzen auf sich beziehen: «Wir sind nicht die Ärzte, wir sind die Krankheit.»

Die erste Aufgabe des Marxisten ist es, aus dieser Verwirrung diejenigen Elemente herauszulösen, welche echte empirische Entdeckungen darstellen, und sie in seine synthetische Weltanschauung einzuordnen. Das ist verhältnismäßig einfach. Mühsamer ist dagegen die Analyse der Ursache, die jede Entdeckung sozusagen noch in der Hand des Entdeckers den Weg zum Schlimmen gehen läßt. Warum liegt dieses Verhängnis über der bürgerlichen Kultur, daß ihr Fortschritt ihren Verfall nur noch zu beschleunigen scheint? Und wie kann eine Sache auf so vielen verschiedenen Gebieten wirksam werden und so viele verschiedene Formen des Verfalls und der Verwirrung hervorrufen?

Diese Studien befassen sich mit beiden Aufgaben. Sie enthalten Synthese und Analyse, aber die zweite ist meines Erachtens in diesem Stadium wichtiger und wertvoller. Einige von ihnen scheinen vielleicht unangemessen kritisch im Ton für ein Werk, dessen erster Essay mit einem Leninzitat beginnt. Aber die kritische Betrachtung der bürgerlichen Kultur ist deshalb wertvoll, weil stets die gleiche Methode angewandt wird. In der Kunst, der Philosophie, der Physik, der Psychologie, der Geschichte, der Soziologie und der Biologie ist die «Krise» der bürgerlichen Kultur immer auf die gleiche Ursache zurückzuführen. Und das ist kein Zufall, weil diese zerstörerische Krankheit ursprünglich die dynamische Kraft der bürgerlichen Zivilisation war; aber jetzt, da sie ihre äußersten Möglichkeiten erreicht hat, ist sie eine Kraft zum Bösen. Ausgediente Maschinen werden Bremsen. Ausgediente Wahrheiten werden Illusionen. Die bürgerliche Kultur stirbt an einem Mythos.

Aber, so wird man sagen, die bürgerliche Kultur krankt nicht an einer Illusion, sondern im Gegenteil an der Desillusionierung. Alle haben das gesagt: Freud, Jung, D. H. Lawrence und der Erzbischof von Canterbury. Aber das ist ja gerade das Gefährliche dieser Illusion, daß sich die bürgerliche Kultur für desillusioniert hält. Die sekundären Illusionen – Religion, Gott, Moral, Demokratie, Teleologie und Metaphysik – sind alle verbraucht. Aber die bürgerliche Kultur kann sich nicht von der wichtigsten bürgerlichen Illusion befreien, und da sie sich dieser Illusion nicht bewußt ist und diese Illusion nunmehr aller Hüllen beraubt ist, verzerrt sie mit Gewalt das ganze Gewebe der modernen Ideologie.

Diese Illusion ist der Glaube, daß der Mensch von Natur frei sei – «von Natur» in dem Sinne, daß alle gesellschaftlichen Ordnungen nur dazu dienen, seine freien Instinkte zu hemmen und zu verkrüppeln, und Beschränkungen mit sich bringen, die er ertragen und auf ein Mindestmaß verringern muß, so gut er kann. Woraus folgt, daß der Mensch am besten und edelsten dann ist, wenn er seinen Wünschen und Begierden folgen kann, wie er will.

Diese Illusion ist natürlich die in der Renaissance entstandene Charta der Bourgeoisie. Sie forderte für den «natürlichen Menschen» Freiheit von allen feudalen Beschränkungen, Privilegien und Monopolen. Die hauptsächliche Beziehung innerhalb der Gesellschaft sollte Freiheit von jeglicher Beziehung sein – der freie Kaufmann, der freie Arbeiter und das freie Kapital. Jeder Mensch, der auf diese Weise ungehindert seinen Wünschen entsprechend handelt, dient, so behauptete man, zugleich auch den Interessen der Gesellschaft. Dies Prinzip, das dem feudalen Prinzip überlegen ist, gab der bürgerlichen Klasse Überlegenheit und Dynamik und wurde so eine Zeitlang als eine ewige Wahrheit sanktioniert. Noch heute beruht die bürgerliche Kultur auf dieser Annahme.

Wenn diese Annahme stimmte, wäre alles in Ordnung. Es wäre schön, wenn die Freiheit so einfach wäre, wenn der Mensch tatsächlich von Natur frei wäre. Aber das ist nicht der Fall. Freiheit ist nicht das Produkt der Instinkte, sondern der sozialen Beziehungen. Freiheit wird in den Beziehungen des Menschen zum Menschen erzeugt. Diese Forderung der bürgerlichen Kultur war tatsächlich nicht zu verwirklichen. Der Mensch kann nicht seine Beziehungen zur Gesellschaft lösen und trotzdem ein Mensch bleiben. Aber er kann vor diesen Beziehungen die Augen schließen. Er kann sie als Beziehungen zu Waren tarnen, zum unpersönlichen Markt, zu Geld, zum Kapital, und dann sieht es so aus, als seien sie Beziehungen zum Besitz geworden. Er «besitzt» die Waren, das Geld, das Kapital. Alle seine Beziehungen zur Gesellschaft scheinen Beziehungen zu einer Sache geworden zu sein, und da der Mensch einer Sache überlegen ist, ist er nun frei, nimmt er nun eine beherrschende Stellung ein. Aber das ist eine Illusion. Weil der Mensch alle zwischenmenschlichen Beziehungen, welche die Gesellschaft ausmachen und ihren eigentlichen Inhalt, ihre Substanz bilden, nicht erkennen will, hat er sich zum Sklaven von Mächten gemacht, deren Kontrolle ihm entglitten ist, da er ihre Existenz nicht anerkennt. Er ist dem Markt, der Kapitalbewegung, der Krise und der Konjunktur ausgeliefert. Er hat sich selbst betrogen. Das beweist die unbarmherzige Probe aufs Exempel durch die Ereignisse.

Diese bürgerliche Freiheit, die darin besteht, daß jeder Mensch seine eigenen Ziele verfolgt und seinen Profit anstrebt, hat uns nicht nur nicht frei gemacht, sondern uns dem Zufall ausgeliefert. In Gestalt von Krieg, Arbeitslosigkeit, Krisen, Verzweiflung und Neurosen greift das «blinde Schicksal» den «freien» Bürger und seine «freien» Anhänger an. Durch seine Kämpfe gerät der Bürger in die Fänge des Finanzkapitals, wird vertrustet, oder wenn er ein «freier» Arbeiter ist, wird er mit vielen andern in die Massenproduktionsfabrik getrieben. Er ist nicht nur nicht frei, er wird wie ein Blatt vom Wind der sozialen Veränderungen herumgewirbelt. Und diese ganze Anarchie, Impotenz, Konfusion und Widersprüchlichkeit spiegelt sich in seiner Kultur wider. Die Produktivkräfte sind über den freien Bürger hinausgewachsen, und erbarmungslos zerschmettern sie ihn und seine Illusionen.

Kann solch ein einfacher Irrtum – wenn es ein Irrtum ist – die leidenschaftslosen Bereiche der Physik, die fernen Sphären der Kunst und die innere Welt der Psychologie beeinflussen? Kann er die Philosophie verzerren und verhindern, daß der Held Erfolg hat? Wie kann er überall in der Ideologie stets als verzerrender Faktor auftreten, ohne als solcher erkannt zu werden? Aber gerade weil er überall in der bürgerlichen Ideologie auftritt, wie die Fitzgerald-Kontraktion bei der Messung der Luftgeschwindigkeit, vermag ihn der Bürger nicht zu erkennen, so wenig wie der Physiker die Erdgeschwindigkeit durch die Lufthülle hindurch erkennen kann.

Diese «Studien zu einer sterbenden Kultur» behandeln unterschiedliche Themen, die jedoch vielleicht durch das eine Thema miteinander verbunden werden. Dieses Thema ist die Lüge im Herzen der modernen Kultur, die Lüge, an der sie stirbt; und unter dieser Lüge findet man die Wahrheit, welche die Ergänzung zu dieser Lüge bildet, die Wahrheit, welche die Kultur umgestalten und mit neuem Leben erfüllen wird.

George Bernard Shaw
Eine Studie über den bürgerlichen Übermenschen

«Ein großer Mann, der unter die Fabier fiel.»
Lenin

Als Vertreter sozialistischer Anschauungen gewann Shaw bei den durchschnittlichen Angehörigen des «Mittelstandes» in England wie in Amerika allgemeine Anerkennung. Der Fall Shaw ist in vieler Hinsicht interessant und bezeichnend; er ist ein Beweis dafür, wie dauerhaft bürgerliche Illusionen sind. Der Bürger mag im Marxismus bewandert sein, dem gesellschaftlichen System höchst kritisch gegenüberstehen und den lebhaften Wunsch hegen, es zu verändern, und doch führt das alles letzten Endes zu nichts, weil er glaubt, daß der Mensch an sich frei ist. Shaw ist ein ehemaliger Anarchist, ein Vegetarier, ein Fabier und seit einigen Jahren ein Sozialdemokrat: er ist notwendigerweise ein *utopischer* Sozialist. Seine Vorstellung von einem utopischen Staat wurde in «Zurück zu Methusalem» dargelegt: ein Paradies der Greise, die ihre Tage mit *Denken* verbringen und die oberflächlichen jungen Leute verachten, die sich einer *aktiven* künstlerisch-schöpferischen oder wissenschaftlichen Arbeit widmen.

Shaw enthüllte damals die Schwäche wie auch das eigentliche Wesen seiner typisch bürgerlichen Form des Sozialismus. Sie vertritt das Primat des reinen Denkens. Im reinen Denken ist der Mensch allein, ist offensichtlich ausgeschlossen von jeglicher Zusammenarbeit mit anderen Menschen, ist umgeben von einer privaten Welt, und nach bürgerlichen Vorstellungen ist er dann vollkommen frei. Ist das nicht die Illusion des Wissenschaftlers? Nein, denn Wissenschaft ist nicht *reines* Denken, sie ist mit Handeln verbundenes Denken, sie überprüft alle ihre Gedanken an der Realität. Sie ist Denken, wie Denken sein sollte, immer in dialektischer Bewegung zwischen Wissen und Sein, zwischen Traum und äußerer Wirklichkeit. Shaw verabscheut diese Art des Denkens. Er verabscheut die moderne Wissenschaft nicht etwa, was begreiflich wäre, wegen ihrer menschlichen Schwächen, sondern wegen ihres Wesens, wegen ihrer gesellschaftlichen Eigenschaften – all dessen wegen, was an ihrer aktiven, schöpferischen Funktion gut ist.

Das ist ein wohlbekanntes Schauspiel: der Intellektuelle, der versucht, die feindliche Wirklichkeit durch «reines» Denken zu beherrschen. Es ist eine menschliche Schwäche, zu glauben, daß der Mensch, indem er sich ins Reich seiner Imagination zurückzieht, Kategorien oder magische Zauberformeln schaffen könnte, die ihn befähigen, sich die Wirklichkeit durch Denken zu unterwerfen. Es ist der Irrtum des «theoretischen» Menschen, des Propheten, des Mystikers, des Metaphysikers, in seiner pathologischen Form der Irrtum des Neurotikers. Es ist der letzte Rest des Primitiven, der an Zauber glaubt, in uns allen. Bei Shaw tritt dieser Irrtum in einer typisch bürgerlichen Form auf. Er sieht, daß Wahrheit Freiheit bringt, aber er weigert sich zu sehen, daß diese Erkenntnis ein gesellschaftliches Produkt ist und nicht etwas, was ein kluger Mensch allein finden kann. Shaw glaubt immer noch, daß der Mensch aus seiner platonischen Seele reine Weisheit in Form weltbeherrschender Ideen zu gewinnen vermag, daß er durch Debatte und logische Schlußfolgerung, ohne gesellschaftliches Handeln, zu einem neuen, höheren Bewußtsein gelangen kann.
Bewerkenswert ist, daß der echte Künstler ebenso wie der echte Wissenschaftler niemals in diesen Fehler verfällt. Beide finden sich immer wieder zum Kontakt mit der Wirklichkeit gedrängt; sie wünschen und suchen die Wirklichkeit außerhalb ihrer eigenen Person.
Die Wirklichkeit ist eine große, zähe und – je besser der Mensch sie kennenlernt – immer komplizierter werdende Substanz. Die vereinten Anstrengungen von Generationen sind erforderlich, um sie zu begreifen. Die Wissenschaft ist bereits so kompliziert geworden, daß ein einzelner Mensch nur hoffen kann, ein kleines Teilgebiet vollständig zu beherrschen. Der alte Traum vom allwissenden Einzelnen ist ausgeträumt. Die einzelnen müssen damit zufrieden sein, daß ihr Beitrag darin besteht, dem riesigen Gobelin einige wenige Stiche hinzuzufügen, und selbst diese wenigen Stiche können so kompliziert sein wie einst die großen Entwürfe eines Newton oder eines Darwin.
Shaw nun mit seinem bürgerlichen Individualismus wehrt sich ungeduldig dagegen, daß die Wissenschaft der Beherrschung der Wirklichkeit durch einen scharfen Intellekt Schranken entgegensetzt. Er kann nicht hoffen, den Apparat der Wissenschaft zu meistern, also fegt er ihn als Popanz hinweg. Es ist Unsinn, sagt Shaw, daß die Sonne neunzig Millionen Meilen von der Erde entfernt ist. Natürliche Zuchtwahl ist lächerlich. Und an die Stelle dieser Konzeptionen, die das Ergebnis mühseliger Arbeit sind, setzt Shaw Ideen, die reine Wunschvorstellungen sind,

wie die irgendeines Hindu-Mystikers, der Theorien über die Welt entwickelt. Indem er alle Wissenschaft als Unsinn beiseiteschiebt, schreibt er die Geschichte der Wirklichkeit um mit den Ideen eines Medizinmannes, der an «Lebenskraft» glaubt, und eines Gottes, der Gutes immer nur für morgen verspricht. Die Shawsche Kosmologie ist barbarisch; sie ist idealistisch. Shaw beherrscht diese zähe, niederdrückende starke Welt, die ihn umgibt, durch die bekannte neurotische Methode, ihr eine Reihe denkerischer Trugschlüsse zu oktroyieren. Das tut er nicht, weil er ein Narr ist, sondern im Gegenteil, weil er einen scharfen natürlichen Verstand besitzt. Und diese Schärfe seines Verstandes erfüllt ihn mit solchem Stolz, daß er sich imstande glaubt, alles Wissen ohne die Hilfe der Gesellschaft zu beherrschen, durch bloße Hirntätigkeit. Er will die gesellschaftliche Natur des Wissens nicht anerkennen, oder doch nur ganz oberflächlich. So wirkt seine Kosmologie auf uns ein wenig wie die eines außergewöhnlich intelligenten Medizinmannes, der sich in theoretische Erörterungen über das Leben ergeht. Da der durchschnittliche Intellektuelle immer noch zum gleichen barbarischen Theoretisieren neigt, ist es keineswegs verwunderlich, daß er die innere Unausgegorenheit und Unreife aller Shawschen Philosophie nicht erkennt. Der Bourgeois spricht zum Bourgeois.

Es ist barbarisch, an Handeln ohne Denken zu glauben – das ist die faschistische Irrlehre. Aber es ist ebenso barbarisch, an Denken ohne Handeln zu glauben – das ist die bürgerliche intellektuelle Irrlehre. Das Denken wird unbeweglich gemacht – oder vielmehr rast es wie eine Maschine im Leerlauf –, sowie es vom Handeln abgekoppelt wird, denn Denken ist eine Hilfe für das Handeln. Das Denken leitet das Handeln, aber es lernt vom Handeln, wie es leiten soll. Das Sein muß, historisch gesehen und in jedem Fall, Wissen hervorbringen, denn Wissen erwächst als eine Erweiterung des Seins.

Shaws instinktiver bourgeoiser Glaube an das Primat des einsamen Denkens tritt natürlich nicht nur in seiner lächerlichen Kosmologie und seiner abstoßenden Utopia, sondern auch in seiner Butlerschen Biologie zutage, wo die einzelnen Tiere entscheiden, ob sie einen langen Hals haben wollen und so weiter und, indem sie ihren Willen auf dieses Ziel konzentrieren, auch tatsächlich erreichen, daß ihnen ein langer Hals wächst. So lächerlich dieser Butlersche Neo-Lamarckismus auch ist – er hat einen riesigen emotionellen Einfluß auf das bürgerliche Denken. Dieser Einfluß ist so mächtig, daß nüchterne Wissenschaftler, obwohl sie zugeben müssen, daß auch nicht der Schatten eines Beweises für diese Hypothese gefunden werden kann,

jedoch alle möglichen Beweise für den gegenteiligen Standpunkt, ihm dennoch beharrlich ihre vorläufige Zustimmung geben, weil er ihnen so «attraktiv» erscheint. Einem Kopf, der von bourgeoisen Vorstellungen über Freiheit und die Autonomie des individuellen Geistes besessen ist, scheint eine solche Konzeption eine Art Ersatz für das Paradies zu versprechen, das ihm der Determinismus verwehrt.
Das wäre unwichtig, wenn Shaws Fabiertum nicht sein ganzes Werk durchziehen und dessen künstlerischen wie politischen Wert beeinträchtigen würde. Da Shaw einzig an das Primat des Denkens glaubt, fehlt es allen seinen Stücken an Menschlichkeit, denn in ihnen werden Menschen als wandernde Intellekte dargestellt. Gottlob sind sie das nicht, sonst wäre das Menschengeschlecht bereits vor langer Zeit in einer Traumphantasie von Logik und Metaphysik untergegangen. Menschen sind Berge unbewußten Seins, sie wandeln die alten Pfade des Instinkts und des einfachen Lebens, und nur gelegentlich kommt es zu etwas wie einem Phosphoreszieren des Bewußtseins oben auf dem Gipfel. Und dieses Phosphoreszieren des Bewußtseins bezieht seinen Wert und seine Kraft aus den Gefühlen, aus den Instinkten; nur seine Form bezieht es von den intellektuellen Formen des Denkens. In jedem Zeitalter strebt der Mensch danach, dieses Bewußtsein noch intensiver zu machen: der Künstler, indem er die Gefühle sublimiert und intensiviert, der Wissenschaftler, indem er der Form des Denkens mehr Inhalt und mehr Wirklichkeit gibt, und in beiden Fällen geschieht das, indem mehr Sein in der dünnen Flamme verbrannt wird. Shaw jedoch ist besessen von der «reinen» Flamme, Phosphoreszenz unabhängig vom Sein. Die auf diese Weise abstrakt gewordenen Ideen werden leer und klein und klingen nur wie ein fernes Läuten im Ohr. Shaws Stücke werden «ein unirdisches Ballett blutloser Kategorien».
Diese Mischung von bewußtem Denken und bewußtem Fühlen ist jedoch nicht die Quelle gesellschaftlicher Macht, nur eine Komponente davon. Die Gesellschaft mit ihren Fabriken, ihren Gebäuden, ihrer materiellen Solidarität ist stets unterhalb des wirklichen Seins gegenwärtig; sie ist so etwas wie ein riesiges Reservoir des Unbekannten, Unbewußten und Irrationalen in jedem Menschen, so daß wir von jedem sagen können, sein bewußtes Leben sei nur ein unbeständiger Lichtschimmer auf der Masse seiner gesamten Existenz. Außerdem besitzt der bewußte Teil der Gesellschaft eine geradezu panzerartige Festigkeit, die jeder Veränderung Widerstand leistet, selbst während unterhalb dieser Verallgemeinerungen Veränderungen

im Material, in der Technik und in den Einzelheiten des wirklichen Seins vor sich gehen. Das erzeugt in jedem Menschen eine Spannung, die als echte dynamische Kraft in der Gesellschaft wirkt, die Künstler hervorbringt, Dichter, Propheten, Verrückte, Neurotiker und all die kleinen Ungewißheiten, irrationalen Faktoren, Impulse und jähen vernunftlosen Gefühle, alle Freude und allen Schrecken, alles, was das Leben zu dem macht, was es ist, was den Künstler in Entzücken und den Neurotiker in Angst versetzt. Sie ist die Summe aller inneren Unruhe, alles Anti-Konservativen, alles Revolutionären. Sie ist all das, was nicht mit dem gegenwärtigen Zustand zufrieden sein kann, was Liebende der Liebe überdrüssig werden läßt, was Kinder dazu treibt, aus ihrem glücklichen Elternhaus zu fliehen, was Männer zwingt, sich in offenbar nutzlosen Anstrengungen zu verzehren.
Diese Quelle allen Glücks und allen Leids ist die Disparität zwischen menschlichem Sein und menschlichem Bewußtsein, die die Gesellschaft vorantreibt und das Leben lebensvoll macht. Und gerade diese Spannung, alles, was sich unter der toten Sphäre des Intellekts abspielt, ist bei Shaw ausgelöscht. Die «Liebe zum Leben», sein roher theologischer Ersatz für dieses wirkliche, aktive Sein, ist selber ein Produkt des Intellekts. Deshalb sind seine Gestalten unmenschlich: all ihre Konflikte spielen sich in der rationalen Sphäre ab, und keiner ihrer Konflikte wird je gelöst – denn wie kann die Logik je ihre ewigen Widersprüche lösen, die nur durch Handeln zu einer Synthese gebracht werden können? Diese Spannung erzeugt Helden wie Cäsar und Jeanne d'Arc, die auf die chaotische Führung des Geschehens reagieren, indem sie ungeheure schlummernde Kräfte entfesseln, von deren Wesen sie nichts wissen können – doch die Geschichte selber scheint ihnen zu gehorchen. Solche Helden sind für Shaw unfaßbar. Er muß die Auffassung vertreten, daß sie all das, was sie zustande brachten, bewußt anstrebten. Daher erscheinen ihm diese Helden als die netten kleinen Gestalten eines bürgerlichen Geschichtsbuches, die, ganz und gar unmenschlich, ihr Leben so ruhig betrachten, als seien sie selber Examensarbeiten über die «Strömungen gesellschaftlicher Veränderungen». Diese Stücke sind keine Dramen. Das ist nicht Kunst, das ist bloße Debatte und führt genausowenig zu irgendwelchen Lösungen oder zeitlichem Fortschritt, besitzt genausowenig tragische Endgültigkeit oder künstlerische Einheit wie jede Debatte.
Auch aus diesem Grund ist Shaw eine Art intellektueller Aristokrat, und in seinen Stücken tritt niemand auf, der nicht fähig ist,

seine Motive auf Verlangen sofort vernünftig und höchst scharfsinnig zu begründen – es sei denn als lächerliche oder zweitrangige Figur. Die Handelnden sind nichts, die Denker sind alles. Sogar ein Mann, der im wirklichen Leben mächtig, furchteinflößend und gänzlich hirnlos wäre – der Rüstungsfabrikant Undershaft in «Major Barbara» –, muß in einen glänzenden Theoretiker verwandelt werden, bevor er (wie Shaw meint) auf der Bühne Eindruck machen kann. Aber wir alle kennen und bewundern Gestalten, die nicht imstande sind, ihre Gedanken intellektuell zu formulieren, die jedoch, was ihren Einfluß auf die Wirklichkeit betrifft, edler, großartiger, machtvoller und wirksamer sind als irgendeiner unserer intellektuellen Freunde. Wir wissen jedenfalls im Leben sehr wohl, daß das Denken allein nicht hinreicht, die Welt vorwärtszutreiben, und erkennen das durch unsere Huldigung für die «illusionistische», «irrationale» Kunst an, die allein an unsere Erfahrung appelliert und diese zu einem vorübergehenden und rein gefühlsmäßigen Bewußtsein erhebt. Keine dieser Gestalten, die als Krieger, Künstler, Staatsmänner oder Ethiker in der Weltgeschichte von Bedeutung gewesen sind, erscheinen in Shaws Stücken. Er vermag keine Persönlichkeit zu zeichnen, die eindrucksvoll ist, auch ohne ein guter Diskussionsredner zu sein, der die bürgerliche Dialektik beherrscht. Diese Schwäche offenbart sich natürlich bei seinen Proletariern. Wie die Proletarier in Major Barbaras Heilsarmeeschuppen sind sie bloße Karikaturen. Nur als «gebildete» Leute, wie der Chauffeur in «Mensch und Übermensch», können sie respektabel werden.

Daraus folgt, daß Shaws ideale Welt keine Welt des Kommunismus ist, sondern daß sie genau wie die Welt H. G. Wells' von intellektuellen Samurai regiert wird, die die armen, zu klarem Denken unfähigen Arbeiter leiten und führen – eine Welt des Faschismus. Denn bürgerliche Intellektuelle, die eine falsche Vorstellung vom Wesen der Freiheit haben, werden durch die ihrer Vorstellung innewohnenden Widersprüche am Ende zum Gegenteil der Freiheit, zum Faschismus getrieben. Shaws Utopia ist eine geplante, von oben oktroyierte Welt, in der die Organisation in den Händen einer aus Intellektuellen bestehenden Bürokratie liegt. Solch eine Welt aber wird von der Welt des Kommunismus verneint, in der alle mitregieren und aktive Intellektuelle, die nicht mehr vom Sein losgelöst sind, vom bewußten Arbeiter lernen, so wie umgekehrt die Arbeiter Leitung und Führung vom Denken fordern. Die unheilvolle Klassenkluft zwischen Denken und Handeln ist hier überbrückt. Diese Welt mit ihren ersetzbaren Beamten, die nicht speziell für ihre Aufgabe ausgebildet wurden, ist das Gegenteil des alten Traums oder Alptraum der Fabier, das Gegenteil der Klassen-Utopia, in der die herrschende Klasse jetzt den Charakter einer ständigen, intellektuellen, ausgebildeten Bürokratie annimmt, welche die Macht des Staates zum «Besten» des Proletariats einsetzt. Diese Welt war ein süßer Traum der Mittelklasse, der die Welt nicht gehörte, wie sie dem Kapitalisten gehörte, und die auch nicht wie das Proletariat die Gewißheit hatte, daß sie ihr eines Tages gehören würde. Doch obwohl dieser Traum nicht zu verwirklichen ist, hält er dennoch den Intellektuellen vom Proletariat fern und macht ihn zu einem Bollwerk der Reaktion. Noch immer ist Shaw besessen von der Idee, die Freiheit sei eine Art Medizin, die ein wohlmeinender Mann dem «unwissenden» Arbeiter von außen oktroyieren kann. Eine solche Freiheit aber wäre Medizin für den Bourgeois, nicht für den Arbeiter. Shaw sieht nicht, daß bis jetzt weder der Intellektuelle noch der Arbeiter diese unschätzbare Freiheit zu vergeben vermag; beide sind in den Kategorien ihrer Zeit befangen, und der Kommunismus ist die aktive Schöpfung der wahren Freiheit, die noch keiner jemandem geben kann. Es ist eine Entdekkungsreise, aber einer Sache sind wir sicher. Die Freiheit, die der Römer, der Feudalherr und der Bourgeois erlangten, erwies sich als illusorisch, einfach weil sie glaubten, daß eine herrschende Klasse diese Freiheit finden und dann der Gesellschaft oktroyieren könne. Aber wir können sehen, daß sie scheiterten und daß der Mensch noch überall in Fesseln liegt, weil sie das Streben nach Freiheit nicht mit ihren Sklaven, ihren Leibeigenen oder dem ausgebeuteten Proletariat teilten; und das taten sie nicht, weil sie dann aufgehört hätten, eine herrschende Klasse zu sein – ein Ding der Unmöglichkeit, bis sich die Produktivkräfte so weit entwickelt hatten, daß herrschende Klassen nicht mehr nötig waren. Bevor deshalb der wohlmeinende Intellektuelle, wie Shaw einer ist, diese schwierige Freiheit sucht, muß er erst mithelfen, das System der gesellschaftlichen Beziehungen so zu verändern, daß alle Menschen und nicht nur die Angehörigen einer Klasse die Zügel der Gesellschaft in ihren Händen halten. Um Freiheit zu erlangen, muß der Mensch sich selbst regieren; aber da er in der Gesellschaft lebt und die Gesellschaft durch ihre und in ihren Produktionsverhältnissen, bedeutet das: wenn die Menschen Freiheit erlangen wollen, muß die Gesellschaft ihre Produktionsverhältnisse lenken können. Die Voraussetzung dafür, daß ein Mensch sich selbst regiert, ist, daß die Gesellschaft nicht von einer Klasse regiert wird, von der er selbst ausgeschlossen ist. Die Suche nach Freiheit beginnt erst im klassenlosen Staat, wenn die Gesellschaft, die sich vollständig selber regiert, die Schwierigkeiten der Freiheit lernen kann. Aber wie kann das erreicht werden, wenn das Schicksal dieser Gesellschaft von einer Klasse geplant oder von Marktfeilschern kontrolliert oder sogar von einer Gruppe eleganter Samurai bestimmt wird? Wie können die eleganten Samurai sich jemals einig sein, da sich nicht einmal zwei Philosophen jemals über absolute Wahrheit und Gerechtigkeit einig werden konnten? Bisher ist nur ein Schiedsrichter für das nie endende sic et non des Denkens gefunden worden – das Handeln. Aber wie kann in einer Welt, in der das Denken herrscht und das Handeln schweigen muß, dieses Problem je gelöst werden? Das Handeln durchdringt jede Pore der Gesellschaft: ihr Leben ist das Handeln jedes einzelnen. Die Gesellschaft wird auseinandergerissen, sobald ihre Form durch das privilegierte und vom Handeln der vielen losgelöste Denken einiger weniger bestimmt wird.

Shaw nun leugnet ausdrücklich die elementare Wahrheit, daß das Denken aus dem Sein entspringt und daß sich das Bewußtsein des Menschen ändert, indem er seine gesellschaftlichen Verhältnisse verändert – eine Veränderung, die durch den Druck des realen Seins unterhalb dieser Verhältnisse bewirkt wird. Shaw muß notwendigerweise die Wirksamkeit des revolutionären Handelns leugnen, verglichen mit der Wirksamkeit der Propaganda. Wie Wells glaubt er, daß Predigen allein imstande ist, die Welt zu bewegen. Aber die Welt bewegt sich, und obwohl sie sich durch und mit Predigen bewegt, folgt daraus nicht, daß jede Predigt sie bewegt, sondern nur jene, die sich mit dem Bewegungsgesetz der Welt in Übereinstimmung befindet, die der Linie des Handelns folgt und die Struktur der Ereignisse deutlich macht. Doch ein bürgerlicher Intellektueller glaubt immer, was er für absolute Wahrheit und Gerechtigkeit hält – Vegetariertum oder gleiches Einkommen oder Ablehnung des Impfens –, könne der Welt durch eine gelungene Beweisführung oktroyiert werden. Daher Shaws Stücke.

Aber hier steht Shaw vor einem Dilemma. Er muß der Welt seine absoluten Wahrheiten durch den Prozeß logischer Debatten aufzwingen. Aber die Nichtdenker oder Halbdenker, denen er sie aufzwingt, sind notwendigerweise minderwertige Geschöpfe – nichts als Arbeiter, eine Ansammlung von unwissenden Nichtintellektuellen, die plastische amorphe Masse, die die intellektuellen Herren der Schöpfung durch ihre gottgleichen Kommandos vor der Katastrophe retten. Wie kann man diesen Geschöpfen Vernunft eintrichtern? Was könnte auf ihre infan-

tilen, frivolen Gemüter Eindruck machen? Man muß sie natürlich wie Kinder behandeln, man muß die Pille der Vernunft mit Paradoxa, Humor, mit eindrucksvollen und absurden Geschehnissen verzuckern.
So wurde Shaw, den der Glaube an das Primat des intellektuellen Bewußtseins daran hinderte, ein Künstler zu werden, durch den gleichen Glauben daran gehindert, ein ernstzunehmender Denker oder eine echte Macht im Bewußtsein der Gegenwart zu werden. Er wurde der Spaßmacher der Welt; da er seinen Botschaften immer einen Zuckerguß von Humor gab, lachte man stets über sie. Der britische Bourgeois, der Marx ignorierte, Lenin verleumdete und seine Thomas Manns ins Gefängnis warf, sah Shaw mit toleranter Freundlichkeit als eine Art Hofnarren an. Die Leute, die Shaw unterschätzt hatte, unterschätzten ihn. Der Zuckerguß, mit dem er seine Pille überzog, machte diese Pille unwirksam.
Marx hingegen versuchte nicht, das «Kapital» für die müden Hirne der britischen Bourgeoisie interessant zu machen. Er versuchte nicht, ein Bestseller zu werden oder seine Ansichten in Westend-Erfolgen zu verschleiern. Er gab der zeitgenössischen Presse keine humorvollen Interviews. Seinen Namen kannten zu seiner Zeit nur wenige Engländer, während den Namen Shaw Millionen kennen. Aber weil Marx seine Botschaft mit Ernst verkündete, weil er die Menschen als seinesgleichen behandelte, wurde diese Botschaft auch mit Ernst und Aufmerksamkeit aufgenommen. Weil er *nicht* glaubte, daß Denken die Welt regiert, sondern daß das Denken der Struktur des Handelns folgen muß, hat sein Denken gewaltigere Auswirkungen gehabt und Größeres geschaffen als das irgendeines anderen einzelnen Menschen. Es hat nicht nur eine neue Zivilisation ins Leben gerufen, die ein Sechstel der Erde umfaßt, sondern in allen andern Ländern orientieren sich alle revolutionären Elemente an Marx' Denken, und alle Politik unserer Zeit ist nur insofern von Bedeutung, als sie im Einklang mit Marx oder gegen ihn ist.
Es ist keine Antwort, wenn man sagt, daß Marx ein größerer Geist ist als Shaw. Wenn Shaw Marx gewesen wäre, wäre er zweifellos Marx gewesen. Noch niemand hat eine Methode erfunden, den Intellekt als solchen zu messen, da Intellekt nicht für sich existiert, sondern nur in seiner sichtbaren Funktion. Shaw und Marx waren beide Männer mit scharfem Intellekt, wie ihre Werke beweisen, und beide erkannten aus ihrer Erfahrung heraus den Zusammenbruch der gierigen bürgerlichen gesellschaftlichen Verhältnisse; aber der Geist des einen vermochte vorwärts in die Zukunft zu springen, während der des

anderen immer in den Denkkategorien des Bürgertums, das er verachtete, gefangen bleibt. Weil Shaw seine Botschaft auf eine herablassende und frivole Weise verkündete und tat, als seien ihm alle Menschen unterlegen, ist sie viel gelesen und wenig beachtet worden, und in der Botschaft selbst tritt all das Unechte und Unreale der Haltung zutage, die die Form ihrer Verkündigung bestimmte.

Shaw las Marx bereits in seiner Jugend, und deshalb bestand für ihn durchaus die Alternative, ein gefährlicher Revolutionär zu werden statt eines populären Reformers, der von einer durch eine bekehrte Mittelklasse geretteten Welt träumte. Er entschied, daß er, obwohl Marx ihm die Schmach und die Falschheit des bürgerlichen Lebens gezeigt hatte, die Notwendigkeit nicht anerkennen würde, diese verfallende Klasse durch die Klasse der Zukunft zu stürzen. Von dem Augenblick an war er mit sich selbst entzweit.

Diese Entscheidung findet ihre Erklärung in seiner Lebensgeschichte. Einer bürgerlichen Familie entstammend, die ihren Einfluß und ihre gesellschaftliche Stellung verloren hatte, empfand der ehrgeizige junge Shaw von Kindheit an die Notwendigkeit, die einstige gesellschaftliche Stellung der Shaws zurückzugewinnen. Er kam nach London mit dem Willen zum Erfolg. Hier lebte er einige Zeit von seiner Feder, so arm wie jeder Arbeiter. Aber da er einen Abendanzug besaß und gut Klavier spielen konnte, war es ihm immerhin noch möglich, sich in den gebildeten Kreisen von Kensington zu bewegen. Die drohende Proletarisierung vor Augen, klammerte er sich an die bürgerliche Klasse. Ebenso wehrte er sich gegen die ideologische Proletarisierung, ein Problem, vor das er sich durch die Lektüre von Marx gestellt sah, und hielt am Fabiertum mit seinen bürgerlichen Traditionen und seiner gesellschaftlichen Respektabilität fest.

Dieses Problem und Shaws Antwort darauf bestimmten seine Ideologie und auch seine Kunst. Seine Kenntnis der Marxschen Lehre befähigte ihn, vernichtende Angriffe gegen alle bürgerlichen Institutionen zu führen. Aber er war niemals imstande, irgendeine Antwort auf die Frage zu geben: Was sollen wir – vom Reden abgesehen – hier und jetzt tun, um sie zu verbessern? Dieses Problem taucht in der verschleierten Form des «schmutzigen Geldes» wiederholt in seinen Werken auf: in «Die Häuser des Herrn Sartorius», «Major Barbara», «Frau Warrens Gewerbe» – und immer wird es zuletzt nicht gelöst, sondern übertüncht. Wir müssen die Dinge nehmen, wie sie sind, bis das System geändert worden ist! Nie aber sollen direkte Maßnahmen ergriffen werden, abgesehen von Reden, um das System zu ändern. Major Barbara ist zuerst entsetzt, als sie entdeckt, daß der Christus, an den sie glaubt, sich an das Kapital verkauft hat, doch zum Schluß heiratet sie dennoch den Geschäftsführer der Rüstungsfabrik, deren Besitzer Ihn gekauft hat. Shaw selber, der entdeckte, daß die herrschende Klasse bis ins Mark verfault war und ihre Existenz nur der Ausbeutung der Arbeiter verdankte, schließt am Ende die ideologische Ehe mit dem Geld, dem bürgerlichen Ansehen, dem Ruhm, dem friedlichen Reformismus. Er, der keine wirksamen Maßnahmen ergreift, um das System zu ändern, hilft, dieses System aufrechtzuerhalten.

Doch gerade weil Shaw Marx gelesen hat, erkennt er die Grundwidersprüche dieser Lösung. Daher finden wir in seinen Stücken so viele gewaltsame Bekehrungen, nicht überzeugende Lösungen und eine allgemeine Flucht vor der Wirklichkeit durch das Medium der Phantasie und des Humors. Das Problem der «schmutzigen» Produkte, das sich aus dem Leiden der Tiere ergab, löste Shaw für sich ganz einfach: Das Fleisch geschlachteter Tiere darf nicht gegessen, das durch Vivisektion gewonnene Serum nicht verwendet werden, obwohl das üble Geschäft trotz dieser Enthaltsamkeit munter weitergeht. Aber wenn es sich um Geld und all die immateriellen Begleiterscheinungen bürgerlicher Wohlanständigkeit handelt, ist er zu einem solchen Verzicht nicht bereit – lieber als intellektueller Fabier berühmt anstatt als gefährlicher Revolutionär unterdrückt! Fleisch und Serum sind für das Leben der Gesellschaft nicht unumgänglich notwendig, und deshalb ist es möglich, darauf zu verzichten. Die bürgerliche Gesellschaft wird durch das Geld zusammengehalten: niemand kann ohne Geld essen, deshalb ist es unmöglich, auf Geld zu «verzichten». Das allein offenbart schon die Wirkungslosigkeit der Shawschen bürgerlichen Enthaltsamkeit – sein Herangehen an das Problem erinnert an die Haltung des Pazifisten, der nicht kämpfen will, sich jedoch weiter von der Gemeinschaft ernähren läßt. Shaws zweideutige Haltung gegenüber gesellschaftlichen Mißständen enthüllt seine Feigheit gegenüber dem Hauptübel, der Angel, um die sich die Gesellschaft dreht – dieses Hauptübel akzeptiert er, während er die geringeren Übel meidet. So ist sein Vegetariertum eine Art Kompensation für seinen Verrat im Größeren und ein Symbol seiner ganzen reformistischen Haltung. Er wird Enthaltsamkeit üben, er wird kritisieren, aber er wird nicht handeln. Diese letzte Weigerung infiziert seine Kritik und macht seine Enthaltsamkeit zu einer aktiven Waffe der Reaktion. In all seinen Stücken und Vorworten ist deshalb das Geld der Gott, ohne den wir machtlos, hilflos, ein Nichts sind. «Sieh zu, daß du zu Geld kommst, dann kannst du ein guter Mensch sein, ohne Geld kannst du nicht einmal anfangen, gut zu sein.» Shaw wiederholt das so oft und so laut, daß es den Anschein hat, als wolle er nicht nur andere, sondern auch sich selbst davon überzeugen. «Wenn du das Geld ausschlägst», fragt er, «was nützt dann dein Altruismus? Sogar wenn du es in den Rinnstein wirfst, wird es irgendein Schurke aufheben. Warte, bis das System geändert wird.»

Aber wie soll es geändert werden? Shaw hat keine überzeugende Antwort auf diese Frage. Dabei darf man ihm nicht bewußte Unredlichkeit vorwerfen. Er ist hilflos gefangen in den Kategorien des bürgerlichen Denkens. Er konnte nicht sehen, daß, da das Sein das Wissen bedingt, die bürgerliche Klasse trotz all ihrer «Klugheit» zum Untergang verurteilt ist und die Arbeiter trotz all ihrer «Dummheit» imstande sind, eine aktive, schöpferische Rolle beim Bau einer neuen Zivilisation auf den Trümmern der alten zu spielen. Vor die Wahl zwischen Arbeiter und Bürger gestellt, gab Shaw dem Bürger, der allen Glanz der bürgerlichen Kultur hinter sich hatte, den Vorzug vor dem anderen, der unwissend, «unvernünftig» und durch die Armut «verroht» war. Daraus erwuchs das Problem seines Lebens: wie man diese bürgerliche Klasse dazu überreden könnte, ihre Sünden aufzugeben. Er mußte sie bekehren oder verzweifelt die Hände falten, und dennoch glaubte er in seinem Herzen nicht an ihre Zukunft, denn er hatte Marx gelesen.

Aus dieser Entscheidung, die durch seine Klasse und seine Lebenserfahrung bedingt war, erwuchsen all seine Schwierigkeiten. Er vermochte niemals wirklich an eine durch das Fabiertum regenerierte Bourgeoisie zu glauben, und die Ereignisse machten die Unverbesserlichkeit und den Verfall dieser Klasse nur noch deutlicher. Daher werden seine Stücke immer belangloser, und die in ihnen aufgeworfenen Probleme bleiben ungelöst. Die Zivilisation wird «Auf die Klippen» getrieben oder ist im «Apfelkarren». Trost findet man im Glauben an eine «Lebenskraft», die unvermeidlich zu einer Utopie führt («Zurück zu Methusalem»). Oder er versucht sich wie in der «Heiligen Johanna» zu trösten, indem er sich einer Zeit zuwendet, da die Klasse, der er sich verschrieben hat, diese bürgerliche Klasse, eine aktive, schöpferische Rolle spielte: er stellt die heilige Johanna als die Heldin und Prophetin bürgerlicher Individualität im sterbenden Mittelalter dar. In «Haus Herzenstod» gibt er einfach eine Tschechowsche Isoliertheit und Desillusionierung

wieder. Offensichtlich erwachsen alle Shawschen Schwächen, alles, was ihn daran hinderte, die künstlerischen und intellektuellen Hoffnungen zu erfüllen, zu denen seine natürliche Begabung berechtigte, unmittelbar aus seiner verhängnisvollen Entscheidung für die bürgerliche Klasse in einer geschichtlichen Periode, als diese Entscheidung falsch war. Auf diese Entscheidung ist das Unreale seiner Stücke zurückzuführen, das Fehlen dramatischer Lösungen, das Ersetzen der Dialektik durch Debatte, der Glaube an «Lebenskräfte» und gedankliche Utopien, die stümperhafte Darstellung Liebender, das Fehlen wissenschaftlicher Kenntnisse und das merkwürdig Marktschreierische in allen seinen Äußerungen – er erweckt den Eindruck eines Mannes, der, indem er andere verspottet, sich zugleich selbst verspottet, weil er sich selbst verachtet, aber andere noch mehr.
Shaw erfüllte eine nützliche Funktion, indem er die Schwäche der bürgerlichen Klasse aufdeckte. Er enthüllt die Fäulnis ihrer Kultur und legt gleichzeitig die Zukunft in ihre Hände, aber weder er noch seine Leser können an den Erfolg dieser Sache glauben; und so repräsentiert er symbolisch die bürgerliche Intelligenz, wie sie heute ist: voller Scham über sich selbst, das Vertrauen zu sich selbst verlierend. Er spielt insofern eine aktive Rolle, als er eine der Kräfte des Defätismus und der Verzweiflung ist, die den Verfall einer Welt beschleunigen helfen, deren Zeit vorüber ist. Doch eine solche Zerstörung ist pathologisch ohne die aktiven Kräfte der Revolution, die den morschen Bau einreißen und neu errichten können. Diese Zuversicht aber hat Shaw nie gehabt, und er ist auch nicht zu der Einsicht gelangt, die dazu nötig ist. Er steht in einer Reihe mit H. G. Wells, D. H. Lawrence, Proust, Huxley, Russell, E. M. Forster, Wassermann, Hemingway und Galsworthy, Männern, die typisch sind für ihr Zeitalter, die die Desillusionierung der bürgerlichen Kultur über sich selbst verkünden, die ihre Illusionen verloren haben und dennoch nicht imstande sind, etwas Besseres zu wünschen oder ein tieferes Verständnis für die bürgerliche Kultur aufzubringen, deren Streben nach Freiheit und Individualität die Menschen in solche Schwierigkeiten gebracht hat. Immer ist es ihre Freiheit, die sie verteidigen. Das macht sie zu bemitleidenswerten statt zu tragischen Gestalten, denn sie sind hilflos, nicht weil die Umstände übermächtig sind, sondern auf Grund ihrer eigenen Illusion.

T. E. Lawrence
Eine Studie über Heldentum

Obgleich die führenden Weltmächte in den vier Jahren des Weltkrieges alle ihre materiellen, wissenschaftlichen und emotionellen Hilfsmittel für den Kampf einsetzten, brachte dieses beispiellose Ringen keinen überragenden bürgerlichen Mann der Tat hervor. Der Weltkrieg hatte keinen Helden. Die russische Revolution hingegen wurde von Anfang an von Lenin geführt, dessen Bedeutung seitdem ständig gewachsen ist, nicht nur in Sowjetrußland, sondern in der ganzen bürgerlichen Welt. Wo immer es eine soziale Gärung gibt, haben Lenins Taten und Worte teil daran, und mit jedem Jahr tritt deutlicher zutage, daß sich die Geschichte des zwanzigsten Jahrhunderts um Lenin als Angelpunkt dreht. Die Gestalten Hindenburgs, Ludendorffs, Joffres, Jellicoes, Frenchs, Haigs, Fochs, Lloyd Georges, Wilsons und Greys aber werden immer lächerlicher und bedeutungsloser, je weiter sie der Strom der Zeit hinwegträgt. Im zwanzigsten Jahrhundert reichen Millionen Tote und Berge von Kanonen, Tanks und Schiffen nicht aus, einen bürgerlichen Helden zu schaffen. Das beste, was sie zustande brachten, war ein Mann, der ein Held hätte werden können – die bewegende Gestalt des T. E. Lawrence.

Wenn aber je eine Kultur Helden hervorbrachte, sollte es doch gewiß die bürgerliche sein? Denn der Held ist ein überragendes Individuum, und die Bürgerlichkeit ist das Glaubensbekenntnis des Individualismus. Das bürgerliche Zeitalter wurde eingeleitet von einem Geschlecht heroischer Riesen: die elisabethanischen Abenteurer und die Konquistadoren der Neuen Welt ragen groß heraus aus der geschichtlichen Masse. Der bürgerliche Fortschritt schenkte uns Cromwell, Marlborough, Luther, Königin Elisabeth, Wellington, Pitt, Napoleon, Gustav Adolf, George Washington. Die bürgerliche Geschichte für bürgerliche Schulen ist in der Tat einfach die Geschichte der Kämpfe von Helden mit ihren Widersachern und ihren Schwierigkeiten.

Was aber macht das Heldentum aus? Die Persönlichkeit? Nein. Helden wurden auch Männer, die ganz undifferenzierte, simple

Persönlichkeiten waren. Der Mut? Ein Mann kann nicht mehr tun als sein Leben wagen und es vielleicht verlieren, und das taten im Weltkrieg Millionen. Der Erfolg – die Fähigkeit, Ereignisse für einen bestimmten Zweck auszunutzen, etwas Glänzendes, Außergewöhnliches zu vollbringen, das Glück anzulokken und zum Gehorsam zu zwingen, wie es der Prototyp aller Helden, Julius Cäsar, tat? Das kommt der Wahrheit schon näher, aber es erklärt nicht jene Helden, die nicht erfolgreich waren. Der heldenhafte Leonidas zum Beispiel wurde durch überlegene Strategie besiegt. Es erklärt auch nicht Männer wie Ludendorff oder Rockefeller, die, obwohl geschickt, erfolgreich und begabt, dennoch weit davon entfernt sind, Helden zu sein. Heldentum scheint demnach etwas zu sein, was nicht allein vom Charakter des Helden abhängt. Die Umstände machen den Helden. Wir teilen nicht Tolstois Vorstellung vom Helden als einem unbedeutenden Mann, der von den Wellen des Glücks emporgetragen wird. Es muß etwas an dem Mann dran sein. Es muß aber auch etwas an den Ereignissen dran sein. Die Vorstellung, der Held sei ein Mann, der die Umstände beherrscht und sie nach seinem Willen formt, ist genauso falsch wie die, er werde einfach zur großen Tat emporgetragen wie auf einer Meereswelle. Beide Vorstellungen sind vielmehr Teilaspekte derselben Wahrheit, der von der Freiheit des menschlichen Willens.

Der menschliche Wille ist insoweit frei, als er bewußt vom Menschen selbst bestimmt wird. Jeden Augenblick wird der Wille des Menschen von den kausalen Einflüssen seiner Umwelt und seinem unmittelbar vorausgehenden Gemütszustand bestimmt, wobei der Gemütszustand all jene physiologischen Faktoren umfaßt, die sich in den bewußten und unbewußten Innervationsmustern miteinander verbinden. Der Mensch wird mit bestimmten angeborenen Reaktionen geboren, die durch Vererbung bestimmt sind, und in einer Umgebung, die durch die Vergangenheit bestimmt ist. Während er sein Leben lebt, wirken angeborene Reaktionen und Umwelt aufeinander ein und formen sein Bewußtsein, das also das Ergebnis einer wechselseitigen Spannung zwischen Umwelt und Instinkt ist, die eine ständige geistige Entwicklung bewirkt. Da jedes Handeln eine gleiche und entgegengesetzte Reaktion zur Folge hat, verwandelt er seinerseits die Umwelt durch jede Handlung, die ihn verändert. Zu seiner Umwelt gehören natürlich auch andere Menschen.

Ein Held ist ein Mensch, dessen Leben so verläuft, daß er, so wie seine instinktmäßige Ausrüstung und seine Umwelt nun einmal beschaffen sind, auf seine Umwelt eine viel größere Wirkung ausübt als diese Umwelt auf ihn. Wir können daher sagen, der Held ist ein Mensch, der seine Umwelt beherrscht und formt.

Aber wie ein Mensch ein Huhn nur dann richtig zerlegen kann, wenn er weiß, wo die Keulen sitzen, und sich danach richtet, so beherrscht ein Held die Ereignisse nur deshalb, weil er dem Gesetz gehorcht, das sie hervorbringt. Der Mann, der ein Huhn meisterhaft zerlegt, entspricht deshalb auch der Tolstoischen Vorstellung vom Helden als einem Menschen, der in Wahrheit ein Sklave der Umstände ist. Es gibt nur eine Art, ein Huhn richtig zu zerlegen, und deshalb wird der Mensch, der das Huhn vollständig beherrscht, indem er es richtig zerlegt, zugleich insofern vollständig von ihm beherrscht, als er der Anatomie des Huhns sklavisch folgen muß. Aber dennoch wird das Huhn zu guter Letzt zerlegt. Sogar das läßt die Situation zu einfach erscheinen. Denn in der Dialektik des menschlichen Lebens gibt es auch einen Grund, warum der Mensch das Huhn zerlegen will, warum der Held Welten erschüttern will.

Hier nun kommen wir zu einem anderen charakteristischen Merkmal des Heldentums: daß nämlich der Held, sogar während er die Welt verändert, nicht zu ahnen scheint, was er da tut. Cäsar wollte nie bewußt das römische Imperium, Alexander niemals die Geburt der hellenistischen Kultur. Und dennoch wollten sie etwas, und alle ihre Handlungen schienen auf das Ziel gerichtet, das sie erreichten.

Der Held scheint aus einer Art blinder Intuition heraus zu handeln; und deshalb ist es besonders merkwürdig, daß der Held gleichermaßen Herr über Dinge und Menschen ist, etwas, was außerhalb der Fähigkeiten der meisten großen Männer liegt. Darin gleicht der Held einerseits dem Propheten oder religiösen Lehrer, der die Seelen der Menschen kontrollieren kann, aber nicht die Ereignisse, und andererseits dem Wissenschaftler, der die Menschen lehren kann, Ereignisse zu kontrollieren, wenn sie das wünschen, der sie aber nicht lehren kann, was sie sich denn wünschen sollen. Der Held kennt sich aus in Geographie, Krieg, Politik und Städten, und neue Techniken dienen ihm als Werkzeug, aber auch die Menschen dienen ihm als Werkzeug. Und bei alledem weiß er kaum, warum das so ist, er könnte keine kausale Erklärung abgeben, was in der Zukunft aus seiner jetzigen Tat entstehen wird, aber es scheint, daß er in seinem Innern weiß, was er zu tun hat. Eine Göttin, wie Cäsars göttliche Schutzpatronin und Ahnfrau, Venus, scheint über sein Verhältnis zu Menschen und Ereignissen zu wachen.

Woher kommt diese Gabe? Worin liegt ihre Bedeutung? Oft tut

der Held das, was er am wenigsten tun wollte. Wie Cäsar mag er im tiefsten Innern ein bloßer Abenteurer sein, und dennoch sorgt dieser Trick des Heldentums dafür, daß er, während er seine Karriere macht, eine Zivilisation erschafft, und umgibt seinen Namen mit beinahe göttlichem Glanz, während eifrige Altruisten vergessen werden, oder wenn man ihrer überhaupt gedenkt, dann mit Abscheu, wie der Inquisitoren. Diese Eigenschaft des Heldentums ist also unabhängig von den Motiven der Helden, und dennoch ist sie ein Wert und muß mit etwas verknüpft sein.

Sie ist mit der gesellschaftlichen Bedeutung der Taten verknüpft, die Helden vollbringen. Die Begierden der Helden entstehen aus der Bewegung gesellschaftlicher Verhältnisse, und die gleiche Bewegung ist die Macht, die sie ausüben, die magische Kraft, die die Sterne in ihren Bahnen für sie kämpfen läßt, wie es scheint.

Alle Krisen, alle Kriege, alle Gefahren oder Triumphe von Staaten, alle Veränderungen gesellschaftlicher Systeme, in denen sich der Held kundtut, bedeuten, daß der Panzer des gesellschaftlichen Bewußtseins und all seiner organisierten Ausdrucksformen unter dem inneren Druck des veränderten gesellschaftlichen Seins zerspringt. Wenn sich das gesellschaftliche Sein niemals ändern würde, wäre das gesellschaftliche Bewußtsein, das die unter der Oberfläche liegende gesellschaftliche Wirklichkeit in Form von statischen Symbolen verkörpert (Wörter, Gedanken, Ideen, bildliche Vorstellungen, Religionen, Gesetze), stets adäquat, und die Gesellschaft würde sich wie ein Gyroskop drehen, unveränderlich, sich stets gleichbleibend. Aber die Wirklichkeit bleibt sich niemals gleich, denn das würde bedeuten, daß die Zeit an ihrem Endpunkt angekommen ist. Die Zeit ist einfach eine Ungleichheit von Ereignissen einer besonderen umfassenden Art, so daß B A umfaßt, C B und so weiter. Das Werden ist das Wesentliche in der Wirklichkeit, die sich deshalb ständig häutet, nicht allmählich, sondern wie eine Schlange zu bestimmten Zeiten. Der Druck nimmt zu, bis in einer Krisis die ganze Haut abgeworfen wird. Der Überbau der Gesellschaft ist wieder neu gewachsen.

In solchen Zeiten sind Denken und Handeln in einem Aufruhr, aber da das Handeln dem Denken vorangeht, muß das Richtige getan sein, bevor der richtige Gedanke entstehen kann. Das gesellschaftliche Bewußtsein ist kein Spiegelbild des gesellschaftlichen Seins. Wenn es das wäre, wäre es nutzlos, eine bloße Phantasie. Es ist etwas Materielles, das Masse und Trägheit besitzt und sich aus realen Dingen zusammensetzt – philosophischen Lehren, Sprachgewohnheiten, Religionen, Rechtssystemen, Polizei. Wäre das gesellschaftliche Bewußtsein nichts als ein Spiegelbild, so könnte es sich ohne Aufwand an Energie wie ein Spiegelbild verändern, wenn der widergespiegelte Gegenstand sich verändert hat. Aber es ist mehr als das. Es ist ein funktioneller Überbau, der in einer Wechselbeziehung zur Basis steht, indem jedes von beiden das andere verändert. Zwischen ihnen herrscht ein Kommen und Gehen. So steigt das Leben auf aus der toten Materie, kehrt zu ihr zurück und verändert sie. Der Prozeß tritt deutlich zutage im einfachsten Sprachgebrauch. Das Wort ist gesellschaftlich, es stellt eine bestehende bewußte Formulierung dar. Aber wenn wir sprechen wollen, wollen wir etwas Neues sagen, etwas aus unserer Lebenserfahrung, aus unserem Sein. Und deshalb gebrauchen wir das Wort in einer Metapher oder einem Satz, in einer Weise, daß es eine etwas veränderte Bedeutung hat, die unserer eigenen Erfahrung besser entspricht. Im großen ruft dieser Vorgang Revolutionen hervor, wenn Menschen, die mit den ererbten gesellschaftlichen Ausdrucksformen der Wirklichkeit – Regierungen, Institutionen und Gesetzen – unzufrieden sind, sie erneuern wollen, so daß sie ihrer neuen und noch unformulierten Erfahrung besser entsprechen. Und weil solche Institutionen, im Gegensatz zu Worten, Trägheit besitzen, weil die Menschen mit der neuen Erfahrung eine Klasse repräsentieren und diejenigen, die an den alten Ausdrucksformen festhalten, eine andere, verläuft der Prozeß keineswegs glatt und reibungslos.

Der Mensch ist wie die Gesellschaft aus gegenwärtigem tätigem Sein und ererbten bewußten Formulierungen zusammengesetzt. Er ist somatisch und psychisch, instinktiv und bewußt, und diese Gegensätze gehen ineinander über. Er ist halb starr, von der Kultur geformt, in der er geboren wurde, halb in Bewegung, neu und aufrührerisch, die Wirklichkeit durch die Wurzeln seiner Instinkte einsaugend. Daher fühlt er in seinem Innersten die Spannung zwischen Sein und Denken, zwischen neuem Sein und altem Denken, eine Spannung, die durch Synthese zu neuem Denken führt. Es kommt ihm vor, als würde der tiefste, instinktive, wertvollste Teil seines Selbst durch die Ereignisse von seinem Bewußtsein fortgezogen. Die unvollständige Zukunft zerrt an ihm, aber da die instinktiven Bestandteile der Psyche die ältesten sind, empfindet er diese oft als die Vergangenheit, die an ihm zerrt. Deshalb sehen wir so oft das Paradox, daß der Held sich auf die Vergangenheit beruft, die Menschen antreibt, sie wieder zu beleben, und, indem er das tut, die Zukunft hervorbringt. Die Hinwendung zur Literatur der Antike beherrschte die bürgerliche Renaissance. Rom beeinflußte Napoleon und die Französische Revolution. Die Rückkehr zum natürlichen, unverbildeten Menschen war das Ideal der Revolutionäre des 18. Jahrhunderts. Doch es ist die Spannung des Neuen, die die Menschen in solchen Zeiten in ihrem Innern spüren. Stumm und formlos wartet das Neue an der Schwelle des menschlichen Bewußtseins. Doch es ist unsichtbar. Es ist bis jetzt nur eine Kraft, eine Spannung, die ausreicht, aus den Dingen, die diese Spannung erzeugen, eine neue, auf Synthese beruhende Wirklichkeit zu machen, aber in diesem Stadium auch noch nicht klarer umrissen als eine Kraft, eine gestaltlose Macht. Wenn der Held dieses Signal hört, das gebieterisch zur Tat ruft, wird er ihm höchstwahrscheinlich eine Formulierung aus der dunklen Vergangenheit geben, da er es nicht in die unbekannten Eigenschaften der Zukunft kleiden kann. Da dieser Ruf zur Tat nicht aus den etablierten Gewohnheiten der Gesellschaft und nicht aus dem Geist des Helden kommt, sondern aus einem Druck im Inneren von beiden, scheint er aus den Tiefen der menschlichen Seele aufzusteigen. Deshalb interpretiert er ihn entweder als verzehrenden persönlichen Ehrgeiz (was er in der Tat in gewissem Sinne auch ist) oder als göttlichen Ruf (was er in einem anderen Sinne auch ist, denn Gott erscheint immer als Symbol für unbewußte gesellschaftliche Verhältnisse). Der Mystiker und der Künstler spüren die gleiche Kraft, aber sie spüren sie nicht so wie der Held. Für ihn ist sie ein Ruf, diese unbekannte Sache in die Welt zu bringen, indem er die materiellen Inkarnationen zerschlägt, die ihr im Wege stehen, oder indem er neue Formen schafft, sie aufzunehmen. Er mag glauben, es sei die Vergangenheit, zu deren Rettung oder Wiederherstellung auf Erden er geboren sei, und erst wenn das getan ist, wird sichtbar, daß die Zukunft begonnen hat. Der Reformer, der zum Urchristentum «zurückkehrt», ist der Vater des bürgerlichen Protestantismus, und der Abenteurer, der emporsteigt, indem er die Macht der Senatoren bricht, ist der Schöpfer des römischen Imperiums.

Da er hauptsächlich ein Mann der Tat ist, sind die Gedanken des Helden ungeschliffen, denn seine Aufgabe ist es, zu handeln, und nicht, zu denken. Seine Ideale sind roh und grob, seine Ziele vielleicht ganz persönlich, egoistisch und niedrig. Aber diese Ziele kümmern uns hier nicht. Betrachten wir seine Taten. Diese Taten sind Ausdruck der Kraft, die ihn leitet, und dank dieser Taten siegt er. So besiegt er trotz all seiner Unvernunft die intellektuelleren und aufgeklärteren Geister seines Zeitalters. Weise und weitblickende Männer vielleicht, aber sie sprechen nur die Sprache der Gegenwart und kleben an den bewußten Formulierungen ihrer Vergangenheit. Der Held spricht keine bekannte Sprache, er serviert eine gräßliche Mischung von Kindheitserinnerungen und halbgaren Begriffen. Aber aus seinen Taten spricht eine Philosophie, die weiser ist als die von seinen akademischen Gegnern vorgetragene. Cicero ist Cäsar unterlegen, denn Cäsar spricht die Sprache von morgen, und Alexander, ein Jüngling mit der Intelligenz und den Manieren eines unerzogenen Public-School-Boys, ist dennoch zum hellenistischen Imperium gelangt, während Aristoteles die Zeit seines Schülers vergeudet, indem er mit ihm die Verfassungen von 158 veralteten griechischen Stadtstaaten untersucht. Obgleich die Sprache des Helden nicht klar und in sich widerspruchsvoll ist, sind seine Zuhörer doch nicht im Zweifel, was er meint. Auch sie haben den Ruf zur Tat aus dem Herzen der Wirklichkeit vernommen und in ihrem Innern die wachsende Spannung gespürt. Deswegen sind sie bereit, ihr Bewußtsein aufzugeben, denn es ist das Bewußtsein einer vergangenen, veralteten Lebenspraxis. Die Vernunft – all jene Argumente, die sich korrekt auf Prämissen stützen, welche sich seitdem verändert haben – erweist sich als machtlos, diese Stimme zum Schweigen zu bringen.

Sie glauben, daß sie sich vom Bewußtsein und von der Vernunft ab- und der Stimme des Herzens und der Instinkte zuwenden. Sie glauben, daß sie die elende Gegenwart aufgeben, um die goldene Vergangenheit dafür einzutauschen. Aber tatsächlich geben sie, wie die Geschichte immer wieder zeigt, das Bewußtsein der Gegenwart nur auf, um es in einem weiteren Bewußtsein aufgehen zu lassen, und sie wenden sich nicht der goldenen Vergangenheit zu, sondern der goldenen Zukunft. Der Held und seine Gefolgsleute, der Führer und die Revolutionäre sprechen die gleiche, beinahe intuitive Sprache, weil sie sie aus der gleichen Quelle lernen. Der Held mag sinnloses Zeug daherreden oder taub sein, seine Ausführungen mögen lächerlich und voller Widersprüche sein, doch seine Zuhörer wissen, was er meint, und daß das nicht in Worten, sondern nur in Taten Ausdruck finden kann. Daraus erwächst die despotische Macht des Helden über Menschen. Diese Macht scheint unbewußt zu sein. Gerade weil sie hervorgerufen wird, indem sie durch Taten ins Bewußtsein der neuen Wirklichkeit dringt, scheint sie außerhalb der Sphäre der bewußten Formulierung am wahrsten zu sein. Offenbar ist der Held am erfolgreichsten, wenn er blind dem folgt, was er Glück oder Inspiration oder göttliche Führung nennt und was wir ebenso mystisch

Intuition nennen. Der typische Held Cromwell erklärte das in seiner aufschlußreichen Bemerkung im Gespräch mit dem französischen Gesandten Bellièvre: «Keiner steigt so hoch wie der, der nicht weiß, wohin er geht.»
Das könnte der Wahlspruch jedes Helden von Alexander bis Napoleon sein.
Doch daß die eigentliche Quelle dieser Kraft außerhalb der Sphäre des Bewußtseins der Epoche liegt, hat seine Gefahren. Denn gerade weil die Macht ihr Ziel nicht bewußt erkennt, kann sie in einem fruchtlosen Ausbruch vertan werden. Da alle Menschen in solchen Zeiten in der gleichen unbestimmten und unformulierten Weise die nach einer Lösung drängende Spannung in der Gesellschaft empfinden, können sie die Beute jedes Scharlatans werden, der eine mystische Sprache spricht und nach einer Änderung ruft. Die Kraft wird dann abgezapft, die Berge versetzen könnte, aber hier ist der Scharlatan so blind wie sie. Denn darin liegt der Unterschied zwischen dem Scharlatan und dem Helden. Der Scharlatan hat Macht über Menschen, aber nicht über die Materie. Er weiß nicht, wo die Keulen des Huhns der Zeitumstände sitzen. Er führt Menschen zurück auf bereits verlassene Wege und zu vergessenen Ketzereien.
Denn in einer solchen Zeit muß es dank der Kraft, die erzeugt wird, Bewegung geben. Die Summe der Dinge schwankt, und der Mensch muß entweder rückwärts oder vorwärts gehen. Ebenso wie der Neurotiker auf eine Kindheitslösung zurückgreift, wenn er sich vor Probleme der Erwachsenenwelt gestellt sieht, die er nicht zu lösen vermag, genauso kann die Zivilisation in Zeiten starker Spannung, wie wir sie dargestellt haben, sich auf eine Lösung der Vergangenheit zubewegen, einem goldenen Zeitalter der Autokratie oder des Feudalismus entgegen, das einmal fruchtbar war. Aber die Vergangenheit kann nie wieder zum Leben erweckt werden. Eben weil die Gegenwart eingegriffen hat, kann nichts mehr so sein, wie es einmal war. Die Gesellschaftsstruktur hat sich zu sehr verändert, ist zu kompliziert geworden, als daß sie wieder ihre alte Form annehmen könnte. Ebenso wie die Neurose ist auch der gesellschaftliche Rückschritt keine Lösung.
Der Scharlatan tritt zur gleichen Zeit auf wie der Held; oberflächlich betrachtet, gleicht er ihm; dieselben Kräfte haben ihn geschaffen, und dennoch spielt er eine entgegengesetzte Rolle. Er ist ein Sulla, ein Kerenski, ein Hitler oder ein Mussolini. Hitler und Mussolini leiten ihre Macht aus derselben Quelle her wie Lenin, nämlich aus der Spannung zwischen kapitalistischen gesellschaftlichen Verhältnissen und dem Anwachsen der

Produktivkräfte. Und dank der üblichen Ironie der Revolutionen erscheinen diese Scharlatane zunächst als Engel des Aufbaus und der Bewahrung des Bestehenden, und der Held scheint das zerstörerische Element zu sein. Erst später wird offenbar, daß ihre Rolle genau umgekehrt ist, daß die Scharlatane, indem sie die Energien der Menschen in sinnlosem Rückschritt vergeuden, alle gesellschaftlichen Verhältnisse auflösen, und daß der Held durch die gleiche Bewegung, die die alten Formen hinwegfegt, die neuen ins Leben ruft.

Helden erkennt man nicht nur an ihrer Macht über Menschen, denn die haben Scharlatane auch, sondern an der Macht über die Ereignisse, über die äußere Wirklichkeit, über die Materie. Ihr intuitives Erfassen der neuen gesellschaftlichen Wirklichkeit geht über das Wissen um die Spannung zwischen den beiden hinaus und lehrt sie – nicht klar und bestimmt, aber klar genug, um danach zu handeln –, welchen Weg sie gehen müssen, um diese Spannung produktiv zu machen. So gehen sie prophetisch der Zukunft entgegen und handeln dem Lauf der Geschichte gemäß, indes die Geschichte ihrerseits ihnen auf unfaire Art in die Hände zu spielen scheint, wohingegen alles, was die Scharlatane zu errichten versuchten, von der Zeit hinweggefegt wird. Der Held kann sterben, bevor er sich gerechtfertigt sieht, aber wir können mit Recht sagen, daß seine Lehre weiterlebt. Er kämpfte für Dinge, die ihn überleben, und was kann die Gegenwart überleben wenn nicht die Zukunft? Das war die Welt, zu der er gehörte, und wir, die wir in dieser Welt leben, grüßen ihn als unseren Mitarbeiter und empfinden die gleiche Bewunderung für ihn, die ein in der Heimat Gebliebener für einen Kolonisten empfindet.

Helden werden vielleicht mit ihrer Veranlagung geboren, aber sie werden durch die Umstände gemacht. Und was das Wesen von Helden angeht, so ist das Beispiel des Bürgers Lawrence besonders aufschlußreich, der, ausgestattet mit allen legendären Gaben des Helden, zur Tat berufen war und sich jedoch infolge der Umstände als unfähig erwies, diesem Ruf zu folgen. Eine ungewöhnlich kraftvolle Persönlichkeit, ein Mann mit brennendem Ehrgeiz und seltener intellektueller Begabung, ließ er bereits in seinen Jugendjahren eine sonderbare Ruhelosigkeit erkennen. Diese Ruhelosigkeit des Helden ist nichts Ungewöhnliches. Es ist, als fühle er von Anfang an in seinem Innern die Spannung der neuen gesellschaftlichen Verhältnisse, aber zunächst ist es ein Appetit ohne ein Objekt. Bei Lawrence – wie bei anderen Helden – konzentrierte sich dieser Appetit dann auf die glorreiche Vergangenheit; er äußerte sich nicht nur als

fachliches Interesse an der Archäologie, sondern ebenso als ein Angezogenwerden von dem Großen und Lebensvollen, das in dieser alten Welt lag und das im Talmi der modernen Verhältnisse untergegangen war. Es trieb ihn, die weiten Wüsten des unzivilisierten Ostens zu durchwandern.
Die Sehnsucht, die ihn quälte, war ganz konkret. Es war eine Sehnsucht nach großzügigeren, von der Kleinlichkeit und Kommerzialisierung des Kapitalismus gereinigten gesellschaftlichen Verhältnissen. Jeder Abschnitt seines Lebens findet seine Erklärung einzig in diesem ihn beherrschenden Verlangen. Als eine Art zigeunernder Gelehrter hatte er in seiner Jugend Erfahrungen mit allen Klassen und Lebensbedingungen des Ostens gesammelt. Die Ungebundenheit der Beduinen befriedigte seine Sehnsucht am ehesten. Ihre Freiheit und der Wert, den sie dem Charakter und den Führereigenschaften eines Mannes beimaßen, faszinierten ihn, den eine Welt, für die nur das Geld Wert hatte, abstieß. Sein Haß gegen die bürgerliche Gegenwart und der Ruf der Zukunft symbolisierten sich für ihn in einem goldenen Zeitalter, der Weite, Einfachheit und Lebensfülle der Odyssee. Er fand, dieses würdige Leben sei noch nicht gänzlich ausgestorben. In Arabia Deserta, einem Winkel der Welt, der noch frei war von kapitalistischer Ausbeutung, lebte diese klassische Einfachheit der Gesellschaft noch fort. Zwar entdeckte er, daß diese Wüstenkultur den Hunger, der ihn auf seine Reisen trieb, nie vollkommen stillen könnte; aber er fragte sich nicht, ob denn sein Verlangen überhaupt das war, als was es sich drapierte, ob es tatsächlich die Vergangenheit war, nach der er hungerte. Er erklärte es anders: sie waren Araber und er war Europäer; sie waren einfach und er war übergebildet und intellektuell.
Dann kam der Krieg und mit ihm die Gelegenheit, diesen Menschen die Freiheit zu geben, die ihm so teuer waren, weil er in ihnen all das verkörpert sah, wonach er sich sehnte und was er nicht finden konnte. Und hier hatte Lawrence nicht die sich verändernde Wirklichkeit in der Gewalt, was der Held haben muß. Freiheit – dieses Wort hatte er zusammen mit all den anderen bürgerlichen bewußten Formulierungen in Oxford aufgenommen, und mit ihm verband sich die Freiheit, die er in den Zelten der Beduinen kennengelernt hatte, und das Wort schien nur eine Erweiterung der gleichen Gaben. Er fragte nicht, ob diese beiden Freiheiten identisch seien, oder, falls sie sich voneinander unterschieden, was die bürgerliche Freiheit wirklich bedeutete. Die Freiheit war das Geschenk, das er ihnen machen wollte. Das genügte. Mit dieser klaren und klassischen Richtschnur konnte er handeln.

So beherrschte er für einige Zeit Menschen und Ereignisse. Er beherrschte Menschen, weil er ebenso wie die Araber in gesellschaftliche Verhältnisse verliebt war, die noch nicht durch das Geld korrumpiert waren, in denen Offenheit, Freimut, Gleichheit herrschten. Ihre Offenheit war die Offenheit der Vergangenheit, und was ihn anzog, war der Freimut der Zukunft; aber das wußte er nicht und konnte es dort in Arabia Deserta auch nicht wissen. Er paßte auch seine Ideale demütig den ihren an. Seine Offenheit schöpfte nichts aus der Zukunft, sondern wurde in ein arabisches Gewand gezwängt; sie war blutig, barbarisch, ohne Glauben und barmherzig nur denen gegenüber, mit denen sie Brot und Salz geteilt hatte. Er zwängte sie in eine Freiheit, die nur wenige Menschen besaßen, und diese Menschen waren wild und unwissend, voller Verachtung für die übrige Menschheit. An dieser Sache war etwas Gutes, weil sie frei und menschlich war, aber infolge ihrer engen Grenzen war sie eines bürgerlichen Helden unwürdig, der mit Plato und Xenophon gefüttert worden war. Sie war noch unwürdiger eines Helden, der die Leere der bürgerlichen Welt empfunden und den Ruf einer neuen Welt vernommen hatte. Er hatte gerecht und freundlich und tapfer sein wollen, hatte Pomp und Zeremoniell und Reichtum hassen und das Wesentliche im Menschen lieben wollen, das durch seine Taten offenbar wurde. Diese Werte, die in der bürgerlichen Welt verlorengegangen waren und nur teilweise und in primitiver Form von den Beduinen anerkannt wurden, sind der Kern der kommunistischen Ehre. Aber er preßte sie mit Gewalt in die Form eines Wüstenarabers – er, der alle Philosophie und Kunst des bürgerlichen Europas in sich aufgenommen hatte. Er schlachtete und plünderte und war erbarmungslos, und seine Bestrebungen gingen nicht über die engen Hoffnungen eines arabischen Führers hinaus. Nachher sollten ihn das vergossene Blut und alle verschwendeten Anstrengungen, alle vergebliche Spannung wie eine gemordete Gelegenheit anklagen. Warum vermochte er die Begabung des Helden zu entfalten, in dieser begrenzten Sphäre sowohl die Menschen wie die Ereignisse zu beherrschen? Weil er intuitiv wußte, wie starr und verhärtet und überaltert die gesellschaftlichen Verhältnisse im Kapitalismus jetzt waren. Im Frühling des bürgerlichen Zeitalters, als diese sich herausbildenden gesellschaftlichen Verhältnisse süß und golden schienen, konnten die Konquistadoren ohne Hilfe eine ganze Neue Welt erobern. Eine Handvoll von ihnen konnte eine tote Zivilisation beherrschen. Aber inzwischen war der Bürger steif und unbeweglich geworden. Wie auf den Schlachtfeldern Flanderns war die bürgerliche Kampfmaschine

auch in Arabien so veraltet wie ein Mammut. Eine feudale Gesellschaft vermochte sie mattzusetzen. Lawrence war der erste, der das herausfand, und mit seinem intuitiven Wissen traf er die bürgerliche Kampfmaschine an ihren empfindlichen Stellen: er nutzte ihre schwerfällige technische Organisation, ihre Unwirksamkeit, ihre Abhängigkeit vom Nachschub aus. Außerdem vermochte er die Gemüter der Wüstenaraber zu beeinflussen, einfach weil er die Werte der bürgerlichen Gesellschaft haßte. Und er konnte sogar, was das schwierigste von allem war, ein patriarchalisches Volk bestechen, ohne es zu beleidigen, ein Volk, für das Geld nicht alles, nicht das einzige ist, was die Gesellschaft zusammenhält, wie für die bürgerliche Klasse.
So befreite Lawrence Arabien. Aber wofür hatte er es befreit? Wenn man eine Gesellschaft befreit, deren gesellschaftliche Organisation der Vergangenheit angehört, aber von einer dekadenten Autokratie konserviert worden ist, was kann sie tun als zur Gegenwart vorstoßen? Wenn man einem Land Freiheit gibt, wie der Bürger sie versteht, die Freiheit, ein sich selbst regierender «unabhängiger» bürgerlicher Staat zu sein, was kann dort anderes entstehen als bürgerliche gesellschaftliche Verhältnisse?
So hatten die Araber, die Lawrence befreite, zwei Schicksale, die sich scheinbar unterschieden, aber sich im Kern glichen. Ein Teil wurde in das französische Empire eingegliedert. Der andere Teil durfte unter britischer Vormundschaft einen vollständigen bürgerlichen Staat mit einem König aus seinem eigenen Blut errichten, den Irak, mit Regierung, Polizei, Ölkonzessionen und dem ganzen übrigen bürgerlichen Drum und Dran.
Lawrence fühlte, daß er und die britische Regierung einen Teil der Araber verraten hatten. Aber es wurde ihm nie ganz bewußt, wie vollständig er sie allesamt verraten hatte. Er hatte genau das Übel, vor dem er geflohen war, nach Arabien gebracht. Bald würden seine Wüstenaraber Geld, Geschäfte, Investitionen, Lautsprecher und regelmäßige Arbeit haben. Aber er konnte das nicht deutlich erkennen, weil ihm nie bewußt geworden war, daß er vor den bürgerlichen gesellschaftlichen Verhältnissen geflohen war, und er war sich nicht klar darüber, welche allmächtige zerstörerische Kraft die Gegenwart gegenüber der Vergangenheit besitzt. Er war wie ein Mann, der vor einer tödlichen Krankheit blindlings in ein gesundes Land flieht und es mit seiner Krankheit infiziert. Hätte er das klar erkannt, so hätte er sich auch mit der Überlegung trösten können, daß sich die Vergangenheit unvermeidlich der Gegenwart beugen muß, wenn sie nicht, wie in Rußland, einen stärkeren Verbün-

deten beschwören und, da die Zukunft bereits geburtsreif im Schoß der Gegenwart liegt, die Zukunft ins Leben rufen kann. Dieses Werk erfordert nicht nur Helden, aber daß die Zukunft bereit ist, auf dem Plan zu erscheinen, ist bereits vollkommen deutlich. Doch das ist in den Wüsten Arabiens nicht so.

So konnte Lawrence nicht klar erkennen, was geschehen war, aber das eine konnte er erkennen, daß Syrien und der Irak keine Antwort auf die Sehnsucht seines Lebens waren und kein großes Ergebnis, gemessen an seinem erbarmungslosen, außerordentlichen Einsatz von Geist und Kraft.

In den bitteren Tagen danach vernahm Lawrence immer noch den gebieterischen Ruf und spürte den ganzen Verfall der sterbenden bürgerlichen Kultur. Er sah diesen Verfall in allem Staatszeremoniell, in der ganzen Höflichkeit der Gesellschaft im Glanz der «Publicity». In jeder Manifestation der bürgerlichen Kultur sah er die gleichen furchtbaren Anzeichen der Fäulnis. Nur in der Armee fand er eine verstümmelte Version seines Ideals, höchst unvollkommen, aber wenigstens frei von Schande. Obgleich die Soldaten des Königs Handgeld genommen haben, ist es bei der Armee nicht die Sucht nach Profit, die das Ganze zusammenhält, sondern die Armee beruht auf einem einfachen gesellschaftlichen Imperativ und stellt eine Macht dar, die niemals ihre Dividende zählt. Eine Art arabische Wüste innerhalb des vulgären Luxus des Bürgertums, bergen die kahlen Armeezelte eine einfache Kameradschaft, eine gesellschaftliche Existenz, in der es keine Konkurrenz und keinen Haß gibt. Die Armee ist sowohl ein Überbleibsel wie eine Vorwegnahme, denn einerseits konserviert sie alte feudale Verhältnisse, wie sie waren, bevor das Bürgertum sie zerbrach, und andererseits prophezeit sie wie ein rudimentäres Symbol die Gemeinschaft von morgen, die gemeinsame Anstrengungen und nicht Geld vereint. Dieser Mann, den die bürgerlichen Verhältnisse anwiderten, fand in der Armee etwas, was er nirgendswoanders gefunden hatte: eine Kameradschaft der Arbeit wie des Spiels, eine sterile und doch tröstliche Mahnung, daß es Besseres gibt. Im Frieden leidet die Armee unter ihrer Tatenlosigkeit, und diese Tatenlosigkeit erfüllt die Angehörigen dieser Armee trotz aller Kameradschaft mit einem ständig nagenden Gefühl der Ohnmacht. Aber wenn es zu einem Krieg kommt und das Schicksal der Gesellschaft in die Hände der Armee gelegt wird, von einer Bourgeoisie, die im Notfall bereit ist, den Schiedsspruch von Geld und Gesetz aufzuheben und statt dessen den Schiedsspruch von Blut und Gewalt anzuerkennen, um ihre eigenen Interessen zu schützen oder auszudehnen – dann erwacht eine

Armee erst zu wirklichem Leben. Trotz aller Schrecken des Krieges und aller Gefahren erfüllt sie etwas wie wilde Hochstimmung und Wohlbehagen, und Millionen Männer, die im Krieg kämpften, können bestätigen, daß ein kollektives Delirium sie hoch emporhob über die graue Eintönigkeit ihres bürgerlichen Lebens.

Sogar diese Friedens-Ohnmacht schien Lawrence besser als die bürgerlichen Verhältnisse, gegen die sich sein Inneres empörte. So trat er in die Armee ein. Nicht als Offizier. Er verachtete das Bürgertum, und es wäre für ihn unmöglich gewesen, dieser Klasse anzugehören, die selbst in der Armee die Eigenschaften bewahrte, welche er haßte. Er wurde einfacher Soldat. Durch diese Geste bewies er, daß er intuitiv wußte, die Sehnsucht seines Lebens gelte der Zukunft, der Welt des Proletariats. Aber die bewußten Formen seiner Erziehung hinderten ihn noch, sich selbst zu verstehen.

Er umarmte nicht nur das Proletariat, sondern auch die Maschine. In jenen bitteren späten Jahren faszinierten ihn Maschinen. Das Flugzeug, das Motorrad und das Motorboot schienen ihm Dinge zu sein, die für den Menschen irgendwie eine merkwürdige Macht besaßen. Er sagte und er schrieb, an der Eroberung der Luft teilzunehmen, sei wenigstens keine gänzlich unnütze Tätigkeit, aber warum, vermochte er nicht zu sagen. Die Maschine hatte die Zukunft für sich, doch es war nicht die Maschine als Profitmacher, die ihn interessierte.

Er hatte recht. Die Maschine hatte die Bedeutung, nach der er suchte. Aber nicht die Maschine als bloße Maschine, sondern als bewußt vom Menschen gesteuerte Maschine, durch deren Einsatz er die Freiheit und die Gleichheit primitiver gesellschaftlicher Verhältnisse wiedererlangen konnte, ohne das kostbare Wissen der Jahrhunderte europäischer Kultur zu verlieren. Das Instrument lag in Lawrences Hand, wie es in der Hand des Bürgers lag, aber genau wie jener wußte er nicht, wie er es einsetzen sollte. Genau wie das Bürgertum berauschte auch ihn das schwindelerregende Gefühl, Macht über die Maschine zu haben, auf ihr fuhr er in die Katastrophe. Er dachte, sie gehorche ihm, weil sie schneller und immer schneller fuhr. Eines Tages fand man ihn bewußtlos neben seinem riesigen Motorrad, über das er die Gewalt verloren hatte. Einige Tage später war er tot.

Was ließ Lawrence kurz vor dem Ziel innehalten, so daß er, anstatt der kommunistische Held zu werden, wozu ihn seine Gaben und sein Haß auf die Übel des Kapitalismus befähigt hätten, ein bürgerlicher Held wurde, der scheiterte? An Lawrences Tragödie ist zum Teil seine Erziehung schuld. Er war zu intellektuell. Der Held sollte viel naive Intelligenz besitzen; aber intellektuell sein bedeutet, daß sich die psychischen Möglichkeiten eines Menschen voll zu den gegenwärtigen Formen entwickelt haben. Lawrence war ein Mann mit hohem Bewußtsein, aber es war das Bewußtsein einer Kultur, die zum Untergang bestimmt war. Alle überholten Symbole des langen Mittags der bürgerlichen Kultur machten sein erstaunliches Gedächtnis ungeschmeidig, machten sein Genie zu einem kunstvollen knöchernen Gebilde, das zu unnachgiebig für die instinktive Bewegung seines Innern war. Das ist der Grund, warum das Denken, das eigentlich nur dem Handeln helfen sollte, oft das Handeln zu hemmen scheint. Lawrence selber glaubte, seine Tragödie sei die des Mannes der Tat, der zugleich ein Denker ist. Das aber war eine zu einfache Erklärung seiner Tragödie. Sein Scheitern war tiefgehender und bedeutungsvoller.

Andere Helden waren gebildet und haben das überwunden, indem sie für die Vergangenheit kämpften; ihnen gelang es, die Zukunft zu errichten. Warum vermochte er das nicht? Bei Lawrences Tragödie kam ein neuer Faktor hinzu, den man am besten verstehen kann, wenn man Lenin betrachtet. Lenin ist der Typ eines Helden, der so verschieden von den Helden der Vergangenheit ist, daß wir uns zunächst versucht fühlen, unsere Definition des Helden zu revidieren. Der Held der Vergangenheit wurde von gesellschaftlichen Kräften vorwärtsgetrieben, die er nicht verstand, deren Macht er in unklaren ehrgeizigen Wünschen symbolisierte. Oft war er der Meinung, er suche die Vergangenheit wiederherzustellen. Oder er folge wie Jeanne d'Arc einfach einer «göttlichen Führung» oder «Stimmen». Solche Helden errichten die Zukunft unbewußt, ohne sich darüber klar zu sein, was sie tun oder warum sie es tun.

Lenin hatte keinen Zweifel in bezug auf seine Aufgabe. Die Zukunft, die er ins Leben rufen mußte, war die kommunistische Gesellschaft, und er wußte, daß sie in den bürgerlichen gesellschaftlichen Verhältnissen enthalten war und aus ihnen herausgelöst werden konnte. Er wußte das nicht nur intuitiv, sondern all das wird in seinen Reden und Schriften klar dargelegt. Er kannte die genauen Eigenschaften der Zukunft nicht, denn keiner kann sie kennen, aber er kannte ihre allgemeine Form und die wichtigsten Kausalgesetze, die die gesellschaftlichen Verhältnisse formen – so wie der Wissenschaftler zwar die Eigenschaften der Zukunft nicht kennt, wohl aber gewisse Kausalgesetze, die ihn befähigen, Ebbe und Flut vorauszusagen und sie sich, wenn nötig, nutzbar zu machen. Das ist der Kern der Voraussage: eine gewisse Kontinuität des Gleichen dauert an im

Prozeß der Wirklichkeit und bildet den Nährboden für die ständige Entwicklung des Ungleichen, des Werdens. Gleich und Ungleich sind keine einander ausschließenden Einheiten, sondern das eine wird zum anderen, und die Veränderung des einen ist die Veränderung des anderen. Qualität, gerade weil sie ungleich ist, taucht plötzlich dialektisch als eine neue Mutation auf. Quantität verändert sich nur allmählich: sie bleibt innerhalb des Umkreises der bekannten Verhältnisse. Es ist immer das Gleiche, womit sich die Wissenschaft befaßt – das Elektron, Zeit, Raum, Strahlung, und die Gesetze von der Erhaltung der Materie, die sie miteinander verbinden. Da die Wissenschaft ihre Aufmerksamkeit auf bekannte Verhältnisse beschränkt, vermag sie das erkennbare Element in der Zukunft vorauszusagen. Bis zu diesem Grad kann der Soziologe die Zukunft kennen. Das war bei Lenin der Fall. Aber die Helden der Vergangenheit kannten notwendigerweise selbst die quantitative Grundlage der Zukunft nicht. Obwohl Lenin ein Mann der Tat war, hatte er nichts Mystisches an sich, besaß nicht den «glücklichen» Charakter des Helden, war dagegen in vielem dem erkennenden Wissenschaftler ähnlich.

Doch war nicht diese Entwicklung notwendig bei einem Mann, der eine Gesellschaft ins Leben rufen sollte, deren Grundzug sie von allen früheren Gesellschaftsstrukturen unterscheidet? Die Menschen, die in ihr leben, erkennen bewußt die gesellschaftlichen Verhältnisse und verstehen nicht bloß das, was die Gesellschaft umgibt, wie etwa die bürgerliche Kultur, sondern die Gesellschaft selbst. Nur der Held, der seiner selbst bewußt war, konnte die Menschheit einer Gesellschaft entgegenführen, die ihrer selbst bewußt war. Wenn es das Kennzeichen des Kommunismus sein sollte, daß er Religion, Mystizismus, «Rasse» und all die symbolischen Formulierungen ersetzte, in denen die Menschen ihre unklaren instinktiven Erkenntnisse hinsichtlich der wahren Natur der gesellschaftlichen Verhältnisse zum Ausdruck gebracht haben, mußten die Bannerträger des Kommunismus gleichermaßen frei von Mythos und Illusion sein. Solche Menschen durften die Gesellschaft nicht als einen Tummelplatz für Götter oder Dämonen ansehen oder als einen Platz für unbestimmte statuenhafte Personifikationen der Freiheit, Brüderlichkeit und des natürlichen Menschen, sondern so, wie sie in ihrer Kausalität tatsächlich ist. Lenin konnte das, denn Marx hatte die Kausalgesetze der Gesellschaft bereits enthüllt. Mit Lenin beginnt ein neues Geschlecht von Helden oder Führern, so wie Hitler und Mussolini am Ende der langen, illustren Reihe der Anti-Helden oder Scharlatane stehen. Eins ist jetzt nicht mehr möglich: daß der Held, der von einem instinktiven Gefühl geleitet wird, gegen seine eigene intellektuelle Beschränktheit das Richtige tut. Solche Helden werden nur von ihrem eigenen Bewußtsein erwürgt wie Lawrence. Die Grundforderung des Kommunismus, der Mensch müsse nicht nur bewußt erkennen, was er will, sondern auch das, was diesen Willen bestimmt, macht eine solche Selbsterkenntnis bei einem kommunistischen Führer zur Bedingung.

Es war Lawrences Tragödie, daß er nicht nur an seiner Intellektualität scheiterte, sondern gerade auch am Wesen der neuen Welt, deren Schrei nach Erlösung er in seinen Träumen vernommen hatte. Anderen Helden gelang es, obwohl das Bewußtsein von gestern das Bild verzerrte, den richtigen Weg zu finden, weil sie durch die überwältigende Macht der täglichen Erfahrung auf diesen Weg getrieben wurden. Aber solche «instinktiven» Helden werden nicht mehr geboren. Um ein Held zu sein, reichte es nicht aus, daß Lawrence sein Bewußtsein ignorierte, er hätte es erst zertrümmern und dann auf einer breiteren und festeren Grundlage neu errichten müssen. Und wie konnte er dieses neue Bewußtsein in den Wäldchen von Oxford finden oder in der nackten arabischen Wüste, die in puncto Markt und Maschinen noch jungfräulich war?

So ist die Aufgabe der Helden von morgen schwieriger und dennoch befriedigender als die jener starken Männer, die vor Lenin lebten. Sie müssen zuerst wissen, was das ist, dem sie da zum Leben verhelfen, aber wenn sie das wissen, wissen sie auch, daß sie es schaffen können, daß sie abhängig sind, zwar nicht vom Glück der göttlichen Eingebung oder einer Ahnin Aphrodite, aber daß sie Bestandteil der Kausalität sind, die die Selbstbestimmung des Universums ist. Das ist das Ende des Helden, der zum Mythos wird, und das Ende der Märchen, die er seinen Anhängern erzählt. Die Kindheit des Menschengeschlechts mit seiner ganzen reizenden Einfachheit und hübschen Spiegelfechterei ist vorbei, und auch seine Helden müssen jetzt erwachsen sein.

Auch in China wurde ein Volk von einfachen Bauern, von Millionen, die der Armut und der frechen Anmaßung ausgeliefert waren, im Namen der Freiheit zu Taten aufgerüttelt. Das ist nicht die Geschichte eines Helden, sondern einer Armee von Helden, und diese Armee vollbringt Dinge, die bisher für unmöglich gehalten wurden, und zwar ohne die Hilfe bürgerlichen Goldes, sondern sie schlägt im Gegenteil immer wieder Angriffe zurück, die mit bürgerlichem Gold finanziert und von bürgerlichen Fachleuten geleitet werden. Diese von der chinesischen

Roten Armee geführte nationale Erhebung Chinas, deren Intensität und Einfluß ständig zunimmt, wird ebenfalls von der Idee der Freiheit inspiriert, aber es ist keine bürgerliche Freiheit. Die bürgerliche Freiheit, in Gestalt des japanischen Imperialismus, der britischen Banken und des amerikanischen Handels, verbündet sich mit der bürgerlichen Kuomintang-Regierung, um diese andere Freiheit zu zerschmettern. Die Rote Armee ist eine kommunistische Armee, und wohin sie kommt, errichtet sie Dorfsowjets. Ihre Führer und ihre einfachen Soldaten haben die Werke von Marx, Lenin und Stalin gelesen. Während die Ölkonzerne ihre Schlinge um den Irak, diese Schöpfung Lawrences, des Befreiers, des bürgerlichen Helden, fester ziehen, findet der chinesische Nationalismus, der so lange niedergehalten und mißbraucht wurde, seine glühende, siegreiche Vollendung im Kommunismus.

D. H. Lawrence
Eine Untersuchung über den bürgerlichen Künstler

Was ist die Funktion des Künstlers? Jeder Künstler, der – wie D. H. Lawrence – «mehr sein will als nur Künstler», gibt natürlich zu dieser Frage Anlaß. Die Anschauung, Kunst um der Kunst willen sei eine Illusion und Kunst müsse Propaganda sein, gilt als eine marxistische These, doch das ist die übliche bürgerliche Vereinfachung einer komplizierten Angelegenheit.

Die Kunst ist eine gesellschaftliche Funktion. Das ist keine marxistische Forderung, sondern ergibt sich aus der Art und Weise, wie Kunstformen bestimmt werden. Nur solche Dinge werden als Kunstformen anerkannt, die eine bewußte gesellschaftliche Funktion besitzen. Die Phantasien eines Träumers sind nicht Kunst. Sie werden nur dann Kunst, wenn Musik, Formen oder Worte hinzukommen, wenn sie in gesellschaftlich anerkannte Symbole gekleidet werden, und natürlich vollzieht sich in diesem Prozeß eine Modifizierung. Die Phantasien werden durch die gesellschaftliche Umkleidung modifiziert; die Sprache als Ganzes gewinnt neue Assoziationen und einen neuen Zusammenhang. Zufällige Klänge ergeben keine Musik, sondern nur solche Klänge, die aus einer gesellschaftlich anerkannten Tonskala ausgewählt und auf von der Gesellschaft entwickelten Instrumenten gespielt werden.

Es ist deshalb nicht Sache des Marxismus, zu fordern, die Kunst müsse eine gesellschaftliche Funktion haben, oder die Auffassung von der Kunst um der Kunst willen anzugreifen, denn Kunst ist nur dann Kunst und nur dann als solche anzuerkennen, wenn sie eine gesellschaftliche Funktion besitzt. Für die Kunst, den Marxismus und die Gesellschaft ist dagegen die Frage von Bedeutung: *Welche gesellschaftliche Funktion besitzt die Kunst?* Und das wiederum hängt von der Art der Gesellschaft ab, in der diese Kunst entsteht.

Die bürgerliche Gesellschaft leugnet, daß soziale Beziehungen Beziehungen zwischen Menschen sind. Sie nehmen die Form einer Beziehung zwischen Mensch und Sache an, eines Besitzverhältnisses, und da das eine dominierende Beziehung ist, nimmt man an, sie mache den Menschen frei. Aber das ist eine Illusion. Das Besitzverhältnis ist nur eine Verkleidung für Beziehungen, die nun unbewußt und deshalb anarchisch werden, aber dennoch weiter zwischen Mensch und Mensch und besonders zwischen Ausbeuter und Ausgebeutetem existieren.

In der bürgerlichen Gesellschaft fordert man vom Künstler, daß er das Gleiche tut. Man fordert von ihm, er solle das Kunstwerk als einen fertigen Gebrauchsgegenstand und den Entstehungsprozeß eines Kunstwerks als eine Beziehung zwischen ihm selbst und dem Werk ansehen, das dann auf dem Markt verschwindet. Ferner gibt es eine Beziehung zwischen dem Kunstwerk und dem Käufer, aber diese betrifft den Künstler kaum unmittelbar. Der volle Druck der bürgerlichen Gesellschaft soll bewirken, daß er das Kunstwerk als Hypostase und seine Beziehung zu ihm in erster Linie als die eines Produzenten für den Kunstmarkt ansieht.

Das führt zu zwei Ergebnissen:

1. Die bloße Tatsache, daß er seinen Lebensunterhalt durch den Verkauf des Besitzrechtes an einer konkreten hypostasierten Einheit – Copyright, Bild, Statue – verdienen muß, kann ihn dahin führen, seine Arbeit als Künstler nach den Marktchancen einzuschätzen, die ihm eine hohe Vergütung für diese Besitzrechte sichern. Das führt zur Kommerzialisierung oder Vulgarisierung der Kunst.

2. Aber die Kunst ist nicht in jedem Fall eine Beziehung zu einer Sache, sie ist eine Beziehung zwischen Menschen, zwischen Künstler und Publikum, und das Kunstwerk ist nur wie eine Maschine, die beide als Teil des Prozesses begreifen müssen. Die Kommerzialisierung der Kunst mag den ehrlichen Künstler abstoßen, aber die Tragödie besteht darin, daß er sich innerhalb der Grenzen der bürgerlichen Kultur gegen sie empört. Er versucht, den Markt vollständig zu vergessen und sich auf sein Verhältnis zur Welt der Kunst zu konzentrieren, die jetzt als eine Einheit in sich immer weiter hypostasiert wird. Weil das Kunstwerk nun vollständig zum Selbstzweck geworden ist und sogar der Markt in Vergessenheit gerät, wird der Kunstprozeß zu einer extrem individualistischen Angelegenheit. Die gesellschaftlichen Werte, die der künstlerischen Form eigen sind, wie Syntax, Tradition, Regeln, Technik, Form, verbindliches Tonsystem, scheinen nur noch geringen Wert zu besitzen, denn das Kunstwerk existiert mehr und mehr nur noch für das Individuum. Das Kunstwerk ist zwangsläufig stets das Produkt einer Spannung zwischen alten bewußten gesellschaftlichen Formgebungen – der «Form» der Kunst – und neuen, ins Bewußtsein gerückten individuellen

Erfahrungen – dem «Inhalt» der Kunst oder der «Botschaft» des Künstlers. Das ist die Synthese, die besonders schwere Aufgabe der künstlerischen Gestaltung. Aber da das Ziel die Hypostasierung des Kunstwerks ist, werden alte bewußte gesellschaftliche Formgebungen immer weniger wichtig, und die individuelle Erfahrung wird immer mehr zum dominierenden Faktor. Infolgedessen wird die Kunst immer formloser, persönlicher und individualistischer, eine Entwicklung, die im Dadaismus, Surrealismus und letztlich bei Gertrude Stein ihren Höhepunkt findet.

So löst sich die bürgerliche Kunst unter der Spannung zweier Kräfte auf, die beide aus demselben Grundzug der bürgerlichen Kultur erwachsen. Einerseits ist da die Produktion für den Markt – Vulgarisierung, Kommerzialisierung. Andererseits ist da die Hypostasierung des Kunstwerks als das Ziel des künstlerischen Prozesses, und vor allem anderen die Beziehung zwischen Kunstwerk und Individuum. Das führt notwendigerweise zur Auflösung jener gesellschaftlichen Werte, welche die in Frage kommende Kunst zu einer sozialen Beziehung machen, und hat schließlich zur Folge, daß das Kunstwerk aufhört, ein Kunstwerk zu sein, und eine bloße private Phantasie wird.

Alle bürgerliche Kunst in den letzten zwei Jahrhunderten zeigt die stetige Weiterentwicklung dieser Spaltung. Solange die gesellschaftlichen Werte, die einer Kunstform immanent sind, noch nicht zerstört sind – und das war bis etwa 1910 der Fall –, kann der Künstler, der die Kunstform hypostasiert und den Markt verachtet, gute Kunst produzieren. Danach aber wird es zunehmend schwieriger. Wenn man den Markt uneingeschränkt akzeptiert, stellt das eine Weigerung dar, irgendeinen Teil des künstlerischen Prozesses als einen gesellschaftlichen Prozeß anzuerkennen, und das macht es noch unmöglicher, große Kunst hervorzubringen. Alles, was dem Künstler hilft, der bürgerlichen Falle zu entgehen und sich der sozialen Beziehungen bewußt zu werden, die der Kunst innewohnen, trägt dazu bei, diesen Verfall zu verzögern. Aus diesem Grund ist der Roman die letzte übriggebliebene literarische Kunstform in der bürgerlichen Kultur, denn in ihm treten aus Gründen, die an anderer Stelle erklärt werden, die sozialen Beziehungen, die dem künstlerischen Prozeß immanent sind, offen zutage. Dorothy Richardson, James Joyce und Proust sind, jeder auf andere Weise, die letzten Höhepunkte des bürgerlichen Romans, denn mit ihnen beginnt der Roman als objektive Studie sozialer Beziehungen zu verschwinden und wird statt dessen eine Studie über die Erfahrungen und Erlebnisse des Einzelnen in der Gesellschaft.

Es bedarf dann nur noch eines Schrittes, bis das Erlebte verschwindet und die vollständige «Ich-heit» regiert wie bei Gertrude Stein.
Naturgemäß muß in diesem Stadium die Vorstellung vom Künstler als reinem «Künstler» zu bestehen aufhören, denn die kommerzialisierte Kunst ist unerträglich schlecht und verächtlich geworden und hat sich selbst negiert. Und ebenso hat die Vorstellung von der Kunst um der Kunst willen (das heißt, die Ignorierung des Marktes und die Konzentration auf das vollkommene Kunstwerk als das Ziel an sich) sich selbst negiert, denn die Kunstform hat aufgehört zu bestehen, und was einst Kunst war, ist private Phantasie geworden. Aus diesem Grund können aufrichtige Künstler wie Lawrence, Gide, Romain Rolland, Jules Romains und so weiter nicht mit dem schönen Kunstwerk zufrieden sein, sondern scheinen die Ausübung von Kunst aufzugeben; sie wenden sich statt dessen der Sozialtheorie zu und werden Romanciers, die Ideen verkünden, literarische Propheten und Propaganda-Romanciers. Sie verkörpern die Anstrengungen der bürgerlichen Kunst, die in individualistischer Phantasie und kommerzialisiertem Dreck untergegangen ist, wieder ein gesellschaftlicher Prozeß zu werden und so eine Wiedergeburt zu erleben. Ob solche Kunst große Kunst sein kann, ist hier nicht die Frage, da es unweigerlich die erste Voraussetzung für die Kunst ist, daß sie wieder Kunst wird, genauso wie es nicht die Frage ist, ob der Übergang vom Bürgertum zum Kommunismus glatt verläuft und Glück und Schönheit und Freiheit mit sich bringt, da es ein unvermeidlicher Schritt ist, wenn die bürgerliche Anarchie, das bürgerliche Elend überwunden werden und die Gesellschaft glücklich und frei werden soll. Aber was ist Kunst als gesellschaftlicher Prozeß? Was ist Kunst, nicht als bloßes Kunstwerk oder als Mittel, seinen Lebensunterhalt zu verdienen, sondern an sich, welche Rolle spielt sie in der Gesellschaft? Ich habe dieses Problem an anderer Stelle ausführlich behandelt und brauche es hier nur kurz zu rekapitulieren.*
Die Phantasie des Einzelnen oder der Tagtraum ist nicht Kunst, selbst wenn sie noch so schön sind, auch nicht der schöne Sonnenuntergang. Beide sind nur das Rohmaterial für Kunst. Es ist die Eigenschaft der Kunst, daß sie Abbilder der Wirklichkeit schafft, die wir als Gebilde der Phantasie erkennen. Wir nehmen nicht an, daß die Vorgänge in einem Roman sich wirklich ereignen,

* Siehe Caudwell: Illusion und Wirklichkeit, Dresden 1966 (Fundus-Bücher 12/13)

daß man in einer gemalten Landschaft spazierengehen kann – dennoch haben diese Darstellungen einen bestimmten Wirklichkeitsgehalt.
Die Darstellung der Wirklichkeit mittels der Technik, die der speziellen Kunstgattung angemessen ist, bewirkt, daß die gesellschaftliche Darstellung eine gefühlsmäßige Ausstrahlung besitzt. Die Ausstrahlung ist in uns, in unserer gefühlsmäßigen Reaktion auf die Elemente der Darstellung. In der Darstellung sind nicht nur die Gemütsbewegungen gegeben, sondern gleichzeitig auch ihre Ordnung in einer gefühlsmäßigen *Haltung* gegenüber dem Ausschnitt der Wirklichkeit, der in der Nachahmung symbolisiert wird. Diese gefühlsmäßige Haltung wird eingeätzt durch eine allgemeine Erhöhung des Bewußtseins und ein Wachsen des Eigenwertes infolge der nichtmotorischen Natur der ausgelösten Innervationen, die deshalb in eine gefühlsmäßige Erhellung des Bewußtseins überzugehen scheint. Diese gefühlsmäßige Haltung ist nicht von Dauer, wie es die intellektuelle Haltung zur Wirklichkeit ist, die durch ein überzeugendes wissenschaftliches Argument bewirkt wird, aber dennoch bleibt sie – infolge der mnemischen Besonderheiten des Organismus – als *Erfahrung* erhalten und muß deshalb je nach dem Maß an bewußter Schärfe, womit die Erfahrung und das Wesen der Erfahrung verbunden ist, die allgemeine Haltung des Ichs zum Leben selbst modifizieren. Diese Modifizierung führt dazu, daß das Leben für den Organismus interessanter wird, daher der überdauernde Wert der Kunst. Aber vom Standpunkt der Gesellschaft aus gesehen, ist Kunst die Formung des gefühlsmäßigen Bewußtseins ihrer Mitglieder, die Formung ihrer Instinkte.
Die Sprache besitzt, einfach weil sie das allgemeinste Instrument zur Übermittlung von Auffassungen der Wirklichkeit ist, seien sie nun gefühls- oder erkenntnismäßig, einen besonders breiten Spielraum, was die Darstellung der Wirklichkeit betrifft. Daher die Geschmeidigkeit und die Vielfalt der literarischen Kunst: der Roman, das Drama, das Gedicht, die Kurzgeschichte, der Essay. Sie kann alle symbolischen Abbilder der Wirklichkeit verwerten, die durch wissenschaftliche, historische und diskursive intellektuelle Prozesse geschaffen wurden. Die Kunst kann ihren Zweck nur dann erfüllen, wenn die Bilder selbst gleichzeitig geschaffen werden, um Gefühlsbewegung und Ordnung zu erzeugen. Dann scheint das Stück Wirklichkeit, noch während es uns der Künstler entgegenhält, in seiner affektiven Färbung zu leuchten.
Die Wirklichkeit stellt für uns unsere Umwelt dar, und unsere Umwelt, die im wesentlichen gesellschaftlicher Art ist, verändert

sich ständig – manchmal kaum wahrnehmbar, manchmal in rasendem Tempo. Die von der Gesellschaft akzeptierten Bilder, die wir in wirklichen Worten entwerfen, können sich nicht verändern, als seien sie Spiegelbilder. Ein Gegenstand wird in einem Spiegel reflektiert. Wenn sich der Gegenstand bewegt, bewegt sich das Spiegelbild. Aber in der Sprache wird die Wirklichkeit in Worten symbolisiert, die sich nicht verändern, die dem Gegenstand, den sie darstellen, eine falsche Stabilität und Dauer geben. Sie sind eher Momentaufnahmen der Wirklichkeit als Widerspiegelungen der Wirklichkeit. Diese Kälte der Sprache ist bedauerlich, aber sie hat ihre nützliche Wirkung. Möglicherweise ist das die einzige Weise, wie der Mensch mit seinem linearen Bewußtsein die flüchtige Wirklichkeit in den Griff bekommen kann. In dem Maße, wie sich die Sprache entwickelt, offenbart sie immer mehr von dieser falschen Dauerhaftigkeit, bis wir bei den platonischen Ideen, bei ewigen und vollkommenen Worten angelangt sind. Ihre Ewigkeit und Vollkommenheit ist einfach die Dauerhaftigkeit von Druck und Papier. Wenn man ein Wort prägt oder ein Symbol verwendet, um eine Sache oder ein Ereignis zu beschreiben, bleibt das Wort «ewig» unverändert, sogar wenn sich die Sache selbst verändert hat und das Ereignis längst vorüber ist. Diese Dauerhaftigkeit gehört zum unvermeidlichen Wesen des Symbolismus, das in den Regeln der Logik zum Ausdruck kommt. Es ist einer der seltsamen Einfälle des menschlichen Geistes, anzunehmen, die Wirklichkeit müsse den Regeln der Logik gehorchen, während die richtige Ansicht die ist, daß der Symbolismus seinem Wesen nach bestimmte Regeln hat, die in den Gesetzen der Logik zum Ausdruck kommen, und diese haben nichts zu tun mit dem Prozeß der Wirklichkeit, sondern stellen das Wesen des symbolischen Prozesses dar.

Der Künstler erlebt diese Diskrepanz zwischen Sprache und Wirklichkeit folgendermaßen: er hat das intensive Erlebnis einer Rose gehabt und möchte nun dies Erlebnis seinen Mitmenschen in Worten mitteilen. Er möchte sagen: «Ich sah eine Rose.» Aber das Wort «Rose» hat eine bestimmte gesellschaftliche Bedeutung oder sogar verschiedene Bedeutungen, und wir müssen annehmen, daß sein Rosenerlebnis nicht mit einem der früheren Rosenerlebnisse der Gesellschaft übereinstimmt, die in dem Wort und seiner Geschichte verkörpert sind. Sein Erlebnis der Rose ist deshalb die Verneinung des Wortes «Rose», es ist «Nicht-Rose» – all das liegt in seinem Erlebnis, das nicht in der gegenwärtigen gesellschaftlichen Bedeutung des Wortes «Rose» zum Ausdruck kommt. Deshalb sagt er: «Ich sah eine Rose wie» – und nun folgt eine Metapher, oder es kommt ein Adjektiv: «eine himmlische Rose», oder ein Euphemismus: «Ich sah einen blühenden roten Glanz», und in jedem Fall handelt es sich um eine Synthese, denn sein neues Erlebnis ist gesellschaftlich mit den früheren Erlebnissen der Gesellschaft verschmolzen worden, und beide haben in diesem Prozeß eine Veränderung erfahren. Sein eigenes Erlebnis ist von allen früheren Bedeutungen des Wortes «Rose» gefärbt worden, denn diese werden in den Gemütern der Menschen gegenwärtig sein, wenn sie sein Gedicht lesen, und das Wort «Rose» ist von seinem individuellen Erlebnis gefärbt worden, denn sein Gedicht wird in Zukunft in den Gemütern der Menschen lebendig sein, wenn sie auf das Wort «Rose» treffen.

Aber warum unterschied sich das Erlebnis des Dichters von der gesellschaftlichen Tradition? Weil jener Querschnitt seiner Umwelt, den wir seine individuelle Lebenserfahrung nennen, anderer Art war. Aber wenn wir die Kunst der Gesellschaft in ihrer Gesamtheit nehmen, d. h. als Summe individueller Querschnitte, erhalten wir einerseits den Durchschnitt der gesamten Erfahrung der Umwelt und außerdem den durchschnittlichen Menschen oder den durchschnittlichen Genotypus. Das ständige Entstehen neuer Kunst aber kann nur bedeuten, daß die Umwelt sich verändert, so daß die individuellen Erfahrungen des Menschen sich verändern und er ständig feststellen muß, daß die ererbten bewußten gesellschaftlichen Ausdrucksformen unangemessen sind und eine neue Synthese erfordern. Wenn also die Kunstformen unwandelbar und traditionsgebunden bleiben, wie in der chinesischen Zivilisation, ist es offenkundig, daß die Umwelt, d. h. die sozialen Beziehungen statisch sind. Wenn sie verfallen, ist die Umwelt im Verfall begriffen, wie die gegenwärtige bürgerliche Kultur. Wenn sie sich bessern, tritt das Gegenteil ein. Aber der Wert des Künstlers liegt nicht in der Darstellung seines Selbst. Wenn das der Fall wäre, warum sollte er kämpfen, um zu der Synthese zu gelangen, in der alte gesellschaftliche Ausdrucksformen mit seiner individuellen Erfahrung verschmelzen? Warum nicht gesellschaftliche Formeln außer acht lassen und sich selbst unmittelbar ausdrücken, wie man es tut, wenn man schreit, hüpft und weint? Weil es, um damit zu beginnen, eine alte bürgerliche Illusion ist, anzunehmen, es gäbe so etwas wie die reine individuelle Darstellung. Es ist nicht einmal so, daß der Künstler die Darstellung seines Selbst edelmütig zum Nutzen der Gesellschaft in eine gesellschaftliche Form zwingt. Beide Haltungen sind einfach Ausdruck des alten bürgerlichen Trugschlusses, daß der Mensch frei ist, wenn er seinen Instinkten freien Lauf lassen kann. In Wirklichkeit drückt sich der Künstler nicht in Kunstformen aus, er findet sich darin. Er verfälscht die freie Darstellung seines Selbst nicht, um sie gesellschaftlich gängig zu machen, er findet freie Darstellung seines Selbst nur in den sozialen Beziehungen, die in der Kunst verkörpert sind. Der Wert der Kunst liegt für den Künstler darin, daß sie ihn frei macht. Sie scheint ihm wertvoll, weil sie ihm die Darstellung seines Selbst gestattet, aber in Wahrheit handelt es sich nicht um die Entdeckung eines Selbst. Indem er seine Erfahrung mit der Erfahrung der Gesellschaft verbindet, indem er sein inneres Selbst in die Form der gesellschaftlichen Verhältnisse preßt, schafft er nicht nur eine neue Form, ein Produkt von gesellschaftlichem Wert, sondern er formt und erschafft zugleich sein eigenes Selbst. Der stumme, ruhmlose Milton ist ein Trugschluß. Miltons werden gemacht, nicht geboren.

Der Wert der Kunst für die Gesellschaft liegt darin, daß durch sie eine gefühlsmäßige Adaption möglich ist. Die menschlichen Instinkte werden in der Kunst gegen die veränderte Form der Wirklichkeit gepreßt, und durch eine besondere Ordnung der so erzeugten Gefühlsregungen entsteht eine neue Haltung, eine Adaption.

Jede Kunst erwächst aus dieser Spannung zwischen sich verändernden sozialen Beziehungen und überholtem Bewußtsein. Der eigentliche Grund, warum neue Kunst entsteht, warum die alte Kunst weder den Künstler noch den Kunstverständigen befriedigt, ist der, daß sie plötzlich irgendwie nicht mehr mit der Gegenwart übereinstimmt. Alte Kunst behält dagegen immer ihre Bedeutung für uns, weil die Instinkte, der Ursprung der Gemütsbewegungen, sich nicht verändern, weil ein neues System sozialer Beziehungen die alten nicht ausschließt, sondern einschließt und weil neue Kunst auch die Traditionen der voraufgegangenen Kunst in sich einschließt. Aber das ist nicht genug. Wir brauchen eine neue Kunst.

Und neue Kunst erwächst aus der Spannung. Die Spannung kommt in zwei Formen zum Ausdruck.

1. Eine Form ist produktiv – die evolutionäre. Die Spannung zwischen Produktionsverhältnissen und Produktivkräften sichert den Fortschritt der Gesellschaft als Ganzes, einfach indem sie in einer noch schärferen Form den Widerspruch hervorruft, der der Ursprung der dynamischen Kraft war. So sorgte die bürgerliche Kultur für das Wachsen des Industriekapitalismus, indem sie ständig die Beziehungen zwischen Menschen auflöste und durch Beziehungen zwischen Menschen und einer Sache ersetzte

und so den Markt hypostasierte, und in der Sphäre der Kunst brachte sie den zunehmenden Individualismus hervor, der, wie man am besten bei Shakespeare sehen kann, ein positiver Wert war, aber in seiner extremsten Form schließlich zum vollkommenen Zusammenbruch der Kunst im Surrealismus, Dadaismus u. ä. führte.

2. Die Spannung wird nun revolutionär, denn die Produktionsverhältnisse wirken als Hemmnis für die Produktivkräfte, und anstatt die Produktionsverhältnisse dahingehend zu ändern, daß sie den Produktivkräften bessere Entfaltungsmöglichkeiten bieten, hat die Spannung zwischen ihnen die gegenteilige Wirkung. Sie treibt die Produktionsverhältnisse immer in die Negation, vermehrt die Spannung und bereitet die Explosion vor, welche die alten Produktionsverhältnisse zerstören und es möglich machen wird, ganz neue Produktionsverhältnisse zu schaffen – nicht willkürlich, sondern nach einem Modell, das durch die Umstände der Spannung gegeben ist. So läßt in der Kunst die Spannung zwischen dem Individualismus und der wachsenden Kompliziertheit und den zunehmenden Katastrophen in der Umwelt des Künstlers, zwischen der freien Hingabe an den Traum und den rohen Schlägen der anarchischen Wirklichkeit, den Künstler aus seinem Traum erwachen und zwingt ihn gegen seinen Willen, die Welt anzusehen, nicht nur als Künstler, sondern auch als Mensch, als Bürger, als Soziologe. Sie zwingt ihn, sich für Dinge zu interessieren, die eigentlich nichts mit der Kunst zu tun haben: Politik, Ökonomie, Wissenschaft und Philosophie, so wie sie es in der bürgerlichen Frührenaissance tat, als sie Universalgenies wie Leonardo da Vinci hervorbrachte. Ob das für die Kunst gut oder nicht gut ist, steht hier nicht zur Debatte. Die bürgerliche Kunst ebenso wie die bürgerliche Kultur ist zum Sterben verurteilt, und dieser Prozeß ist ein unvermeidlicher Begleitumstand des Stadiums, das der Wiedergeburt der Kunst vorausgeht. Und dank diesem Zwischenstadium wird die neue Kunst, wenn sie entsteht, sich ihrer selbst stärker bewußt sein als ein Teil des gesellschaftlichen Gesamtprozesses; sie wird eine *kommunistische* Kunst sein. Das erklärt, warum alle modernen Künstler von Bedeutung, wie Lawrence, Gide, Aragon, Dos Passos, Eliot und so weiter, nicht damit zufrieden sein können, «reine Künstler» zu sein, sondern auch Propheten, Denker, Philosophen und Politiker sein müssen, Männer, die am Leben und der gesellschaftlichen Wirklichkeit als Ganzem interessiert sind. Sie wissen, daß sie eine Botschaft zu verkünden haben. Das ist die unvermeidliche Wirkung einer revolutionären Zeit auf die Kunst, und es ist nicht möglich, aus

dieser Zeit in die «reine» Kunst zu fliehen, in den Elfenbeinturm, denn es gibt jetzt keine reine Kunst mehr; diese Phase ist entweder vorüber oder noch nicht angebrochen.
Aber in einer Revolution sind zwei Wege möglich. Zwei Wege sind allerdings auch in der Evolution möglich: man kann entweder auf der Stelle treten und klassisch, akademisch und also bedeutungslos sein, oder vorwärtsgehen. Doch in einer revolutionären Zeit ist es nicht möglich, auf der Stelle zu treten, man muß entweder vorwärtsgehen oder aber zurück. Uns scheint diese Wahl eine Wahl zwischen Kommunismus und Faschismus zu sein: entweder die Zukunft schaffen oder zu den alten primitiven Werten zurückkehren, zur Mythologie, zum Rassismus und Nationalismus, zur Heldenanbetung und der *participation mystique.* Diese faschistische Kunst gleicht dem Rückfall des Neurotikers auf eine frühere Stufe der Adaption.
Lawrence war sich, und das macht seine Bedeutung als Künstler aus, sehr wohl der Tatsache bewußt, daß es den «reinen» Künstler heute nicht mehr geben kann und daß der Künstler unweigerlich ein Mensch sein muß, der kommerzialisierte Beziehungen und den Markt haßt und zutiefst an den Beziehungen zwischen Menschen interessiert ist. Außerdem muß er sich nicht nur zutiefst für die Beziehungen zwischen Menschen interessieren, wie sie nun einmal sind, sondern auch dafür, sie zu verändern; er muß unzufrieden mit ihnen sein, so wie sie jetzt sind, und wünschen, daß die persönlichen Beziehungen einen neuen und reicheren Gehalt bekommen.
Aber Lawrences schließliche Tragödie liegt darin, daß seine Lösung letzten Endes faschistoid und nicht kommunistisch war. Sie war ein Rückschritt. Lawrence wollte, daß wir zur Vergangenheit zurückkehren, zur «Mutter». In der Unzufriedenheit des Menschen sieht er die Sehnsucht des Solarplexus nach der Nabelschnur, und er fordert, daß die leidenschaftliche sexuelle Liebe durch die unbewußte fleischliche Identifizierung des Fötus mit der Mutter ersetzt werde. All das symbolisierte den Rückschritt, die Neurose, die Rückkehr zum Primitiven.
Lawrence fühlte, daß das Europa von heute zum Sterben verurteilt war, und deshalb wandte er sich anderen Lebensformen zu, in Mexiko, Etrurien und Sizilien, wo er Systeme von sozialen Beziehungen fand oder zu finden glaubte, in denen das Leben leichter und sinnvoller dahinfloß. Das Leben im bürgerlichen Europa schien ihm zersetzt von Habgier und kalter Vernunft, so daß es mit den einfachen Bedürfnissen des Körpers nicht mehr im Einklang stand. In tausend Formen wiederholt er diese Anklage gegen eine Zivilisation, die bewußt – und

gerade weil sie sich ihres Zustandes bewußt ist – gegen die instinktiven Ströme sündigt, welche die ursprüngliche Energiequelle des Menschen darstellen. Es ist ein Fehler, anzunehmen, Lawrence predige das Evangelium des Sex. Das bürgerliche Europa hat genug Sex gehabt, und ein Sex-Kult würde jetzt nicht das Interesse und die gefühlsmäßige Unterstützung finden, die Lawrences Lehren gefunden haben. Lawrences Evangelium war rein soziologisch. Sogar Sex war für ihn etwas allzu Bewußtes.

«Jeder, der meinen Roman («Lady Chatterley und ihr Liebhaber») einen schmutzigen sexuellen Roman nennt, ist ein Lügner. Es ist nicht einmal ein sexueller Roman, sondern ein phallischer. Sex ist etwas, was im Kopf existiert, seine Reaktionen vollziehen sich im Gehirn und seine Prozesse im Geistigen. Die phallische Wirklichkeit hingegen ist warm und spontan –»

Und an anderer Stelle schrieb er:

«Was mich krank macht, ist die vollkommene Frustrierung meines primitiven gesellschaftlichen Instinkts ... Ich glaube, daß der gesellschaftliche Instinkt viel tiefer wurzelt als der Sexualinstinkt – und daß die Unterdrückung des gesellschaftlichen Instinkts viel verheerender wirkt. Es gibt keine Unterdrückung des sexuellen Individuums, die der Unterdrückung des gesellschaftlichen Menschen in mir vergleichbar wäre – Unterdrückung durch das individuelle Ego, mein eigenes und das jedes anderen. Ich bin sogar meiner eigenen Individualität müde, und die anderer Leute widert mich einfach an.»

Und eine weitere Analyse von ihm über das Böse in der bürgerlichen Kultur: (In den Menschen von Cornwall) «ist die alte Rasse noch erkennbar, eine Rasse, die an Dunkelheit, Magie und die magische Transzendenz eines Menschen über einen andern glaubte, was faszinierend ist. Es ist auch noch etwas von der alten Sinnlichkeit der Dunkelheit und Wärme und der Leidenschaft des Blutes übrig, die plötzlich und unberechenbar ist. Wohingegen sie wie Insekten sind; sie sind kalt geworden, leben nur für Geld, für *Dreck*. Sie sind verrottet. Sie sollten sterben.»

Hier haben wir eine klare künstlerische, d. h. *gefühlsmäßige* Analyse des Verfalls der bürgerlichen Verhältnisse. Die Menschen leben für Geld, der gesellschaftliche Instinkt wird unterdrückt, sogar die sexuellen Beziehungen wurden infiziert und sind erkaltet. Überbleibsel barbarischer sozialer Beziehungen zwischen Menschen (die «magische Transzendenz» des Menschen über den Menschen) erscheinen wertvoll in einer Kultur, in der diese Beziehungen Beziehungen zwischen Mensch und Sache geworden sind, zwischen Mensch und Dreck.

Aber Lawrence sucht den Grund dafür nicht in den sozialen Beziehungen, sondern darin, daß sie dem Menschen bewußt werden. Die Lösung der Probleme des Individuums sieht er deshalb eindeutig in einer Rückkehr zum instinktiven Leben. Aber wie sollen wir zum instinktiven Leben zurückkehren? Indem wir das Bewußtsein abschütteln; wir müssen den Weg zurückgehen, den wir gekommen sind. Doch Intellektualität besteht eben darin, daß wir entweder sprachlich, plastisch oder geistig eine symbolische Projizierung auf Teile der Wirklichkeit vornehmen, und bewußtes Denken besteht einfach darin, daß man diese Bilder oder Wortprodukte miteinander vermischt. Wenn wir deshalb Intellektualität und Bewußtsein aufgeben sollen, müssen wir *tout court* allen Symbolismus und alle vernünftige Überlegung aufgeben, wir müssen *sein* und nicht mehr denken, nicht einmal mehr in Bildern. Doch Lawrence formuliert im Gegenteil sein Glaubensbekenntnis immer wieder *bewußt* in einer intellektuellen oder bildlichen Sprache. Aber darin liegt ein innerer Widerspruch, denn wie können wir intellektuell und bewußt vom Bewußtsein *zurück*geführt werden? Es ist unser Bewußtsein, das Lawrence zu erweitern und zu erhöhen versucht, selbst in dem Augenblick, da er uns drängt, es aufzugeben. Das Bewußtsein kann nur im Handeln aufgegeben werden, und die erste Handlung des Faschismus ist die Zerstörung der Kultur und das Verbrennen von Büchern. Es ist deshalb für einen Künstler und Denker unmöglich, ein konsequenter Faschist zu sein. Er kann nur, wie Lawrence, sich selbst widersprechen, er kann nur an das Bewußtsein der Menschen appellieren, das Bewußtsein aufzugeben.

Die Gleichsetzung von Bewußtsein mit Denken und Unbewußtheit mit Fühlen hat einige Verwirrung hervorgerufen. Diese Gleichsetzung ist falsch. Beide sind bewußt. Niemand hat je einen unbewußten Affekt oder eine unbewußte Gefühlsbewegung erlebt oder könnte sie je erleben. Es ist das Gefühl, das die unbewußten Erinnerungsspuren bewußt macht und sie zu Gedanken erhitzt. Wir alle spüren in Zeiten intensiven Fühlens, sei es nun künstlerisches oder emotionelles Fühlen, eine Erhöhung unseres Bewußtseins, das fast so stark und klar wie ein weißes Licht in uns brennt. Aber Lawrence hat das nie deutlich erkannt, und deshalb setzt er ständig die Unbewußtheit mit Fühlen und Bewußtsein mit Intellekt gleich. Zum Beispiel:

«Meine große Religion ist ein Glauben an das Blut, an das Fleisch, das so viel weiser ist als der Intellekt. Unser Geist kann irren. Aber was unser Blut fühlt und glaubt und sagt, ist immer richtig. Der Intellekt ist nur ein Hemmnis. Was schert mich das Wissen? Ich will nichts weiter als meinem Blut antworten, direkt, ohne das stümpernde Eingreifen des Intellekts oder der Moral oder was es sonst sein mag. Ich sehe den menschlichen Körper als eine Art Flamme, eine Kerzenflamme, die immer aufrecht brennt und doch fließt, und der Intellekt ist nur das Licht, das auf die Dinge ringsum geworfen wird und das Gott weiß woher kommt, praktisch aus dem Nichts, und *es selbst* ist, was immer es ringsum erhellen mag. Wir sind so lächerlich intellektuell geworden, daß wir nie wissen, daß wir selbst etwas sind – wir denken, wir sind nur die Objekte, auf die unser Licht fällt. Und die arme Flamme brennt weiter, unbeachtet, um dieses Licht hervorzubringen. Und anstatt dieses Geheimnis in den flüchtigen, halberleuchteten Dingen außerhalb von uns selbst zu suchen, sollten wir auf uns selber sehen und sagen: ‹Mein Gott, ich bin ich!› Deshalb lebe ich gern in Italien. Die Menschen dort leben so unbewußt. Sie fühlen und wollen nur, sie wissen nicht. Wir wissen zu viel. Nein, wir *denken* nur, daß wir so viel wissen. Eine Flamme ist keine Flamme, weil sie zwei oder zwanzig Gegenstände auf einem Tisch beleuchtet. Sie ist eine Flamme, weil sie sie selbst ist. Und wir haben uns selbst vergessen.»

Fühlen und Denken ergänzen und erhöhen einander. Der Mensch fühlt intensiver als die Schnecke, weil er mehr denkt. Warum beging Lawrence den Irrtum, anzunehmen, daß Fühlen und Denken einander ausschließen, und setzte Gefühl mit Unbewußtheit gleich? Wieder einmal liegt die Antwort im Wesen der gegenwärtigen Gesellschaft. Alles Fühlen muß etwas Denken und alles Denken etwas Fühlen enthalten, um überhaupt Teil des Bewußtseins zu sein. Aber es ist möglich, gewisse bewußte Phänomene als hauptsächlich gefühlsmäßig zu kennzeichnen, oder umgekehrt. «Reines» Fühlen gibt es ebensowenig wie «reines» Denken, da ersteres eine bloße instinktive Tendenz, das zweite nichts als eine mnemonische Spur wäre. Beide wären unbewußt und würden deshalb nur im Verhalten zutage treten. Lawrence meinte vielleicht, das Gefühl sei unter den Bedingungen des modernen Lebens erlahmt und wir müßten die Gefühlsgrundlage unseres Bewußtseins erweitern.

Von Gefühlen (und überhaupt von Affekten) wissen wir, daß sie in Verbindung mit angeborenen Reaktionen ins Bewußtsein treten oder – freier ausgedrückt – daß sie anscheinend aus der Modifizierung entstanden sind, durch Erfahrung und durch die Tätigkeit der «Instinkte». Der Instinkt, der sich in unmodifiziertem Handeln, in mechanischem Reagieren auf einen Reiz äußert, ist frei von Gefühl, ist reiner Automatismus. Nur wenn er durch Spuren von Erinnerung modifiziert oder durch Handeln erstickt wird, tritt er ins Bewußtsein und erscheint als Gefühl. Je intelligenter ein Tier ist, in desto höherem Maße ist sein Verhalten durch Erfahrung modifizierbar, desto mehr Gefühl zeigt es. Es zeigt dieses Mehr an Gefühl, weil es intelligenter, bewußter, weniger durch die Vererbung gelenkt, mehr der persönlichen Erfahrung unterworfen ist. Die Modifizierung angeborener Reaktionen durch die Erfahrung besagt nur, daß das frühere Verhalten eine mnemonische Spur auf den Neuronen zurückläßt, vor allem auf den Neuronen der Hirnrinde. Diese bringen, wenn sie innerviert werden, ein neues Muster hervor, dessen Modifizierung in der kortikalen Sphäre die Form von Gedanken und in der visceralen und thalamischen Sphäre die Form von Gefühlen oder einer emotionalen dynamischen Kraft annimmt. Die unterschiedliche Proportion der Komponenten entscheidet darüber, ob wir sie Gedanken oder Gefühle nennen. Selbst der einfachste Gedanke ist affektgeladen, und selbst das einfachste Gefühl wird von einem Gedanken begleitet, der nicht notwendigerweise in Worte gefaßt wird, sondern etwa so aussieht: «Ich bin verletzt» oder «Ein Schmerz». Da Denken und Fühlen derselben Modifizierung angeborener Reaktionen durch die Erfahrung entspringen, geht mit der Entwicklung der Intelligenz, d. h. der Fähigkeit zur Modifizierung des Verhaltens auf Grund von Erfahrung, eine ständig zunehmende emotionale Kompliziertheit, Breite und Tiefe Hand in Hand. Es ist klar, daß mit der Entwicklung der Zivilisation die Empfindungsfähigkeit für Schmerz und Lust beim Homo sapiens ständig zunimmt. Das ist die berühmte «Sensibilität» des zivilisierten Menschen, der «Luxus» hoher Kulturen, der auch in ihrer Kunst und in ihrer Sprache zum Ausdruck kommt. Primitive Völker andererseits zeigen einen deutlichen Mangel an Sensibilität, nicht nur, was die höheren Gefühle, sondern sogar, was die primitiveren betrifft. Der extrem erotische Charakter der Tänze von Wilden ist nicht, wie einige Beobachter naiv annehmen, auf die emotionelle Reizbarkeit der Wilden zurückzuführen, sondern im Gegenteil darauf, daß infolge ihrer mangelnden Sensibilität die erotischen Impulse nur durch heftige Reize in ihnen wachgerufen werden können, während bei zivilisierten Menschen ein leichter Reiz bereits die lebhaftesten Emotionen auslöst. Das gleiche Phänomen zeigt sich in der Unempfänglichkeit des Primitiven für physischen Schmerz. Folglich kehren wir, wenn wir den Weg, den wir gekommen sind, zurückgehen sollen – zurück zur Primitivität, zum Blut, zum Fleisch –, nicht nur zu weniger und göberem Denken zurück, sondern ebenso zu weniger und gröberem

Fühlen, zu einem herabgesetzten Bewußtsein, in dem Fühlen und Denken, gerade weil sie weniger intensiv und weniger kompliziert sind, unlösbar verquickt sind, bis sie schließlich, indem beide miteinander verschmelzen und eins werden, ganz verschwinden und nichts zurückbleibt als unbewußtes *Verhalten*. Aber wie kann dieses Ziel für einen Künstler erstrebenswert sein, außer wenn er vor sich selbst das Grundgesetz seines Seins verneint? Die Kunst ist nicht unbewußtes Verhalten, sie ist bewußtes Fühlen.

Es ist jedoch möglich, das Fühlen zu erweitern, ohne das Denken zu ändern oder Bewußtsein einzubüßen, indem man die in der modernen Zivilisation zwischen ihnen stehende Ratio verändert. Genau das ist der Zweck der Kunst, denn der Künstler benutzt stets gerade diejenigen verbalen oder bildlichen Darstellungen der Wirklichkeit, die mehr mit Gefühl als mit Erkenntnis geladen sind, und er organisiert sie so, daß die Affekte sich gegenseitig verstärken und zu einer glühenden Masse verschmelzen. Folglich muß der, der glaubt, das Gefühlselement müsse im modernen Bewußtsein um jeden Preis erweitert werden, nicht die Verengung allen Bewußtseins, sondern die Erweiterung des fühlenden Bewußtseins predigen und sichern. Das ist die Mission der Kunst. Kunst ist die Technik der Gefühlsmanipulierung im Verhältnis zur Wirklichkeit. Lawrence tat das, was er meiner Überzeugung nach tun wollte, gerade dann, wenn er nichts als ein reiner Künstler war, der den Geist eines Ortes oder die Gefühle wirklicher Menschen feinfühlig wiedergab – wie er es in seinen frühen Werken tat. Als er zum Propheten wurde, der rein verstandesmäßig ein Evangelium predigte, entfernte er sich immer weiter von diesem Ziel.

Wie kam er dazu, zuerst als Verfechter des Gefühls aufzutreten und dann den entgegengesetzten Irrtum zu begehen, die Kunst aufzugeben und statt dessen zu predigen? Zu der ersten Überzeugung gelangte er, weil die moderne bürgerliche Kultur eine gefühlsmäßige Verarmung bewirkt. Soziale Beziehungen verlieren jede Gefühlswärme, wenn sie aufhören, Beziehungen zwischen Mensch und Mensch zu sein und nur noch Beziehungen zwischen Mensch und Sache sind. Der Mensch fühlt sich der Liebe beraubt. Sein ganzer Instinkt rebelliert dagegen. Er fühlt sich mit seiner Umwelt nicht mehr im Einklang. Lawrence erkennt das ganz deutlich, wenn er von der Unterdrückung des gesellschaftlichen Instinkts spricht.

Aber die Dinge haben sich so weit entwickelt, daß kein Herumreformieren an den sozialen Beziehungen, keine Anpassung der Instinkte an die Umwelt durch die Mittel der Kunst diesen

Zustand ändern kann. Die sozialen Beziehungen müssen neu geschaffen werden. Der Künstler muß um seiner Integrität willen Denker und Revolutionär werden. Lawrence durfte deshalb nicht mit der reinen Kunst zufrieden sein, durfte sich nicht damit begnügen, das fühlende Bewußtsein im alten Kreis zu erweitern. Er mußte versuchen, die sozialen Beziehungen neu zu gestalten und zu einer Lösung zu gelangen. Aber es gibt nur eine revolutionäre Lösung. Die sozialen Beziehungen müssen geändert werden, nicht indem man das Bewußtsein verengt, sondern indem man es erweitert. Das höhere Fühlen muß gefunden werden, nicht auf einer niedrigeren, sondern wie stets auf einer höheren Ebene der Kultur.

Natürlich scheint das Bewußtsein in der heutigen bürgerlichen Kultur, wie in allen Verfallsperioden, voller Mängel zu sein, mit denen das Sein kämpft, und das scheint wie Unbewußtsein zu sein, das durch das Bewußtsein verkrüppelt wurde. Diese Mängel in den bürgerlichen sozialen Beziehungen resultieren alle aus den Geldbeziehungen, die alle anderen gesellschaftlichen Bindungen ersetzen, so daß die Gesellschaft nicht durch gegenseitige Liebe oder Freundlichkeit oder Verpflichtung zusammengehalten wird, sondern nur durch den Profit. Geld ist der Motor der bürgerlichen Welt, und das bedeutet, daß die Selbstsucht der Angelpunkt ist, um den sich die bürgerliche Gesellschaft dreht, denn Geld ist eine Herrschaftsbeziehung zu einer Sache, die einem gehört. Die Kommerzialisierung aller sozialen Beziehungen erfaßt auch das tiefste aller Gefühle, und die Beziehungen der Geschlechter werden durch die unterschiedliche ökonomische Lage von Mann und Frau beeinflußt. Der Begriff des Privateigentums, der in bürgerlichen Verhältnissen eine überwältigende Macht und Wichtigkeit besitzt, dehnt sich sogar auf das Gebiet der Liebe aus. Da die ökonomischen Verhältnisse im Kapitalismus einfach so sind, daß jeder Mensch für sich selbst auf einem unpersönlichen Markt kämpft, scheint die Welt durch die dunklen Mächte des Neides, der Habsucht und des Hasses auseinandergerissen, die sich selbst in die «altruistischsten» Gefühle einschleichen und sie umschlagen lassen.

Aber es hieße das Drama vereinfachen, wollte man es zu einem Kampf zwischen dem zeitgenössischen Bewußtsein und dem alten Seinszustand machen. Es ist ein Konflikt zwischen Produktionsverhältnissen und Produktivkräften, zwischen den zeitgenössischen Ausdrucksformen des Bewußtseins und all den Möglichkeiten des zukünftigen Seins, einschließlich des Bewußtseins, die in der Gesellschaft latent sind und darum kämpfen, von ihren Fesseln befreit zu werden. In der bürgerlichen Zivili-

sation und deshalb auch im bürgerlichen Bewußtsein sind bürgerliche Mängel enthalten. Daher will sich der Mensch gegen den Intellekt wenden, denn es hat den Anschein, als sei der Intellekt sein Feind, und in der Tat ist er das auch, wenn wir unter Intellekt den bürgerlichen Intellekt verstehen. Aber dieser bürgerliche Intellekt kann nur durch Intellekt bekämpft werden. Den Intellekt leugnen heißt die konservativen Kräfte unterstützen. In hundert verschiedenen Formen sehen wir heute den nutzlosen europäischen Aufstand gegen den Intellektualismus.
In jeder Zivilisation besteht die Rolle des Bewußtseins darin, die instinktiven Reaktionen zu modifizieren, so daß sie reibungslos in die Mühle der sozialen Beziehungen einmünden und sie drehen. Der Instinkt und nicht das Geld dreht in Wahrheit die gesellschaftliche Mühle, obgleich in der bürgerlichen Welt instinktive Beziehungen nur im Kielwasser des Geldes wirksam werden können. Wenn daher die sozialen Beziehungen die Kräfte der Gesellschaft hemmen, wird ein Konflikt zwischen den sozialen Beziehungen und den Instinkten spürbar. Es scheint, als seien die Gefühle in Unordnung geraten, als sei die Welt eine ungastliche Stätte und verletze und unterdrücke die Gefühle. Es hat den Anschein, als würden die Instinkte und die Gefühle, jene Produkte der Instinkte, von der Umwelt bestraft, und als müsse deshalb den Instinkten und Gefühlen «das Ihre» gegeben werden, als müßten sie belebt und erhöht werden, selbst wenn das bedeutet, daß die zivilisierte Umwelt zerstört und aufgegeben und an ihre Stelle eine primitivere gesetzt wird. Heute zeigt sich diese Belebung und Erhöhung der Instinkte in allen Forderungen nach einer Rückkehr zu tieferem «Fühlen» wie bei Lawrence, und in der Anbetung unbewußter geistiger Funktionen, wie bei den Surrealisten, bei Schriftstellern vom Typ Hemingways, von den Faschisten nicht zu reden. Bei Individuen ist diese mechanistische Auffassung eine infantile Regression, wie man sie in ihrer pathologischen Form in den Neurosen findet.
Nun führen diese mechanistischen Auffassungen zur Aufdeckung eines echten Defekts. Das gesellschaftliche Sein wird tatsächlich durch das gesellschaftliche Bewußtsein gehemmt, die Instinkte werden tatsächlich unterdrückt, und die Umwelt läßt das Gefühlsleben verarmen. Aber das Heilmittel ist falsch. Wie wir wissen, kann der Neurotiker nicht durch infantile Regression geheilt werden. Die infantile Regression sichert ihm lediglich Unbewußtheit und befreit ihn von der Last quälender Gedanken, um den Preis eines herabgesetzten Bewußtseins und innerer Verarmung. Die Zivilisation kann nicht geheilt werden,

indem man den Weg zum primitiven Urzustand zurückgeht, sie kann sich nur auf einer niedrigeren Ebene ihres Verfalls weniger bewußt werden. Genauso wie die Rückkehr des Neurotikers zu kindlichen Lösungen der Probleme weniger gesund ist als die Kindheit, ist die Rückkehr einer Zivilisation zu einer primitiven Lösung weniger gesund als das primitive Leben selbst. Die dazwischenliegende Geschichte macht solche Lösungen unreal. Für den Primitiven haben diese Probleme nie existiert. Für den Regressiven haben sie existiert, aber er hat sie unterdrückt. Diese Leute würden uns in die Wildnis führen. Sie predigen keine neue Kraft, sondern alte Dekadenz.

Wie ist dann eine Heilung möglich? Wir wissen, daß sowohl beim Neurotiker wie bei der Zivilisation die Heilung ein langwierigerer und schöpferischerer Prozeß ist als das Zurückfallen des Kranken in den Schoß jener Unbewußtheit, aus der wir hervorgegangen sind. Unsere Aufgabe soll nicht in einer Luft vollbracht werden, die schwer und schwül von Mysterien und totem Symbolismus ist wie die Luft in einer Höhle, die Schauplatz alter obszöner Riten war, sondern in frischer Luft.

Wir sollen nicht zum Alten zurückkehren, sondern wir müssen in etwas Neues gehen; und das Neue existiert noch nicht, wir müssen es erst schaffen. Das Kind würde gern in den Schoß der Mutter zurückkehren, aber es muß erwachsen werden und die schweren und stählenden Aufgaben des Lebens auf sich nehmen. Wir sollen unser Bewußtsein nicht preisgeben, sondern es erweitern, das Fühlen vertiefen und reinigen und das Denken zerschlagen und neu schaffen, und dies neue Bewußtsein ist nicht irgendeinem Wesen eigentümlich, weder dem Mexikaner noch dem Yogi oder dem «Blut», sondern wir müssen es selber schaffen. In diesem Kampf mit der Wirklichkeit, an dem alle Instinkte, Fühlen und Denken teilhaben und aufeinander einwirken, werden sich die Instinkte selbst verändern, und indem sie als neues Denken und neues Fühlen im Bewußtsein in Erscheinung treten, werden sie sich wieder einmal in Übereinstimmung mit der neuen Umwelt fühlen, die sie geschaffen haben. Die sozialen Beziehungen müssen geändert werden, damit die Liebe zur Erde zurückkehrt und der Mensch nicht nur weiser, sondern auch reicher an Gefühlen wird. Das ist keine Aufgabe, die ein Prophet in einem Evangelium vollbringen kann, aber da die ganze Struktur der sozialen Beziehungen geändert werden muß, muß jeder Mensch in irgendeiner Form an dieser Veränderung teilhaben, entweder dafür oder dagegen sein und siegreich sein, wenn er dafür, und besiegt werden, wenn er dagegen ist.

Warum fand Lawrence, als er sich vor dieses Problem gestellt sah, keine Lösung? Er scheiterte, weil es ihm, obwohl er die bürgerliche Kultur haßte, nie gelang, ihre Grenzen zu durchbrechen. Auch bei ihm sehen wir hier die gleiche alte Lüge. Der Mensch ist frei, insofern er seinen «freien» Instinkten, dem «Blut», dem «Fleisch» gehorchen kann. Der Mensch ist frei nicht infolge, sondern trotz der sozialen Beziehungen.

Wenn man das glaubt – und wir haben gesehen, daß dies die tiefste und unausrottbarste bürgerliche Illusion ist, auf der alle anderen beruhen –, muß man, wenn man sich durch die bürgerlichen sozialen Beziehungen verletzt fühlt, Sicherheit und Freiheit nur darin sehen, daß man sie abschüttelt und zu einem primitiven Zustand mit weniger «Beschränkungen» zurückkehrt. Man muß zwangsläufig glauben, daß Freiheit und Glück durch eigenes individuelles Handeln erlangt werden können. Man wird nicht glauben, daß Freiheit und Glück nur durch soziale Beziehungen erlangt werden können, durch Zusammenarbeit mit anderen, mit dem Ziel, diese Beziehungen zu ändern, sondern es gibt immer etwas, was man tun kann: nach Mexiko fliegen, die richtige Frau oder die richtigen Freunde finden und so das Heil entdecken. Man wird nie die Wahrheit erkennen, daß man das Heil für sich selbst nur finden kann, wenn man es gleichzeitig für alle anderen findet.

Lawrence konnte deshalb dieser essentiellen Selbstsucht nie entrinnen – keiner kleinlichen Selbstsucht, sondern einer Selbstsucht, die der Grundzug der bürgerlichen Kultur ist und im Pazifismus, im Protestantismus und allen Formen eines durch individuelles Handeln erlangten Heils zutage tritt. Die Welt, zu der Lawrence zurückkehren wollte, ist nicht wirklich die Welt der Primitiven, die in Wahrheit durch starrere Verhältnisse gebunden sind als die des bürgerlichen Europas. Es ist der alte bürgerliche pastorale Himmel, den es nicht gibt. Es gibt ihn nicht, weil er ein Widerspruch in sich ist, und da er ein Widerspruch in sich ist, bewirkt die bürgerliche Welt, wenn sie ihn bewußter anstrebt, genau das Gegenteil, so wie wir uns, wenn wir uns einem Gegenstand in einem Spiegel nähern, vom wirklichen Gegenstand entfernen. Lawrences Evangelium bildet daher nur einen Teil des selbstzerstörerischen Elements in der bürgerlichen Kultur.

Trotz all seiner Begabung unterlag Lawrence den alten kleinbürgerlichen Irrtümern. Wie Wells strebte er danach, in die Welt der bürgerlichen Kultur emporzusteigen; da er ein größerer Künstler als Wells und in einer späteren Epoche geboren war, konnte es nicht die Sicherheit und Macht jener bereits kranken Klasse sein, die ihn anzog. Es waren ihre kulturellen

Werte. Es gelang ihm, in diese Welt Eingang zu finden und reichlich von allen ihren unermeßlichen intellektuellen und ästhetischen Reichtümern zu profitieren, nur um dann festzustellen, daß diese Reichtümer zu Staub zerfielen. Zu den Qualen, die er während seines Aufstiegs erlitten hatte, kam der Schock dieser Desillusionierung und erfüllte ihn schließlich mit Haß auf bürgerliche Werte. Er konnte sie erbarmungslos und voller Bitterkeit kritisieren, aber er konnte keine Lösung für den Zuschnitt seines Lebens finden; sein langsamer, mühevoller Aufstieg in den bürgerlichen Sonnenschein bildete die Garantie dafür, daß er ein Bürger blieb. Seine Kultur war stets die bürgerliche Kultur, die sich ihres Verfalls bewußt war, die sich selbst kritisierte und keine Lösung wußte außer der, in eine Zeit zurückzugehen, da die Dinge anders waren, und so die ganze Entwicklung rückgängig zu machen, welche die bürgerliche Kultur in diese kritische Lage gebracht hat.

Wäre er später geboren, hätte jene Welt im Sonnenschein ihn nie so unwiderstehlich angezogen, dann hätte er vielleicht erkannt, daß das Proletariat, dem er zu Beginn seines Aufstiegs so nahe war, die dynamische Kraft der Zukunft darstellte. Dann hätte er nicht nur einen Standpunkt außerhalb der bürgerlichen Kultur gehabt, von dem aus er sie hätte kritisieren können, sondern von diesem Standpunkt aus wäre er imstande gewesen, die wahre Lösung zu finden – in der Zukunft, nicht in der Vergangenheit. Aber Lawrence blieb bis zum Schluß ein Mann, der unfähig war, sich anderen unterzuordnen, unfähig zur Zusammenarbeit, unfähig zur Klassensolidarität, die die charakteristische Eigenschaft des Proletariats ist. Er blieb der Individualist, der bürgerliche Revolutionär, der sich zornig sein eigenes Heil zimmerte, kritisch gegen alles, allein im Besitz der Gnade. Er befreite sich von allen bürgerlichen Illusionen, außer der einen wichtigen. Am Ende sah er weder die Welt noch sich selber so, wie sie wirklich waren. Er sah den Gang der Ereignisse als eine bürgerliche Tragödie, was zwar wahr, aber unwichtig ist. Das Wichtige, das ihm völlig verborgen blieb, war die Tatsache, daß sie zugleich eine proletarische Renaissance war.

Heute findet man überall die bewußten oder unbewußten Nachfolger Lawrences – die Pazifisten, die gemütlichen kleinen Hedonisten, die gewissenhaften Sexualisten, die wohlmeinenden Liberalen, die Idealisten, die alle die unmögliche Lösung suchen, das Heil durch die freie Tat des individuellen Willens inmitten von Verfall und Katastrophen. Sie können vielleicht eine zeitweilige Lösung finden, ein momentanes Glück, obgleich nach meinem Dafürhalten Lawrence keins von beiden gefunden hat.

Aber dieses Glück ist nicht von Dauer, denn äußere Ereignisse, denen sie sich regressiv angepaßt haben, führen unaufhörlich zu neuen Schrecken und Katastrophen, von denen man sich nichts träumen ließ. Was nützen solche Tombakkonstruktionen im furchtbaren Grauen eines Krieges? Man kann sich die Ohren zuhalten und sich in Cornwall verstecken wie Lawrence, aber der Schrei von Millionen leidenden Mitmenschen dringt doch zu uns und foltert uns. Und ist der Krieg schließlich überstanden, kommen neue Schrecken auf uns zu. Die immer weiter fortschreitende Zersetzung durch die Weltwirtschaftskrise. Der Nazismus, der eine Flut von Barbarei und Schrecken auslöst. Und was als nächstes? Rüstungen, die anwachsen wie eine immer größer werdende Katastrophe, Massenneurosen, Staaten, die sich wie tolle Hunde gebärden. All dies scheint jenen Menschen, die sich über die Ursachen nicht klar sind, unerklärlich, entsetzlich, kosmisch. Wie kann der Bürger immer noch vorgeben, frei zu sein, ein individuelles Heil zu finden? Nur indem er sich immer größeren Illusionen hingibt, indem er Kunst, Wissenschaft, Gefühl, letztlich sogar das Leben verneint. Der Humanismus, die Schöpfung der bürgerlichen Kultur, trennt sich schließlich von ihm. Groß gegen den Himmel steht der Kapitalismus, ohne einen Fetzen, seine Blöße zu bedecken, nackt in seiner Schrecklichkeit. Und der Humanismus, der ihn verläßt oder der vielmehr beiseite geschleudert wird, muß entweder in die Reihen des Proletariats übergehen oder sich still in einer Ecke die Kehle durchschneiden. Lawrence lebte nicht lange genug, um Zeuge dieses Ausgangs zu sein, der unweigerlich das Ende seiner Philosophie und seiner Lehren bedeuten würde.

H. G. Wells
Eine Studie über Utopismus

«Die Anschauungsweise der Utopisten hat die sozialistischen Vorstellungen des 19. Jahrhunderts lange beherrscht und beherrscht sie zum Teil noch. Ihr huldigten noch bis vor ganz kurzer Zeit alle französischen und englischen Sozialisten, ihr gehört auch der frühere deutsche Kommunismus mit Einschluß Weitlings an. Der Sozialismus ist ihnen allen der Ausdruck der absoluten Wahrheit, Vernunft und Gerechtigkeit und braucht nur entdeckt zu werden, um durch eigne Kraft die Welt zu erobern; da die absolute Wahrheit unabhängig ist von Zeit, Raum und menschlicher geschichtlicher Entwicklung, so ist es bloßer Zufall, wann und wo sie entdeckt wird. Dabei ist dann die absolute Wahrheit, Vernunft und Gerechtigkeit wieder bei jedem Schulstifter verschieden; und da bei jedem die besondere Art der absoluten Wahrheit, Vernunft und Gerechtigkeit wieder bedingt ist durch seinen subjektiven Verstand, seine Lebensbedingungen, sein Maß von Kenntnissen und Denkschulung, so ist in diesem Konflikt absoluter Wahrheiten keine andere Lösung möglich, als daß sie sich aneinander abschleißen. Dabei konnte dann nichts andres herauskommen als eine Art von eklektischem Durchschnittssozialismus, wie er in der Tat bis heute in den Köpfen der meisten sozialistischen Arbeiter in Frankreich und England herrscht, eine äußerst mannigfaltige Schattierungen zulassende Mischung aus den weniger Anstoß erregenden kritischen Auslassungen, ökonomischen Lehrsätzen und gesellschaftlichen Zukunftsvorstellungen der verschiednen Sektenstifter, eine Mischung, die sich um so leichter bewerkstelligt, je mehr den einzelnen Bestandteilen im Strom der Debatte die scharfen Ecken der Bestimmtheit abgeschliffen sind, wie runden Kieseln im Bach.»

Friedrich Engels: «Die Entwicklung des Sozialismus von der Utopie zur Wissenschaft»

Lange bevor H. G. Wells als Schriftsteller berühmt wurde, hatte Friedrich Engels in der oben zitierten Analyse Wells' Utopismus genau charakterisiert. Engels war nicht nur an dem Phänomen interessiert, das jeder utopische Sozialist darstellt, der annimmt, er wisse bis in die letzte Einzelheit Bescheid, wie die Welt zu sein hat. Er interessierte sich auch dafür, wieso nichts anderes herauskommen kann als eine allgemeine wolkige Unbestimmtheit, die jedes Handeln hemmt, wenn diese utopischen Sozialisten, jeder mit seinen genauen, aber weit auseinanderklaffenden Vorstellungen, in irgendeiner Weise zusammenzuarbeiten versuchen. Diese Mischung, wie Engels sie nannte, ist ein Mischmasch.

Das Besondere an H. G. Wells und der Punkt, in dem er sich, als später Ableger dieser Schule, von den früheren utopischen Sozialisten unterscheidet, auf die sich Engels bezog, ist jedoch, daß er nicht nur ein zu diesem Mischmasch Beitragender ist, sondern das Mischmasch selbst. Das war unvermeidlich. An Wells' verworrenem Denken ist nicht, wie er in seinem «Experiment einer Autobiographie» naiv behauptet, eine Besonderheit der Blutzufuhr zu seinem Gehirn schuld, sondern die Anarchie der Welt, in der er geboren wurde. Für die frühen utopischen Sozialisten war die Welt etwas Festumrissenes, denn die bürgerlichen Werte waren noch fest. Gleichheit, Freiheit und Demokratie waren Ideen, die einen Sinn zu haben schienen. Wie aber können sie diesen Sinn jetzt noch haben, da Gleichheit auf irgendeine seltsame Weise die Herrschaft des Trust-Kapitals geworden ist, Freiheit Lohnsklaverei und Demokratie faschistischer Imperialismus?

Die absolute Freiheit und Gleichheit der utopischen Sozialisten waren die bürgerlichen Werte ihrer Zeit, die als ewige Werte angesehen wurden. Genauso die Wellsschen Werte. Aber zu Engels' Zeit änderten sich diese Werte nicht so schnell, daß sie sich beinahe über Nacht in ihr Gegenteil verwandelten. In der Zeit von Wells geschah genau das. Und so sehen wir Wells und seinesgleichen jedes Jahr eine andere Utopia und eine neue Weltschau präsentieren. Wells ist in der unglücklichen Lage eines Schneiders, dessen Zollstock über Nacht launisch seine Länge verändert. Jeden Morgen mißt er geduldig seinen Meter Stoff ab, und das Ergebnis ist eine lange Reihe verschieden langer Stücke. In jedem neuen Buch sieht Wells Utopias, die nach neuen Prinzipien regiert werden, neue Wege der Erlösung für die Menschheit, neue heimliche Krankheiten, die an der gegenwärtigen Unzufriedenheit schuld sind, neue Götter, unsichtbare Könige. Die Unvernunft all dessen macht Wells krank.

Wenn nur die Menschen vernünftig wären! Doch man kann die Menschen kaum dafür tadeln, daß sie der Vernunft mißtrauen, wenn sie in Wells' Händen so viele verschiedene Lösungen hervorbringt, von einer weltumspannenden demokratischen Föderation bis zu einer von Samurai-Herrschern regierten Welt, vom Liberalfaschismus zu einem Rooseveltschen Gehirntrust, von einer offenen Verschwörung zu einer Welt, die durch einen Krieg gerettet wird, der so furchtbar ist, daß er die Vernichtung der Zivilisation bedeutet. Es wäre zweifellos vernünftiger, den Stoff weiter auf die alte viktorianische bürgerliche Weise zu messen, als dem Zollstock der Wellsschen Ideologie zu vertrauen. Andere Menschen haben ihre eigenen Vorstellungen von absoluter Wahrheit, Vernunft und Gerechtigkeit, entsprechend den verschiedenen Teilen des bürgerlichen Systems, in denen sie ihren Platz haben, und Wells' absolut gerechte und vernünftige Utopias gefallen ihnen durchaus nicht. Gottesfürchtigen Leuten kommen die Sitten in einigen von Herrn Wells' Utopien höchst anfechtbar vor. Der Textilhandel findet die Nacktheit in «Männer wie Götter» keineswegs göttlich. Geschäftsleute sind der Ansicht, daß die Wissenschaftler in diesen Staaten von morgen viel zu wichtig genommen werden. Selbst jene, deren Vorstellungen vom Absoluten genau so simpel und kleinbürgerlich wie die von Wells sind, können das beunruhigende Gefühl nicht loswerden, daß der vollkommen gerechte, glückliche und schöne Staat, den er da entwirft, unerträglich langweilig wäre.

Denn Wells ist ein Kleinbürger, und von allen Produkten des Kapitalismus ist das Kleinbürgertum das unerfreulichste. Wer ihm nicht entkommt, ist mit Sicherheit verdammt. Es ist notwendigerweise eine Klassenschicht, deren ganze Existenz auf einer Lüge beruht. In funktioneller Hinsicht wird es ausgebeutet, aber da man ihm gestattet, einige Brosamen der Ausbeutung aufzulesen, die vom reichgedeckten Tisch der Bourgeoisie fallen, identifiziert es sich mit dem bürgerlichen System, von dem es abhängig zu sein scheint, sei der Kleinbürger nun Bankangestellter, kleiner Ladenbesitzer oder gehobener Dienstbote. Das Kleinbürgertum hat nur ein Ziel im Leben: seine Lage zu verbessern, einen Schritt näher an die guten Dinge des Bürgertums heranzukommen, von denen es so weit entfernt ist. Es hat nur eine Furcht, nämlich die, aus der Respektabilität in einen proletarischen Abgrund zu stürzen, der, gerade weil er so nahe ist, so gefährlich scheint. Es ist wurzellos, individualistisch, einsam und steht stets mit gesträubten Federn einer feindlichen Welt gegenüber. Es kann nie die Sicherheit des reichen Bürgertums oder die Gemeinschaft der Arbeiter kennen. Es kann sich nie

auf etwas ausruhen, denn es kämpft stets um eine Verbesserung seiner Lage. Es ist die am meisten betrogene Schicht, denn es besitzt nicht den Zynismus des Arbeiters, der praktische Beweise für bürgerliche Fiktionen hat, noch den Zynismus des intelligenten Bürgers, der die Illusion der Religion, der Monarchie, des Patriotismus, des kapitalistischen «Fleißes» und der kapitalistischen «Voraussicht» durchschaut, obwohl er sie für seine eigenen Zwecke aufrechterhält. Es hat keine eigenen Traditionen, und es übernimmt nicht die Traditionen der Arbeiterschaft, die es haßt, sondern die des Bürgertums, die jedoch für das Kleinbürgertum nutzlos sind, da es nicht mitgeholfen hat, sie zu schaffen. Diese Welt, die Wells in seinem «Experiment einer Autobiographie» so gut beschreibt, ist wie ein schrecklicher stehender Sumpf, nichts als Schlamm und Bitterkeit, und selbst ohne die rettende Anmut des Tragischen.
Jeder versucht, sich aus diesem Sumpf zu retten. Der Kleinbürger wird einzig angetrieben von dem Verlangen, dem zu entfliehen, wofür er geboren wurde, hinaufzukommen, reich zu sein, in Sicherheit zu leben, Chef zu sein. Und die Entwicklung des Kapitalismus macht den Abgrund dieser Welt noch tiefer, macht Wohlstand, Sicherheit und Freiheit immer schwerer erreichbar und die Welt dadurch noch schrecklicher. Das Gesicht des Kleinbürgertums trägt immer mehr den Ausdruck kleinlicher, sinnloser, verwirrter Unzufriedenheit. Das Leben mit seinen Schwierigkeiten und seiner Unberechenbarkeit scheint dem Kleinbürger ständig Hindernisse in den Weg zu legen, ihn fortwährend zu verraten. Er sieht sich in seinen Hoffnungen enttäuscht, geschlagen; die Dinge sind zu viel für ihn. Beinahe alle Wellsschen Charaktere von Kipps bis Clissold gehören psychologisch zu dieser typisch kleinbürgerlichen enttäuschten Klasse. Sie können nie verstehen, warum alles so verwirrend ist, warum der Mensch so unvernünftig, das Leben so schwierig ist – eben weil sie selbst so unvernünftig sind. Sie sind geboren aus der Unverantwortlichkeit und dem Anachronismus des Kapitals in seiner schärfsten Form, und sie verstehen das nicht.
Es gibt viele Wege, der kleinbürgerlichen Welt zu entkommen. Ein Weg ist der, seine falschen bürgerlichen Illusionen aufzugeben und in die proletarische Hölle zu versinken, vor der man sich immer gefürchtet hat. Dann hat man ein schweres und arbeitsreiches Leben, aber ein Leben mit festen Werten, die von der funktionellen Rolle abgeleitet wurden, welche man in der Gesellschaft spielt. Der besonders gräßliche Geschmack der kleinbürgerlichen Bitterkeit ist verschwunden, denn nun kommen die gesellschaftlichen Kräfte, die Unglück – Arbeitslosig-

keit, Armut und Entbehrung – hervorrufen, ganz klar von oben, von außen, aus einer fremden Welt. Man tritt ihnen als Angehöriger einer Klasse entgegen, der Gefährten im Unglück hat, und das erzeugt sowohl das Mitgefühl wie die Organisation, die sie leichter erträglich machen. «Es sind die Armen, die den Armen helfen.» Die Proletarier sind aufgerufen zu hassen, nicht einander, sondern unpersönliche Dinge wie Kriege und Krisen und Hochkonjunktur oder andere Klassen – die Herren, die Reichen.

Das besondere Leiden der Bürger besteht nun darin, daß sie aufgerufen sind, *einander* zu hassen. Nicht unpersönliche Dinge oder andere Klassen verwunden sie und fügen ihnen Leid und Armut zu, sondern allem Anschein nach Angehörige ihrer eigenen Klasse. Es ist der Ladenbesitzer gegenüber, der konkurrierende Kleinhändler, die Familie nebenan, mit denen sie im Kampf liegen. Jeder Erfolg eines Kleinbürgers ist ein Dolch im Herzen eines anderen Kleinbürgers. Jeder Mißerfolg eines Kleinbürgers ist auf die Tätigkeit eines anderen Kleinbürgers zurückzuführen. Keine Kameradschaft, keine Solidarität ist möglich. Der Haß des Kleinbürgers richtet sich gegen die Arbeiter in dem Abgrund, der stets auf einen wartet, ebenso wie gegen den erfolgreichen Kleinbürger, der ein wenig über einem steht, den man beneidet und verabscheut.

Die Entwicklung des Kapitalismus verstärkt beide Entwicklungen: die Solidarität der Arbeiter und die Uneinigkeit und Bitterkeit des Kleinbürgertums.

Es ist auch möglich, nach oben zu entkommen. Viele sind aufgerufen. Alle, die nicht in das Proletariat absinken, streben nach oben. Nur wenige sind auserwählt. Nur wenige kämpfen sich in das reiche Bürgertum hinauf. Wells war einer dieser wenigen. Die Geschichte dieses schweren, wütenden Kampfes und endlich seines Erfolges, der in seinem Bankkonto zum Ausdruck kommt, erzählt Wells in seiner Autobiographie.

Einige versuchen, in die Welt der Kunst oder des reinen Denkens zu entkommen. Aber dieses «Entkommen» wird immer schwieriger. Nehmen wir den Fall des Künstlers in der Lage des jungen Wells. Bei ihm offenbart sich das dominierende Interesse für Kunst vielleicht als ein Interesse für Lyrik, Kurzgeschichten, neue Romantechniken. Seine Lehrzeit als Schriftsteller wird für ihn zuerst schmerzhaft und unproduktiv sein, außerdem wird er unökonomisch vorgehen. Die Sache wird sich nicht auszahlen. Doch wie soll er leben? Soll er verproletarisieren? Soll er Armenfürsorge beziehen und in einer Dachkammer hungern? Aber wenn er in einer Dachkammer als ausgestoßenes und «verachtetes» Mitglied der Gemeinschaft hungert, wird das notwendigerweise seine ganze künstlerische Einstellung bestimmen. Er wird vom proletarischen Standpunkt aus schreiben oder sich gegen die Proletarisierung wehren, oder er wird als erfolgloser Kleinbürger schreiben oder als unfreiwilliger Angehöriger des Lumpenproletariats, und die gesamte Gesellschaft wird ihm als eine verfaulte und feindliche Zwangsgesellschaft erscheinen. Außerdem wird in dieser Epoche selbst die Kunst, da sie die Summe der unter diesen und den ganz ähnlichen vorherigen Bedingungen entstandenen Kunst ist, immer abseitiger, selbstgenügsamer, funktionsloser und subjektiver werden, sie wird die reine, dekadente, anarchistische Kunst eines Picasso oder Joyce sein.

Für den vom brennenden Wunsch nach Flucht erfüllten Wells war es unmöglich, der kleinbürgerlichen Hölle zu entkommen, die Kunst als Beruf anzusehen, als eine gesellschaftliche Rolle, und sich, auf sich selbst zurückgeworfen, außerhalb der bürgerlichen Werte zu stellen. Er konnte in der Kunst nur ein Mittel zum Erfolg sehen und den besten Weg, zu Geld zu kommen. In seiner Autobiographie schildert er die frühen Stadien seines Kampfes auf dem literarischen Markt um fünfstellige Verkaufsziffern und ein fünfstelliges Einkommen.

Wahrscheinlich besaß Wells eine ursprüngliche künstlerische Veranlagung. Seine Begabung für anschauliche Metaphern und das treffende Wort leuchtet wohltuend hin und wieder inmitten der Ozeane von schwülstigem und kitschigem Denken auf. Aber nachdem er einmal die Kunst als einen durch seine gesellschaftliche Nützlichkeit gerechtfertigten Beruf abgelehnt hatte zugunsten einer Kunst, die Geld bringt und durch den Verkauf gerechtfertigt wird, kam die Entwicklung seiner schriftstellerischen Begabung zum Stillstand. In seinen Romanen kommen nur Charaktere vor, die vorübergehende Aspekte seiner selbst darstellen. Die Konflikte seiner Gestalten sind unreal, ihre Beziehungen zueinander nicht überzeugend und nicht fortschrittlich, der ganze Hintergrund und die Handlung sind von einer Oberflächlichkeit und Kitschigkeit, die Henry James sehr treffend analysiert hat. Wells hat keine Kunst von Bedeutung geschaffen, und daß er sein Leben lang den Kampf des Kleinbürgers um gesellschaftlichen Aufstieg führte, hinderte ihn daran, mit der Wirklichkeit in Berührung zu kommen. Nie ist ein echtes Zeitproblem das Thema seiner Romane. Das erklärt zweifellos, warum ihm die wissenschaftliche Utopie zusagte, mit der allein er – und das nur in seiner Jugend – einen gewissen künstlerischen Erfolg erringen konnte.

Es gibt außerdem die Flucht in die Welt des «reinen» Denkens. Aber der Wissenschaftler steht vor dem gleichen Problem wie der Künstler, obgleich dieses Problem erst jetzt akut geworden ist. Man kann sich an das Denken klammern, aber wie soll man von der philosophischen Spekulation leben? Das Problem wird sein Denken beeinflussen, infolge seiner Isolierung und seiner Unfähigkeit, sich die Werkzeuge und die Mittel für Experimente zu verschaffen.

Es bleibt die andere Möglichkeit, als Denker Arbeit zu finden und seine wissenschaftlichen Fähigkeiten auf dem Geldmarkt zu verkaufen. Hier ist das Bürgertum freundlicher zur Wissenschaft als zur Kunst, denn die Wissenschaft erweist sich häufiger als einträgliches Geschäft. Es gibt Stellungen, in denen der Denker nur für sein Denken bezahlt wird, aber es sind wenige, und es werden bereits immer weniger. Die meisten Wissenschaftler müssen von Patenten, Rüstungsforschung und Lehre leben. Das Bürgertum warnt sie mit allem Nachdruck, die Wissenschaft werde allmählich ein störender Faktor; es herrsche Überproduktion, «es sollte für eine gewisse Zeit eine Erfindungssperre verhängt werden».

Zufällig versuchte Wells auch diesen Fluchtweg. Er studierte bei Huxley. Zu Recht oder Unrecht glaubt er, er wäre ein guter Wissenschaftler geworden. Aber wieder einmal ergab sich die Notwendigkeit, der kleinbürgerlichen Armut zu entfliehen. Um heiraten zu können, schrieb er populärwissenschaftliche Artikel für die Boulevardpresse. Seine mögliche Karriere als Wissenschaftler wurde durch die Notwendigkeit vereitelt, eine Frau und ein Heim zu unterhalten.

Doch diese Experimente bei seiner Flucht in den Wohlstand machten ihn notwendigerweise mit all den Schwierigkeiten und den Enttäuschungen seiner Klasse in ihrer schärfsten Form bekannt. Seine Bücher sind voller Mitleid für den typischen Kleinbürger – «den armen, verwirrten» Soundso, einsam, unzufrieden, ehrgeizig, ein Spielball blinder Kräfte. Niemals vermag er seine kleinbürgerliche Ehrfurcht vor dem Großbürger zu überwinden – dem Roosevelt, dem weitschauenden Kapitalisten, den er als Samurai sieht. Und er vermag sich nicht einmal vorzustellen, wie Arbeiter wirklich sind. Wie er selbst zugibt, kennt er sie nicht, kann sie nicht verstehen. Alles, was er von ihnen weiß, stammt aus Kindheitserinnerungen an den proletarischen Abgrund, der unter dem Kleinbürger lauert, an die furchtbaren Morlochs, die man blindwütig töten muß, wenn sie rebellierend zum Licht emportauchen.

Das bedeutet, daß Wells' Welt unwirklich ist. Die moderne

Gesellschaft verdankt ihre Energie und ihr Gepräge dem Ineinanderspiel von Bürger und Arbeitern. Das Kleinbürgertum, die einzige Schicht, die Wells versteht, ist einfach der Staub, der beim Zusammenprall dieser beiden Kräfte aufgewirbelt wurde. Deshalb ist es für ihn unmöglich, zu begreifen, was in der Welt von heute geschieht. Alles scheint geheimnisvoll, willkürlich, frustriert. Aber weil er zu bürgerlicher Sicherheit aufgestiegen ist, muß er sich stets, ohne zu merken, was er da tut, mit den bürgerlichen Interessen identifizieren. Er muß einen Kreuzzug unternehmen für den Imperialismus im Krieg, für liberalen Faschismus und einen New Deal im Frieden. Er muß ständig mit Ekel auf alle Anzeichen für einen Aufstand der Morlochs reagieren und erbarmungslos gegen Marx oder jeden Sozialismus zu Felde ziehen, der die Existenz von Klassen zugibt, der «unangenehm» oder «bitter» ist. Klassen sind nichts als Fiktionen, sagt er uns, die dadurch entstanden, daß wir uns selbst mit «personæ» und Mythen betrügen. So begreift Wells die Welt weniger als der ungebildetste geizigste Kapitalist, der genau weiß, wofür er steht und gegen wen er kämpft.

Da die Zeitverhältnisse Wells bei seinem Kampf um den Aufstieg aus dem Kleinbürgertum nicht nur verletzten und enttäuschten, sondern ihn auch zwangen, sein etwaiges Verlangen nach Kunst oder Wissenschaft zu unterdrücken, nahm er zwangsläufig eine kritische Haltung gegenüber diesen Verhältnissen ein, und da er sie nicht verstand, konnte er sie ebenso zwangsläufig nur unverantwortlich und aus ständig wechselnden Anschauungen heraus kritisieren. Er spielte die Rolle eines populären «Denkers», eines Schriftstellers, der «Ideenromane» und wissenschaftliche und historische «Überblicke» schrieb, weil er nicht vermocht hatte, echte Kunst hervorzubringen, und gezwungen worden war, die echte Wissenschaft aufzugeben. Er konnte nicht schöpferisch sein, denn das ist das Vorrecht des Menschen, der ein echter Künstler oder ein echter Wissenschaftler ist. Deshalb wurde er zwangsläufig der große *entrepreneur* moderner und nicht ganz moderner Theorien. Wenngleich ihn Wissenschaft und Geschichte in letzter Zeit überholt haben, vermochte er doch alle Entdeckungen etwa zwischen 1890 und 1910 auszunutzen – Psychoanalyse, Anthropologie der Frühgeschichte und vergleichende Religionswissenschaft, Archäologie, Physik und Biologie. Aber da er keine Weltanschauung besaß und die angeborene Verwirrung des Kleinbürgers nicht loswerden konnte, kann er all diese Ideen nur zu einem Wirrwarr verarbeiten, einem eklektischen Mischmasch. Die feinste und scharfsinnigste Hypothese wird bei ihm irgendwie plump und prahlerisch. Die

bedeutendsten wissenschaftlichen Entdeckungen erscheinen grau und hausbacken, wenn er von ihnen berichtet. Hat man je einen Mann als ernstzunehmenden Denker akzeptieren können, der so wenig Begabung nicht nur für originelles, sondern sogar für klares und logisches Denken zeigte? Wells hätte eine Stellung ähnlich der der Enzyklopädisten einnehmen können. Aber die Enzyklopädisten waren Bürger im Zeitalter der bürgerlichen Revolution. Sie gehörten zur dynamischen Kraft der Gesellschaft. Sie waren ein Bestandteil ihrer Struktur, einer der wichtigsten Hebel in der Maschine, nicht wie Wells Teil von etwas, was nicht einmal eine sterbende Klasse ist, sondern die Späne, die von dieser Klasse abgehobelt wurden. Deshalb hatten die Enzyklopädisten eine vollkommen klare und festumrissene Weltanschauung. Sie lebten in einer wirklichen Welt, und sie kannten deren Struktur genau. Alle zeitgenössischen Entdeckungen, die sie popularisierten, wurden in ein zusammenhängendes wirklichkeitsgerechtes System eingefügt. Wells hatte nichts, in das er die Entdeckungen seiner Zeit einfügen konnte; daher der charakteristische Wellssche Wirrwarr.
Diese Wellssche Illusion, er könne die Welt verändern, indem er auf Kunst, Wissenschaft und Tat verzichtet und sich statt dessen für «Propaganda» entscheidet, ist merkwürdig und in gewisser Beziehung rührend. Wir können das Entstehen dieser Vorstellung verfolgen, können sehen, wie sie zwangsläufig aus den Umständen seines Aufstiegs aus der Hölle des Kleinbürgertums und seines Verzichts auf Wissenschaft und Kunst erwuchs. Sie kleidet sich in die Form des typisch bürgerlichen Irrtums, das Denken habe Priorität vor dem Handeln und bewege die Welt, und wenn die Menschen nur Vernunft annehmen wollten (während die kapitalistische Maschinerie jede ihrer Bewegungen erbarmungslos einschränkt), würden sie auch richtig handeln.
Wells sieht – wie das jeder Mensch mit normaler Intelligenz sehen muß, und Wells besitzt mehr als normale Intelligenz – einerseits die hoffnungslose Verwirrung der bürgerlichen gesellschaftlichen Verhältnisse, andererseits die gewaltige Potenz, die den Produktivkräften der Gesellschaft, der Physik (Wissenschaft) und der Maschine (technische Hilfsmittel), innewohnt und die nur unter anderen gesellschaftlichen Verhältnissen nutzbar gemacht werden kann.
Aber das Proletariat existiert für Wells nicht. Die Veränderung kann deshalb für ihn nur durch die bürgerliche Klasse erfolgen. Die Aufgabe, «die Welt in Ordnung zu bringen», besteht für ihn darin, dem Bürgertum seine Irrtümer vorzuhalten. Die Welt soll

durch logische Argumente in Ordnung gebracht werden. Aber allein die Tatsache, daß er das glaubt, zeigt deutlich, daß er selbst keine rationale Grundlage besitzt, auf der er argumentieren könnte, daß er intellektuell eins mit denen ist, die er bekehren möchte. Er sieht nicht, daß gemäß dem Kausalitätsprinzip die bürgerlichen gesellschaftlichen Verhältnisse nicht nur gewaltige Kräfte und die Möglichkeit zu ihrer eigenen Vernichtung erzeugt haben, sondern auch all die irrationalen ideologischen Anschauungen, die die gleiche Verwirrung widerspiegeln. Er nimmt im Gegenteil an, die Vorstellungen, die er natürlicherweise hat, seien nicht durch seine Erziehung und seine Umgebung geformt worden, sondern sie seien von Gott eingegebene Ideen von absoluter Gerechtigkeit und Wahrheit, ein Funke vom ewigen Feuer. Er glaubt, die geistige Verwirrung, Unwissenheit, Blindheit, Bösartigkeit, Verschwendungssucht und Kriegslüsternheit der Menschen um ihn herum habe die verworrenen ökonomischen, politischen und gesellschaftlichen Verhältnisse geschaffen – als würden Menschen nicht mit leeren Hirnen geboren und in der Welt erzogen, sondern als seien sie plötzlich auf die Erde gekommen und hätten durch einen Befehl ihres Willens dieses traurige Bild hervorgerufen. Es ist der alte bürgerliche Irrtum vom Wissen, das das Sein schafft, von der Freiheit und dem Primat des Denkens. Wie immer wird der menschliche Wille an sich als frei angesehen, und nicht nur insofern, als er Verhältnisse schafft, die seine Freiheit verwirklichen. Der Mangel des historischen Werkes «Die Weltgeschichte» (The Outline of History), das Wells berühmt machte, liegt nicht, wie bürgerliche Wissenschaftler behaupten, in der Nichtberücksichtigung dieser oder jener Tatsache, in seinen geringfügigeren Ungenauigkeiten, seiner großzügigen Behandlung «großer Männer», seiner «neuen» Interpretation der Politik. Im Gegenteil, nie wurde eine bessere bürgerliche Miniaturgeschichte geschrieben als dieser Überblick. Es gibt keine Klassen. Kriege entstehen, weil sich die Menschen mit Stammesgöttern wie Britannia und Kathleen in Houlihan identifizieren. Das Werk ist bemerkenswert wegen des vollständigen Fehlens einer kausalen Darstellung der historischen Entwicklung, so daß die große, faszinierende Geschichte der Menschheit, die so inhaltsreich ist, so reich an Anstrengungen, so ständig neu, was ihren Gehalt und ihren Verlauf angeht, nichts weiter als ein Alptraum ideologischer Unzulänglichkeit zu sein scheint, in dem unvernünftige Könige, unwissenschaftliche Staatsmänner und wohlmeinende Religionsführer ihre unglückseligen Gefolgsleute in einem irrlichtelierenden Tanz anführen – eine düstere

Szene, die nur durch den schrillen Ton von Wells' wütender Predigt belebt wird.

Wells huldigt der alten bürgerlichen Ansicht, die Menschen seien alle völlig frei geboren und ihre Wünsche und Träume formten und prägten die gesellschaftlichen Verhältnisse. Er sieht nicht ein, daß die gesellschaftlichen Verhältnisse umgekehrt ihre Wünsche und Träume formen, die ihrerseits wiederum auf die gesellschaftlichen Verhältnisse einwirken und so einen ständigen historischen Entwicklungsprozeß auslösen. Deshalb zieht Wells natürlich die «logische» Schlußfolgerung: um den menschlichen Geist zu ändern, sei es notwendig, den Menschen überzeugende und interessante Predigten zu halten, und dann werde alles nach Wunsch vollbracht werden. Da er annimmt, das Verhältnis zwischen Geist und Umwelt sei völlig fließend und der Geist könne aus der Umwelt alles machen, was ihm gefällt, betrachtet er es außerdem ganz logisch als seine vornehmste Aufgabe, eine Utopie zu entwerfen, in der alle Details bereits geplant sind, Entwässerung, Moral und Wahlmethoden, so daß seine bekehrten Leser diese geplante Utopie verwirklichen können. Und weil diese Utopie bis ins letzte Detail geplant ist, gemäß den höchsten Idealen des Bürgertums an dem Tag, an dem er gerade schreibt, gibt er sich der lächerlichen Illusion hin, dies sei wissenschaftlicher Sozialismus, und der Marxismus sei (eigentlich) unwissenschaftlich. Wells' «Wissenschaft» braucht als erstes die Theorie von der Freiheit des Geistes als Ersatz für alle Kausalgesetze, und es ist typisch für Wells' durch und durch bürgerliche Mentalität, daß er das nicht sieht und nicht einmal die Prinzipien versteht, auf denen seine Theorien beruhen. Es ist zweifelhaft, ob Wells trotz seiner wissenschaftlichen Bildung jemals begriffen hat, daß es Marx' Absicht war, die Geschichte in ihren Kausalzusammenhängen darzustellen. Die gesellschaftliche Entwicklung mag, wie in der bürgerlichen Welt, dem *Anschein nach* von blinden Naturgewalten bestimmt werden, die Krisen und Krieg hervorrufen, oder sie mag, wie im Kommunismus, in wachsendem Maße von den bewußten und deshalb geplanten gesellschaftlichen Kräften bestimmt werden; aber in beiden Fällen gibt es eine Kausalbeziehung unterhalb der Phänomene.

Da der Bürger die Kausalität verneint, wie Wells es in seiner Weltgeschichte tut, und da der Kommunist sie verteidigt und ihr Gesetz entdeckt, kann der Mensch im Kommunismus frei werden. Zu leugnen, daß es Gesetze gibt, so wie der Wilde die Existenz der physischen Kausalität leugnet, indem er die Mythologie an ihre Stelle setzt, heißt der Sklave dieser Gesetze sein.

Sie anzuwenden oder zu entdecken, wie es der Wissenschaftler tut, heißt ihr Herr sein.
Gegenwärtig vermag Wells nur einen schwachen Hoffnungsschimmer für unsere geplagte Welt zu sehen. Welche Hoffnung kann innerhalb des Kreises der Ideen bestehen, die seinen Geist beherrschen – da es bürgerliche Ideen sind? Es gibt heute innerhalb der bürgerlichen Klasse nur zwei Alternativen, Zusammenbruch oder Faschismus, und beide sind letzten Endes dasselbe. Alle utopischen Zukunftsträume von Wells wenden sich mehr und mehr diesen beiden Alternativen zu – auf der einen Seite der New Deal, ein Staat, der von Samurai regiert wird, ein gigantischer ultra-imperialistischer demokratischer Weltstaat als Ergebnis einer offenen Verschwörung; auf der anderen Seite, wie er es in «Die Gestalt der kommenden Dinge» dargelegt hat, vollständiger Zusammenbruch und der vage Glaube, daß irgendwie, in irgendeiner undefinierbaren Weise, in irgendeinem entfernten Winkel, die Probleme alle wunderbar gelöst worden sind und aus diesem Utopia ein Erlöser in einem glitzernden Flugzeug zu uns kommt, um die Dinge von oben ins Lot zu bringen, wie ein göttlicher Bürokrat.
In all diesen Utopien tritt die Ohnmacht des reinen Denkens zutage. Ein Denken, das die Zukunft ins Auge faßt und vom Handeln losgelöst ist, kann nicht mehr tun als die entmutigende Armut der Gegenwart in den Reichtum der Zukunft hineinprojizieren.
Diese bürgerlichen Traum-Utopien mit ihrer Standardisierung, ihrer Auslöschung der nationalen Besonderheiten, die den Menschen so teuer sind, ihrer charakterlosen, kommerzialisierten, hygienischen, eugenischen, arisch-faschistischen Uniformität wirken nicht nur nicht anziehend, sondern geradezu abstoßend auf uns. Wenn die Zukunft nicht mehr als das enthält, meinen wir, mag die Zivilisation ruhig untergehen. Diese Utopien hemmen und entmutigen uns, anstatt uns vorwärtszutreiben. Aber die Geschichte lehrt uns, daß die Dinge anders liegen. Man darf nicht auf das Denken vertrauen. Das Denken ist statisch, solange es sich nur im Kreise dreht und wie ein metaphysischer Logiker nichts Neues und keine komplizierteren Strukturen zu entwickeln vermag, sondern nur eine Umgruppierung jener Elemente vornimmt, die es bereits enthielt und die es früher durch Handeln und Erfahrung gewonnen hatte. Das Handeln ist dagegen reich und schöpferisch; das Sein bringt ständig neue Formen und kompliziertere Strukturen hervor. Das Handeln ist geheimnisvoller als das geheimnislose Wort Geheimnis, vielseitiger und bezaubernder als jenes Utopia, das wie ein christ-

liches Paradies entweder die sinnlichen Freuden der Gegenwart wiederholt oder in die Verneinung flüchtet – «die Zunge kann nicht sprechen, und das Herz kann nicht empfinden». Das Handeln ist der Entwicklungsprozeß selbst und bringt das hervor, was unsere begrenzten Gedanken heute nicht ersinnen können, und dadurch ermöglicht es jene reicheren Gedanken, die wir gerne denken würden, aber nicht denken können, jene Träume, von denen wir nur träumen, wir hätten sie. Ist das Denken also vollkommen fruchtlos, ein zufälliges Irisieren auf dem schäumenden, tobenden Meer des Seins? Nein, denn Denken *ist* Sein, es ist ein Teil des Seins, das sich historisch als ein Teil des Handelns entwickelt hat, um jenes Handeln zu unterstützen, das wir als primär ansehen und das seinerseits neues Licht auf das Sein wirft. In jedem Stadium muß das Denken vom Handeln ausgehen und mittels dessen, was es vom Handeln gelernt hat, neues Denken hervorbringen, das wiederum zu neuem Handeln führt. So erweitern sich die Grenzen der bekannten und beeinflußten Welt ständig, während sich ihr im Bewußtsein verankertes Bild ständig vertieft und komplizierter wird. Das ist das Gesetz der Entwicklung, nicht nur der Wissenschaft, sondern allen Denkens überhaupt. Die Funktion des Denkens besteht nicht darin, alte, schal gewordene Ideen in irgendeine neue Welt, wie sie vielleicht hätte sein sollen, hineinzupraktizieren und zu erwarten, daß das Handeln sich schon danach richten werde, sondern tief in die Welt des Seins einzutauchen, seine Kausalstruktur aufzudecken und von dieser Kausalstruktur die Möglichkeiten eines künftigen Seins abzuleiten.

Der Mensch hat das bereits in der Physik getan: da wir die zwangsläufigen Eigenschaften der toten Materie kennen, sind wir frei von ihnen und können sie innerhalb der Grenzen jener Gesetze unserem eigenen Willen unterwerfen. Marx deckte die Kausalstruktur in der gesellschaftlichen Sphäre auf, und indem er die Hauptbewegungsgesetze der bürgerlichen gesellschaftlichen Verhältnisse enthüllte, zeigte er, wie das Denken der auf diese Weise freigelegten Struktur folgen kann. Das Denken, das der Struktur der gesellschaftlichen Verhältnisse folgt, kann durch Handeln, durch eine soziale Revolution, den Menschen zur vollen Erkenntnis seiner selbst bringen und eine Gesellschaft planen, in der er seine eigene Freiheit verwirklichen kann. Während so die Utopisten ihre unbefriedigten Wünsche in die Zukunft projizieren und vom Sein erwarten, daß es sich ihren Ideen anpaßt (wie, wissen sie nicht), geht es dem wissenschaftlichen Sozialisten darum, herauszufinden, welcher Defekt in den gesellschaftlichen Verhältnissen der Zeit seine Wünsche ausgelöst hat

und auf welches neue System gesellschaftlicher Verhältnisse, das Schritt für Schritt aus der Gegenwart hervorgeht, dieses Symptom hinweist. Aber wie diese Welt beschaffen sein wird, wenn die Menschen nicht mehr dem blinden Druck der gesellschaftlichen Verhältnisse ausgesetzt, sondern wahrhaft frei sind – wie können wir Kinder einer zusammenbrechenden Welt in dem durch unsere überalterten gesellschaftlichen Verhältnisse bewirkten allgemeinen Verfall uns selbst *genau* voraussagen?
Indem sich das Denken daran erinnert, daß es ein Teil des Seins ist – wodurch es eine Geschichte bekommt und eine Veränderung erfährt und wiederum zum Handeln zurückkehrt, um es zu bereichern und zu leiten –, gewinnt es so die Macht, die es nur in der bürgerlichen Theorie besitzt und in der bürgerlichen Praxis offensichtlich nicht. In der bürgerlichen Theorie unterliegt das Denken keinem Zwang und ist deshalb in der bürgerlichen Praxis angesichts des Zwanges hilflos. In der marxistischen Theorie ist sich das Denken des Zwanges bewußt und deshalb frei. Wells, der glaubt, Denken und Bewußtsein seien treibende Kräfte, hat sein ganzes Leben damit verbracht, seine eigene absolute Wahrheit und Gerechtigkeit zu popularisieren, sie strahlend und anziehend und lebensvoll und leicht verdaulich zu machen. Er ist «von Millionen» gelesen worden, aber allein deshalb war sein Werk im Grunde vergeblich, denn was ihn für Millionen Leser anziehend machte, war ja gerade die Tatsache, daß seine Leser genau wie er im gleichen Kreise bürgerlicher Metaphysik gefangen waren, eines Denkens, das immer zu sich selbst zurückkehrte und keinen Ausweg im Handeln oder in der Verbindung mit der Wirklichkeit fand. Marx jedoch, der keine Konzessionen an den Massengeschmack machte und nie versuchte, seine Lehre «anziehend» zu machen, der die Unterordnung des Denkens unter die gesellschaftliche Notwendigkeit predigte und keine Zeit damit verschwendete, wunderschöne Utopias zu entwerfen – dieser Marx hat offensichtlich die bürgerliche Welt erschüttert. Es ist das Werk von Marx, das die Regierung eines Sechstels der Erde gestürzt und eine neue Ordnung errichtet hat. Es ist Marx, dessen Ideen in den übrigen fünf Sechsteln stets den Angelpunkt allen gesellschaftlichen Handelns und den Sammelpunkt für die aktiven Kräfte der Revolution in allen Ländern bilden. Niemand ist dagegen hinter dem Banner von Wells zur Tat angetreten. Wenn tatsächlich das Denken allein die Welt bewegt, «aus sich heraus», unabhängig von seiner Verbindung mit dem Sein, wie kommt es dann, daß Marx' Ideen, die mit so wenig «Propaganda», solchem Mangel an emotionellem Reiz, Gefälligkeit und Phantasie erklärt wer-

den, die so bar aller Poesie und allen Sexappeals sind, allem Anschein nach die Wirklichkeit erobert haben? Ganz unbewußt hat ein bürgerlicher Marx-Kritiker die Wahrheit herausgefunden. Marx, behauptete er, habe nirgendwo eine revolutionäre Tätigkeit ausgelöst, sondern das Wiederaufleben der revolutionären Tätigkeit habe Marx «belebt und mit neuem Mut erfüllt». Und das ist wahr. Die gewaltige Kraft der Marxschen Ideologie erwächst nicht aus der Form dieser Ideologie, sondern aus dem Inhalt der gesellschaftlichen Zeitverhältnisse. Anstatt mit einer Zeitmaschine in die Zukunft zu reisen, um seine eigenen kleinbürgerlichen Ideen in Morlochs und Eloi verkörpert zu finden, traf Marx das kapitalistische Sein seiner Zeit ins Herz und floh aus der bürgerlichen Ideologie in die Struktur der bürgerlichen Gesellschaft. Indem er in seinen Werken die Kausalgesetze enthüllte, die er auf diese Weise entdeckt hatte, lieferte er die Voraussetzung für die Maschinerie der Revolution, die die gesellschaftlichen Verhältnisse durch die Tat verändern würde, genau wie die Entdeckung eines physikalischen Gesetzes durch einen Wissenschaftler die Konstruktion von Maschinen ermöglicht, mit denen man beliebig Phänomene herstellen kann, deren allgemeine Formel das Gesetz festgelegt hat. Hinter Marx' Ideologie steht der Druck der gesellschaftlichen Kräfte unseres Zeitalters. Jede Krise, jeder Krieg, jede neue geschäftliche Transaktion, jede Kapitalkonzentration, jede neue Ausbeutung, jede Sekunde in der Entwicklung der bürgerlichen gesellschaftlichen Verhältnisse verleiht der Ideologie von Marx neue Kraft, und wie der Frost den Boden aufbrechen läßt, bereitet sie unsere Hirne, die lange von der Unfruchtbarkeit des bürgerlichen Denkens gelähmt wurden, auf das Dämmern des Bewußtseins von morgen vor.

Von allen Zeitgenossen, die sich für gesellschaftliche Veränderungen interessiert und die Anarchie der gegenwärtigen gesellschaftlichen Verhältnisse erkannt haben, ist Wells, und darin besteht seine Tragödie, am wenigsten ein Sozialist und am weitesten vom Marxismus entfernt. Und das ist wiederum zurückzuführen auf seine kleinbürgerliche Grundeinstellung.

Sobald den Bürger die Verwirrung und der Verfall seiner eigenen Klasse anwidert, wendet er sich zwangsläufig dem Proletariat zu, und da man ihn nur gelehrt hat, Proletarier als minderwertige Wesen anzusehen, wendet er sich ihnen voller Mitleid zu, wie Tieren. Er vermag in ihnen die am meisten leidende Klasse zu sehen, und dieses Mitleid für das Proletariat als die am meisten leidende Klasse brennt hell in den Werken von Wassermann, Toller, Tolstoi und Barbusse und erwärmt sogar schwach Shaw und Galsworthy. Bei Wells dagegen findet sich keine Spur davon, denn er kommt aus einer Klasse, die das Proletariat nicht als einen Haufen passiver, minderwertiger Wesen ansieht, sondern als etwas Schmutziges und Böses, etwas Gefährliches und schrecklich Nahes. Weil Wells so eifrig bemüht war, nach oben zu kommen, weil er die Hölle des Kleinbürgertums hinter sich lassen wollte, hat er nie Zeit gehabt, sich dieser Scheuklappen bewußt zu werden und die Wahrheit zu lernen.

Die Vorstellung vom Proletariat als der am meisten leidenden Klasse erfüllt den angewiderten Bürger mit Unwillen und Leidenschaft. Sie wird zu einer Quelle der Gemütsbewegung und der Humanität, wie man sehr gut an Jakob Wassermanns Romanfigur Christian Wahnschaffe erkennen kann, und deshalb können die Werke eines solchen Mannes nie die Unwirklichkeit und Gefühlsarmut von Wells' Werken haben. Der Bürger kann vor Zorn glühen über die Leiden des Proletariats, wie Christian Wahnschaffe, als er seinem Vater zuschreit: «Die Schuld, die aus dem erwächst, was die Menschen tun, ist gering und berechenbar gegen die, die aus ihrem Nichttun stammt. Denn was sind es schließlich für Menschen, die durch ihr Tun schuldig werden? Arme, armselige, verhetzte, verzweifelte, halb wahnsinnige Leute; sie bäumen sich auf und beißen in den Fuß, der sie tritt. Sie werden verantwortlich gemacht, sie werden gezüchtigt und bestraft; Quälerei und kein Ende. Aber die nichts tun, die werden verschont, die sind immer in Sicherheit, die haben ihre triftigen Ausreden und Entschuldigungen, und sie sind, nach meiner Meinung, die wahren Verbrecher. Von ihnen kommt das Übel.»

Niemals konnte Wells seine «Morlochs» so sehen, wie Wassermann sie sieht, als «arme, armselige, verhetzte, verzweifelte, halb wahnsinnige Leute». Er konnte nie vor Entrüstung brennen und von Unruhe erfaßt werden beim Gedanken an das «unter Beschuß» stehende Proletariat, das ausgebeutet und nach Sibirien verbannt wurde, das immer und überall die am meisten leidende Klasse ist.

Und dennoch, wieviel Meilen und aber Meilen muß der Bürger noch zurücklegen, selbst wenn er bereits zu dieser Erkenntnis gelangt ist, daß das Proletariat die am meisten leidende Klasse ist, bevor er die Wirklichkeit der Gesellschaft verstehen kann, in der er selber lebt! Denn er muß begreifen, daß diese am meisten leidende und am meisten ausgebeutete Klasse, diese Herde mißhandelter Tiere, etwas ganz anderes ist: die einzige schöpferische Kraft der heutigen Gesellschaft. Diese Klasse, die er trösten und befreien und erlösen will, hat im Gegenteil die Aufgabe, ihn zu trösten und zu befreien und mit neuem Leben zu erfüllen. Diese Leidenden, schwer getroffen durch Krieg, kapitalistische Anarchie und Krisen, sollen kämpfen und diese Übel beseitigen. Die Welt seiner Jugend, deren Trümmer er auf sie herabstürzen sieht, soll von ihnen nach einem größeren Plan neu erbaut werden. Diese demütigende Erkenntnis, die der Bürger nur gegen seine Instinkte gewinnen kann, durch den Einblick in die Struktur der gesellschaftlichen Verhältnisse, in denen er lebt, ist die schwierigste aller Weisheiten, zu der er gelangen kann. Wells ist hundert Meilen davon entfernt. Eine lange Reihe staubiger Pilger zog auf dem Weg dahin, der zur Revolution des Denkens und des Seins führt. Nur wenige Bürger sind bisher dort angelangt.

Pazifismus und Gewalt
Eine Studie über bürgerliche Ethik

In der bürgerlichen Ethik ist nicht mehr viel von Bedeutung übriggeblieben. Keuschheit, Nüchternheit, Seelenrettung und Sauberkeit sind keine Themen mehr, die den Bürger ernsthaft beschäftigen. Es gibt tatsächlich nur noch ein Problem, das gegenwärtig das bürgerliche Bewußtsein bewegt und aktiviert. Der Pazifismus, der im bürgerlichen Glaubensbekenntnis immer latent enthalten war, hat sich nun als beinahe einziger emotionsgeladener Glaube herauskristallisiert, der im protestantischen Christentum oder dem ihm analogen bürgerlichen «Idealismus» übriggeblieben ist.
Ich nenne ihn eine spezifisch bürgerliche Doktrin, weil ich mit Pazifismus nicht die Liebe zum Frieden meine, der durch eine bestimmte Form des Handelns gesichert werden soll, sondern den Glauben, daß jede Form gesellschaftlicher Behinderung anderer oder jede gewaltsame Aktion an sich falsch sei und man jedem gewalttätigen Akt wie etwa dem Krieg mit passivem Widerstand begegnen müsse, weil es logisch gesehen ein Widerspruch in sich wäre, wollte man Gewalt durch Gewalt beenden. Den Gegensatz zu diesem Pazifismus sehe ich in der kommunistischen Überzeugung, der einzige Weg, den Frieden zu sichern, sei eine revolutionäre Veränderung im gesellschaftlichen System, und da die herrschenden Klassen der Revolution erbitterten Widerstand leisten, müßten sie mit Gewalt gestürzt werden.
Aber der moderne Krieg ist auch eine spezifisch bürgerliche Angelegenheit. Gewaltsame Auseinandersetzungen wie der Weltkrieg entstehen infolge der ungleichen imperialistischen Entwicklung der bürgerlichen Mächte, und bei früheren Kriegen des bürgerlichen Zeitalters ging es stets auch um Ziele, die typisch für die bürgerliche Wirtschaft waren, oder diese Kriege waren, wie die der jungen holländischen Republik, Kämpfe der entstehenden bürgerlichen Klasse gegen den Feudalismus. Wenn der Kapitalismus in seinem letzten Stadium, dem Faschismus, die demokratischen Formen abwirft, die seinen Zwecken nicht

mehr dienen, und mit offener Gewalt regiert, entpuppt sich die bürgerliche Kultur auch als aggressiv militant. Verwenden wir Marxisten also einfach wahllos Etikettierungen, wenn wir Militarismus *und* Pazifismus, Sanftmut *und* Gewalt als typisch bürgerlich klassifizieren?
Nein, das tun wir nicht, wenn wir nachweisen können, daß wir nicht jeden Krieg und nicht allen Pazifismus bürgerlich nennen, sondern nur bestimmte Formen von Gewaltaktionen und nur bestimmte Formen von Gewaltlosigkeit, und wenn wir weiter nachweisen können, wie die eine bürgerliche Grundhaltung diese beiden einander offensichtlich entgegengesetzten Standpunkte hervorbringt. Das gleiche taten wir, als wir bewiesen, daß zwei scheinbar völlig gegensätzliche Philosophien – der mechanische Materialismus und der Idealismus –, beide typisch bürgerlich waren und beide durch die eine bürgerliche Voraussetzung entstanden.
Der bürgerliche Pazifismus ist etwas Spezifisches und sollte zum Beispiel nicht mit dem östlichen Pazifismus verwechselt werden, genausowenig wie der moderne europäische Krieg mit den Kriegen der Feudalzeit verwechselt werden darf. Nicht nur, daß die gesellschaftlichen Manifestationen beider verschieden sind – das würde sich zwangsläufig aus den unterschiedlichen gesellschaftlichen Organen der beiden Kulturen ergeben. Aber auch der Inhalt ist unterschiedlich. Jeder, der glaubt, der bürgerliche Pazifismus würde beispielsweise die Form einer akademischen Antikriegsgruppe annehmen, die sich vor einem Zug mit Soldaten auf die Schienen legt wie eine Gruppe indischer Pazifisten, weiß nichts vom Wesen des bürgerlichen Pazifismus und woher seine besondere Färbung rührt. Das historische Beispiel für bürgerlichen Pazifismus ist nicht Gandhi, sondern Fox. In der Gesellschaft der Freunde kommt der Geist des bürgerlichen Pazifismus zum Ausdruck, nämlich der individuelle Widerstand. Um zu erkennen, wie der bürgerliche Pazifismus entsteht, müssen wir erkennen, wie die bürgerliche Gewalttätigkeit entsteht. Sie hat, genau wie die feudale oder die despotische Gewalttätigkeit, ihre Wurzel in der für das bürgerliche System charakteristischen Ökonomie. Wie Marx als erster darlegte, ist es für die bürgerliche Ökonomie kennzeichnend, daß der Bürger, der durch das Feudalsystem unterdrückt und in seiner Produktivität gehemmt wurde, Freiheit und produktive Entwicklung im Fehlen jeder gesellschaftlichen Ordnung sieht: Freiheit herrscht, wenn jeder Mensch seine eigenen Angelegenheiten betreibt, nach besten Kräften und entsprechend seinen Wünschen, und das äußert sich in dem absoluten Charakter des bürgerlichen Eigen-

tums zusammen mit seiner vollständigen Übertragbarkeit. Der Kampf des Bürgers um dieses Recht verschaffte ihm in der Tat größere Freiheit und Produktivität, verglichen mit seiner Stellung innerhalb des Feudalsystems. Die Umstände dieses Kampfes und sein Ergebnis führten zu dem bürgerlichen Traum – Freiheit als vollständige Abschaffung sozialer Beziehungen.
Aber solch ein Programm in die Tat umzusetzen würde das Ende der Gesellschaft und den Zusammenbruch ihrer Ökonomie bedeuten. Jeder Mensch würde für sich selbst kämpfen, und wenn er bei einem anderen Menschen etwas sähe, was er gern haben möchte, würde er es sich nehmen, weil, wie man annimmt, keine solchen sozialen Beziehungen wie Zusammenarbeit bestehen. Sparen und Vorsorge, welche die ökonomische Produktion ermöglichen, würden aufhören. Der Mensch würde zum Tier werden.
Und tatsächlich hatte der Bürger kein Verlangen nach einer solchen Welt. Er lebte von Handel und Bankgeschäften, vom *Kapital* im Gegensatz zum Grundbesitz, der die Grundlage der feudalen Ausbeutung bildete. Deshalb verstand er unter dem «Fehlen gesellschaftlicher Beschränkungen» das Fehlen jeglicher Beschränkung hinsichtlich seines Besitzes, der Übertragbarkeit oder des ungehinderten Erwerbs des Kapitals, von dem er lebte. Privateigentum ist eine gesellschaftliche «Beschränkung», denn andere, die es nicht besitzen, werden durch Macht oder List daran gehindert, es sich zu verschaffen, wie sie es in einem «natürlichen Staat» tun konnten; aber der Bürger rechnete den Besitz von Kapital nie zu den abzuschaffenden gesellschaftlichen Beschränkungen aus dem einfachen Grunde, weil er ihn keineswegs als Beschränkung empfand. Es fiel ihm niemals ein, Kapitalbesitz als Beschränkung anzusehen, und er sah auch keine Inkonsequenz darin, daß er die Abschaffung der Privilegien, der Monopole und so weiter forderte, während er weiter an seinem Kapital festhielt.
Überdies hatte er ein logisches Argument, das er, als er selbstbewußter wurde, anwenden konnte. Eine gesellschaftliche Beschränkung ist eine soziale Beziehung, das heißt eine Beziehung zwischen Menschen. Die Beziehung zwischen dem Herrn und dem Sklaven ist eine soziale Beziehung und stellt deshalb eine Beschränkung der Freiheit eines Menschen durch einen anderen dar. Ebenso ist die Beziehung zwischen dem Feudalherrn und dem Leibeigenen eine Beziehung zwischen Menschen und daher eine Einschränkung der menschlichen Freiheit; aber die Beziehung zwischen einem Menschen und seinem Eigentum ist eine Beziehung zwischen Mensch und Sache und stellt des-

halb keine Beschränkung der Freiheit anderer Menschen dar. Dieses Argument war natürlich ein Trugschluß, weil es keine universellen gesellschaftsbildenden Beziehungen dieser Art geben kann; es kann nur Beziehungen zwischen Menschen geben, die als Beziehungen zwischen Sachen getarnt werden. Dieses bürgerliche Argument zur Verteidigung des Privateigentums ist jedoch nur gültig, wenn ich bei meinem Spaziergang im Wald einen Ast aufhebe, um ihn als Spazierstock zu benutzen, oder einen Schmuckgegenstand verfertige, um mich damit zu schmücken; es gilt für den Besitz von gesellschaftlich unbedeutenden Kleinigkeiten oder von Dingen, die für den sofortigen Gebrauch bestimmt sind. Sobald der bürgerliche Besitz sich auf das Kapital der Gemeinschaft ausdehnt, das aus den Erzeugnissen der Gemeinschaft besteht, die beiseitegelegt wurden, um weiterhin Güter zu erzeugen (in der frühbürgerlichen Zivilisation waren das Getreide, Stoffe, Samen und Rohmaterial, um die Arbeiter von morgen damit zu versorgen; heute sind es Maschinen und Fabriken), verwandelt sich diese Beziehung zu einer Sache in eine Beziehung zwischen Menschen, denn nun ist es die Arbeit der Gemeinschaft, die der Bürger kontrolliert. Das bürgerliche Recht auf Privateigentum führt dazu, daß auf der einen Seite die Welt und alles, was die Gesellschaft in ihr geschaffen hat, dem Bürger gehört, und auf der anderen Seite der von allem entblößte Arbeiter steht, den die Bedürfnisse seines Körpers zwingen, dem Bürger seine Arbeitskraft zu verkaufen und so sich selbst und seinen Herrn zu ernähren. Der Bürger kauft die Arbeitskraft des Arbeiters nur, wenn er aus ihr Profit schlagen kann. Diese soziale Beziehung wird einzig durch den bürgerlichen Kapitalbesitz ermöglicht, *sie ist von ihm abhängig.* Genau wie in der Sklavenhaltergesellschaft oder dem System der Leibeigenschaft besteht also eine Beziehung zwischen Menschen, die eine Beziehung zwischen einer herrschenden und einer beherrschten Klasse oder zwischen Ausbeutern und Ausgebeuteten ist; aber während in früheren Zivilisationsformen diese Beziehung zwischen Menschen allen bewußt war und klar zutage trat, wird sie in der bürgerlichen Gesellschaft getarnt als ein System, das frei ist von verbindlichen Beziehungen, wie sie zwischen Beherrschten und Beherrschenden bestehen, und nur unschuldige Beziehungen zwischen Mensch und Sache kennt.

Indes der Bürger alle gesellschaftlichen Beschränkungen abschüttelte, nahm er daher an, er sei berechtigt, diese eine Beschränkung, das Privateigentum, beizubehalten, da sie ihm überhaupt keine Beschränkung zu sein schien, sondern ein unveräußerliches Menschenrecht, das grundlegende Naturrecht. Zum

Unglück für seine Theorie gibt es keine Naturrechte, nur Situationen, die in der Natur vorkommen, und daß das Privateigentum eines Menschen von anderen für ihn geschützt wird, ist keine natürliche Situation. Das bürgerliche Privateigentum konnte nur durch Zwang geschützt werden – die Habenichtse mußten schließlich von den Besitzenden gezwungen werden, genau wie in der Feudalgesellschaft. So entstand eine Beziehung zwischen Herrschenden und Beherrschten, die genauso auf Gewalt beruhte wie in den Sklavenhaltergesellschaften; sie fand ihren Ausdruck in der Polizei, den Gesetzen, dem stehenden Heer und dem Rechtssystem des bürgerlichen Staates. Der ganze bürgerliche Staat dreht sich um den Zwangsschutz des Privateigentums, das übertragbar ist, durch Handel, der privaten Profit bringt, erworben werden kann und dessen Besitz als ein natürliches Recht angesehen wird, aber ein Recht, das nur durch Zwang geschützt werden kann, weil es seinem Wesen nach das Recht einschließt, über die Arbeitskraft anderer zu verfügen, Profit aus ihr zu ziehen und so über fremdes Leben zu bestimmen.
Deshalb kann der bürgerliche Freiheitstraum am Ende doch nicht verwirklicht werden. Gesellschaftliche Beschränkungen müssen geschaffen werden, um diese eine Sache zu schützen, die den Bürger zum Bürger macht. Die «Freiheit», Privateigentum zu besitzen, scheint – und das ist für ihn unerklärlich – immer mehr gesellschaftliche Beschränkungen mit sich zu bringen, Gesetze, Tarife und Fabrikgesetzgebung, und diese «Gesellschaft», in der nur Beziehungen zu einer Sache erlaubt sind, verwandelt sich immer mehr in eine Gesellschaft, in der die Beziehungen zwischen Menschen künstlich und grausam sind. Je mehr der Bürger nach bürgerlicher Freiheit strebt, desto mehr bürgerliche Beschränkungen erhält er, denn die bürgerliche Freiheit ist eine Illusion.

So erweist sich, daß die bürgerliche Gesellschaft ebenso wie die Sklavenhaltergesellschaft auf Zwang und Gewalt gegründet ist, die Menschen gegen andere Menschen anwenden, mit dem Unterschied, daß der Sklavenhalter seinen Sklaven ernähren und schützen mußte, ob er nun arbeitete oder nicht, während der bürgerliche Arbeitgeber keine Verpflichtungen gegen den Arbeiter hat, nicht einmal die, Arbeit für ihn zu finden. Der ganze bürgerliche Traum zerplatzt in der Praxis, und der bürgerliche Staat wird zum Schauplatz der gewaltsamen, durch Zwang bewirkten Unterjochung von Menschen durch Menschen zum Zweck der ökonomischen Produktion.

Zum Zweck der ökonomischen Produktion. Im Gegensatz zur Gewalttätigkeit des Straßenräubers spielt die in ihren Motiven

ähnliche Gewalttätigkeit des Bürgers eine gesellschaftliche Rolle. Es ist diejenige Beziehung, durch welche die gesellschaftliche Produktion in der bürgerlichen Gesellschaft gesichert wird, genauso wie die Beziehung des Herrn zum Sklaven in der Sklavenhaltergesellschaft die Produktion sicherte. In jener Epoche war das die beste Methode, die Produktion zu sichern, und es war besser, Sklave zu sein als ein Tier im Urwald, wie es besser ist, ein ausgebeuteter Arbeiter zu sein als ein Sklave, nicht weil der bürgerliche Arbeitgeber «netter» als der Sklavenhalter ist (oft ist er ein Gutteil grausamer), sondern weil der Wohlstand der Gesellschaft in ihrer Gesamtheit besser durch diese als durch jene Beziehung gesichert wird.
Aber kein System von Beziehungen ist statisch, es entwickelt sich und verändert sich. Sklavenhaltersysteme entwickeln sich zu Imperien und enthüllen dann ihre inneren Widersprüche. Sie brechen zusammen. Die Geschichte des Zusammenbruchs des römischen Imperiums ist die Geschichte des ständigen Abnehmens seines besteuerbaren Reichtums in der Periode von Augustus bis Justinian als Folge wachsender Ausbeutung, bis es schließlich, als es von den Barbaren angegriffen wurde, die man bis dahin leicht hatte abwehren können, wie eine armselige leere Hülle in sich zusammenfiel. Ebenso brach in England die durch die Anarchie der Rosenkriege erschöpfte feudale Zivilisation zusammen. Doch ihr Zusammenbruch erfolgte nicht vor einem äußeren Feind; sie stürzte vor einem inneren Feind, der aufstrebenden bürgerlichen Klasse.
Es entwickelten sich auch die bürgerlichen Verhältnisse. Hochkonjunkturen und Krisen der bürgerlichen Wirtschaft beweisen den potenziellen Verfall des Systems. Dieser Verfall wurde durch den Imperialismus verlangsamt, das heißt dadurch, daß man anderen Ländern gewaltsam die «natürlichen Rechte» des Bürgers aufzwang. Diesen zurückgebliebenen Ländern wurde das bürgerliche Recht, mit Profit Handel zu treiben und jegliches Eigentum zu veräußern und zu erwerben, gewaltsam aufgezwungen. Auch hier befestigte der Bürger aus seiner Herrschaftsbeziehung zu einer Sache heraus heimlich seine Herrschaft über Menschen, die jedoch als Demokratie maskiert werden kann, denn erklärt nicht die Demokratie, daß alle Menschen gleich sind und keiner den anderen versklaven darf? Schließt sie nicht alle Herrschaftsbeziehungen aus – Despotismus, Sklavenhaltung, feudale Privilegien –, mit Ausnahme der «unschuldigen» Herrschaft des Kapitalisten über den «freien» Arbeiter?
Doch auf diesem Weg zum Imperialismus entstand eine neue Situation – *äußerer* Krieg anstelle des Zwanges und der An-

wendung von Gewalt im Innern. Denn jetzt, bei der Ausbeutung rückständiger Länder oder, wie man es nannte, bei ihrer «Zivilisierung», wurden die bürgerlichen Staaten zu Konkurrenten, genauso wie innerhalb des Staates ein Bürger der Konkurrent des anderen ist.

Aber innerhalb des Staates konkurriert der Bürger friedlich mit dem Bürger, weil das Gesetz es so befiehlt – und dieses Gesetz wurde geschaffen, um die Bürger vor den Ausgebeuteten zu schützen. Die Gesetze, die einem Bürger verbieten, sich gewaltsam den Besitz eines anderen Bürgers anzueignen, entstanden, weil man verhindern mußte, daß die Habenichtse sich diesen Besitz gewaltsam aneigneten. Es ist ein Gesetz für den inneren Gebrauch, das Gesetz des Zwangsstaates. Wäre es nicht für die Existenz der bürgerlichen Klasse in ihrer Gesamtheit lebensnotwendig gewesen, sich davor zu schützen, daß die Ausgebeuteten sich ihres Besitzes bemächtigen, dann wäre das Gesetz gegen die gewaltsame Aneignung von Privateigentum, das mit Gewalt durchgesetzt und den Ausgebeuteten als ein «notwendiges» Gesetz der Gesellschaft dargestellt wurde, niemals geschaffen worden. Denn der individualistische Wettbewerbscharakter des bürgerlichen Handels (jeder versucht den anderen zu übervorteilen) ist so, daß kein Bürger ein Unrecht darin sieht, einen anderen Bürger in Armut zu stürzen. Wenn er Bankrott macht oder zahlungsunfähig ist – nun, so hat er eben Pech gehabt. Aber alle Bürger schließen sich als Klasse gegen die Ausgebeuteten zusammen, denn davon hängt die Existenz der Klasse ab. Wenn es sich um einen allgemeinen Kampf *innerhalb* der bürgerlichen Klasse handelt, glaubt jeder Bürger auf Grund seines Charakters und seiner Erziehung, daß er, wenn man ihm die gleiche Chance gibt wie den anderen, die anderen übervorteilen wird. Diesen ewigen Optimismus des Bürgers kann man an den historischen bürgerlichen Forderungen «Fair play», «freies Feld und gleiche Chancen» und all den anderen ähnlichen bürgerlichen Schlagworten ablesen, in denen die Ethik des «sportlichen» englischen Gentleman zum Ausdruck kommt.

Ganz anders ist dagegen die Situation, wenn die bürgerlichen Staaten mittels ihrer Zwangsorganisationen auf einem weltweiten Schauplatz miteinander um die zurückgebliebenen Länder konkurrieren. Hier bedroht keine ausgebeutete Klasse die Existenz der Klasse der bürgerlichen Staaten in ihrer Gesamtheit. Innerhalb des Zwangsstaates würden die Ausgebeuteten gewinnen, wenn es zu einer Kraftprobe mit Straßenkämpfen und einem Handgemenge Mann gegen Mann käme. Aber in der imperialistischen Arena erscheinen die bürgerlichen Staaten als hochentwickelte Organismen, denn dank der einheitlichen Organisation des Zwangsstaates verfügen sie nun über alle Hilfsmittel einer fortgeschrittenen Gesellschaft, einschließlich der Dienste, welche ihnen die ausgebeutete Klasse in der Armee leistet. Die zurückgebliebenen Nationen spielen auf dem Weltschauplatz die Rolle der ausgebeuteten Klasse innerhalb des Staates, aber sie stellen keine Gefahr für die Klasse der bürgerlichen Staaten als Ganzes dar, wie die ausgebeutete Klasse für die bürgerliche Klasse in ihrer Gesamtheit innerhalb des Staates. Sie sind einfach unbeseelte Dinge, beinahe wehrlos, nichts als totes, unentwickeltes Territorium.

Es gibt also keine Weltgefahr, welche die Klasse der bürgerlichen Staaten als Ganzes bedroht, wohingegen innerhalb eines Staates die bürgerliche Klasse als Ganzes von der Revolution bedroht wird. Es gibt nur individuelle Konkurrenz zwischen bürgerlichen Staaten, und wie wir gesehen haben, stört das den Bürger nicht. Alles, was er verlangt, ist «freies Feld und gleiche Chancen», und er ist überzeugt, daß er das beste Geschäft machen wird. Er sieht keine Notwendigkeit für ein Gesetz, das den Wettbewerb zwischen den Bürgern beschränkt. Daraus entsteht der souveräne bürgerliche Staat, der mit anderen bürgerlichen Staaten blutig um die Beute der unentwickelten Territorien kämpft. Es ist das Zeitalter des Imperialismus, das im Weltkrieg gipfelt.

Selbstverständlich findet der Bürger den bürgerlichen Traum «Freies Feld und gleiche Chancen», wenn er zum erstenmal verwirklicht wird, viel blutiger und gewaltsamer, als er gedacht hatte. Der Krieg erscheint ihm sehr bald als «unlauterer Wettbewerb». Er erschreckt ihn ebenso wie eine Konkurrenz, die zu Preisstürzen führt, und er findet, daß jemand von außen ihn beenden sollte. Er ruft nach Hilfe, aber «draußen» ist niemand. Denn wen im Himmel oder auf Erden kann er, ein Mitglied der Klasse unabhängiger *souveräner* Staaten, rufen?

Aber in ihm lebt immer noch ein Traum. Wenn die bürgerliche Klasse in *einem* Land einen Staat und eine Polizeimacht haben kann, die Ordnung und gewaltlose Konkurrenz erzwingt, warum kann es dann nicht einen Staat der Staaten geben, einen Weltstaat, der den Weltfrieden erzwingt?

Diese bürgerliche Hoffnung taucht im Chaos des Krieges ständig wieder auf, und der Völkerbund ist eine ihrer Formen. Aber der eine Faktor, der das Gesetz im Inneren des bürgerlichen Staates sichert – die Existenz einer gefährlichen ausgebeuteten Klasse –, existiert nicht auf dem *Welt*schauplatz. Keine Gefahr bedroht die Klasse bürgerlicher Staaten in ihrer Gesamtheit, und so können sie sich niemals einigen, ein zwingendes regulierendes Gesetz anzunehmen, das über ihrem eigenen Willen steht. Die Gefahr besteht einzig zwischen ihnen selbst, und jeder glaubt wie ein guter Bürger, daß er durch geeignete «Verbindungen», durch Verträge und Manipulationen die anderen übervorteilen kann. Der bürgerliche Traum von einem friedlichen Imperialismus ist nicht zu verwirklichen, da eine Gefahr fehlt, die alle bürgerlichen Staaten gemeinsam bedroht und sie daher vereinigen könnte. Nach einer bitteren Erfahrung mit den Unannehmlichkeiten des Krieges können sie sich wie nach einer bitteren Erfahrung mit den Unannehmlichkeiten der Preisherabsetzung in einem freiwilligen Kartell vereinigen, dem Völkerbund, aber genau wie einem Kartell fehlt ihm der Zusammenhalt und die zwingende Macht des bürgerlichen Staates, und deshalb ist seine Vermittlung zwischen den bürgerlichen Staaten auch nicht sehr wirksam. Sie ist wie eine Preisabsprache, an die sich alle freiwillig halten, unter der Voraussetzung, daß sie jedem von ihnen zum Nutzen gereicht. Da aber in der bürgerlichen Produktion im allgemeinen und bei der imperialistischen Ausbeutung im besonderen eine Vereinbarung nicht immer allen Beteiligten Vorteil bringen kann, ist es nur eine Frage der Zeit, wann das Kartell von einigen gekündigt wird, und wir sehen die Habenichtse unter den bürgerlichen Staaten, Deutschland und Italien, außerhalb des Kartells und in Schlachtaufstellung gegen die Besitzenden (Frankreich und England), während der bürgerliche Staat (Amerika), dessen Interessen nicht in der gleichen Sphäre der imperialistischen Ausbeutung liegen, dem Kartell niemals beigetreten ist. Trotz der bittersten Lehren, die einer Nation zuteil werden können und die bewiesen haben, daß Kriege als Linderungsmittel gegen Krisen unwirksam sind, ist es für Staaten, deren Formen zwangsweise bürgerliche Interessen ausdrücken, unmöglich, eine ihnen übergeordnete koordinierende Macht anzuerkennen, die in der internationalen Sphäre einen Rechtsapparat errichten würde wie jenen, welcher die innere Ordnung in einem Staat sichert, denn dieser innere Apparat ist gegen die gefährliche ausgebeutete Klasse gerichtet, und in der internationalen Sphäre gibt es keine gefährliche ausgebeutete Klasse. So wird die friedliche Weltförderation von Staaten, der Völkerbund, Teil der bürgerlichen Illusion, und die Nationen rüsten immer noch mehr.

Könnte nicht Rußland als ein proletarischer Staat auf dem internationalen Feld ein Äquivalent für die ausgebeutete Klasse liefern und die unabhängigen bürgerlichen Staaten zwingen, sich zu verbünden und diesen Staat zu zerschmettern? Das war der

Alptraum Trotzkis, und er folgerte daraus, daß ohne eine Weltrevolution der Sozialismus nirgendwo errichtet werden könnte. Aber diese Theorie übersah die Tatsache, daß Sowjetrußland kein ausgebeuteter Staat ist. Eine ausgebeutete Klasse in einem bürgerlichen Staat ist eine Klasse, die bis zur Zahlung eines Lösegeldes vom Bürger, der die Produktionsmittel in Händen hält, in Gefangenschaft gehalten wird. Es ist ein Fall von «Arbeitet für uns oder krepiert!» Eine solche Situation kann nur durch moralischen und physischen Zwang aufrechterhalten werden, und deshalb müssen bürgerliche «Rechte» ständig auf diese Weise geschützt werden. Sonst würden die Menschen sich natürlich nicht mit der Situation abfinden, daß die Mittel, mit denen sie sich ihren Lebensunterhalt verdienen, in der Hand eines anderen sind und nur gesichert werden können, wenn sie für diesen anderen Profit abwerfen. Aber in Rußland hat diese Klasse ihre Expropriateure expropriiert. Das ist kein Fall von «für andere bürgerliche Staaten arbeiten oder krepieren»; die russischen Arbeiter sind ihre eigenen Herren. Überdies gibt es, zum Unterschied von anderen bürgerlichen Staaten, keine inneren Widersprüche in ihrer Wirtschaft (Akkumulation von Kapital), die sie zwingen, nach neuen Ausbeutungsgebieten zu suchen. Auf dem Weltschauplatz erscheint daher Rußland den bürgerlichen Staaten nicht als eine ausgebeutete Klasse, die ihrem Wesen nach gefährlich ist, sondern als ein normaler Zwangsstaat mit einer inneren Ordnung, als «einer von ihnen». Rußland konkurriert mit den bürgerlichen Staaten auf dem Weltmarkt, aber aus Gründen, die sie nicht kümmern, ist es nicht auf der Suche nach zurückgebliebenen Ländern, denen es imperialistische Ausbeutung aufzwingen könnte. Deshalb darf Rußland ihrem Kartell beitreten. In diesem Kartell ist es seine Pflicht, das bürgerliche Spiel mitzuspielen – ein Bündnis gegen das andere auszuspielen –, nicht um imperialistische Vorteile zu gewinnen, sondern um den Frieden für sich selbst und für das unglückliche Proletariat der bürgerlichen Staaten zu sichern.

Es ist richtig, daß Rußland eine Gefahr für alle bürgerlichen Staaten darstellt, insofern nämlich, als sein Erfolg den Anreiz für eine proletarische Revolution in jedem Staat liefert. Aber eine weltweite proletarische Revolution würde das Ende der bürgerlichen Wirtschaft bedeuten, und das scheint dem Bürger zunächst einfach lächerlich. Einerseits redet er sich ein, der Bolschewismus sei nur eine «vorübergehende Phase», und andererseits behauptet er, im modernen Sowjetrußland herrsche einfach «Plankapitalismus». Außerdem wird die proletarische Revolution nicht von Rußland kommen, sondern von innen her, und deshalb wäre es sinnlos, wenn man zum Beispiel einen Aufstand des britischen Proletariats dadurch zu verhindern versuchte, daß man Rußland angreift. Im Gegenteil, solch ein Schachzug würde das gefürchtete Ereignis nur noch beschleunigen. Und deshalb können die bürgerlichen Staaten, obwohl sie Rußland verleumden, nicht dazu gebracht werden, es gemeinsam anzugreifen, sondern sie sind statt dessen bereit, Verträge mit ihm abzuschließen, um es gegeneinander auszuspielen.

Das soll nicht heißen, daß Rußland nicht in Gefahr ist. Im Gegenteil, alle bürgerlichen Staaten sind eine Gefahr füreinander, insofern, als sie mögliche Objekte für eine imperialistische Ausbeutung darstellen. In dieser Hinsicht ist Deutschland für Rußland eine ebensolche Gefahr wie Deutschland für England. Deshalb ist es notwendig, daß Rußland ebenso aufrüstet wie seine bürgerlichen Nachbarn und versucht, durch Bündnisse, die das internationale Äquivalent für Kartelle und Handelsabkommen darstellen, an Stärke zu gewinnen.

Erst wenn der Bürger zu erkennen beginnt, daß der Kommunismus unvermeidlich ist, sieht er in Rußland eine größere Gefahr als in jedem anderen bürgerlichen Staat. Aber gerade diese Erkenntnis treibt die kapitalistische Klasse dazu, ihre Zuflucht zum Faschismus zu nehmen, und deshalb bilden die faschistischen Staaten heute die Hauptgefahr für Rußland.

Das ist nun also die Analyse der bürgerlichen Gewalt. Diese Gewalt ist nicht wie etwas, das einfach für eine gewisse Zeit vom Himmel herabsteigt, um die Menschheit toll zu machen. Sie ist enthalten in der bürgerlichen Illusion.

Die gesamte bürgerliche Wirtschaft beruht auf der gewaltsamen Beherrschung von Menschen durch Menschen infolge des privaten Besitzes von gesellschaftlichem Kapital. Die Gewalt ist immer da, sie wartet darauf, jeden Augenblick innerhalb des bürgerlichen Staates in einem Peterloo oder einem Amritsar oder außerhalb des Staates in einem Burenkrieg oder einem Weltkrieg loszubrechen.

Solange die bürgerliche Wirtschaft eine positive, konstruktive Kraft bleibt, wird diese Gewalt nicht sichtbar. Es entsteht erst dann ein gewaltiger innerer Druck, wenn die Produktivkräfte über das System der Produktionsverhältnisse hinausgewachsen sind. Bis sich dieser revolutionäre Druck entwickelt, tritt deshalb der Zwang nicht blutig oder allgemein zutage.

Aber wenn die bürgerliche Wirtschaft von ihren eigenen Widersprüchen zerrissen wird, wenn der private Profit als öffentliches Übel erkannt wird, wenn Armut und Arbeitslosigkeit inmitten des Überflusses zunehmen, zeigt sich die bürgerliche Gewalt unverhüllter. Diese Widersprüche treiben die bürgerlichen Staaten in imperialistische Kriege, in denen die Gewalt ohne einen mildernden Faktor regiert. Im Inneren eines Staates genügt Gewalt anstelle von «Vernunft», um das bürgerliche System aufrechtzuerhalten. Da das kapitalistische System sich offen als unfähig erweist, sind die Menschen nicht mehr zufrieden mit einer Regierungsform wie der parlamentarischen Demokratie, in der die ökonomische Produktion von der bürgerlichen Klasse geleitet wird und dem Volk in seiner Gesamtheit nur die Macht bleibt, innerhalb enger Grenzen, durch das Parlament, über die Aufteilung eines rein administrativen Budgets zu entscheiden. Das Volk begreift, daß dies ein ausgemachter Schwindel ist, und sieht keinen Grund, warum es diesen Schwindel länger dulden sollte. Das Verlangen nach Sozialismus wächst, und die kapitalistische Klasse nimmt daraufhin ihre Zuflucht zu offener Gewalt. Der Aufstand gegen eine unwirksame Demokratie dient ihr als Vorwand, um eine Diktatur zu errichten, und diese Diktatur, die mit dem Schrei «Nieder mit dem Kapitalismus!» die Macht ergreift, errichtet in Wahrheit einen noch gewalttätigeren Kapitalismus, wie im faschistischen Italien und in Deutschland. Der Faschismus mit seiner brutalen Unterdrückung und zynischen Gewaltanwendung ist der Tiefpunkt im Niedergang des Bürgertums. Die in der bürgerlichen Illusion enthaltene Gewalttätigkeit zeigt sich innerhalb wie außerhalb des Staates.

Die Rechtfertigung bürgerlicher Gewaltanwendung bildet einen wichtigen Bestandteil der bürgerlichen Ethik. Die Zwangskontrolle gesellschaftlicher Arbeit durch eine begrenzte Klasse wird gerechtfertigt, indem man sie als Beziehung zu einer Sache hinstellt. Sogar noch bei Hegel erfolgt diese Rechtfertigung ganz naiv und einfach. Genauso wie ich im primitiven Urwald einen Ast abbreche und ihn meinen Zwecken entsprechend verwende, so erwartet man vom Bürger, daß er die Sache «Kapital» so verwendet, daß sie ihm Nutzen bringt. Herrschaft über Menschen ist etwas Böses; Herrschaft über Dinge ist legitim.

Die Art der bürgerlichen Wirtschaft machte es Hegel möglich, das im Ernst zu glauben. Aber nachdem Marx den wahren Charakter der bürgerlichen Wirtschaft analysiert hatte als Herrschaft über Menschen infolge des Besitzes der Mittel für die gesellschaftliche Arbeit und den Lebensunterhalt des einzelnen, wie konnte da diese naive bürgerliche Haltung aufrechterhalten werden? Nur indem man Marx schmäht, indem man ihn stets heftig angreift, ohne seine Auffassungen zu erklären, und indem man die alte bürgerliche Theorie immer weiter lehrt, predigt und praktiziert. Damals wurde die bürgerliche Illusion zur

bürgerlichen Lüge, zum bewußten Betrug, der im Herzen der bürgerlichen Kultur schwärt.
Die bürgerliche Ethik schließt die noch schwierigere Aufgabe ein, den Gewaltakt des bürgerlichen Krieges zu rechtfertigen. Der christlich-bürgerliche Ethiker hat selbst das zuwege gebracht. Gemäß der bürgerlichen Illusion ist jeder Eingriff in die Freiheit eines anderen böse und unmoralisch. Wenn deshalb jemandes Freiheit angegriffen wird, ist der Betreffende gezwungen, die beleidigte Moral zu verteidigen und nun seinerseits anzugreifen. Alle bürgerlichen Kriege werden daher von beiden Parteien als Verteidigungskriege gerechtfertigt. Die bürgerliche Freiheit schließt das Recht ein, alle bürgerlichen Beschäftigungen auszuüben – Besitzübertragung, Handel und Erwerb um des Profites willen –, und da diese die Etablierung von Herrschaftsbeziehungen über andere zur Folge haben, ist es nicht überraschend, daß der Bürger sich oft in seiner Freiheit angegriffen findet. Es ist unmöglich für den Bürger, seine volle Freiheit auszunutzen, ohne die Freiheit eines anderen zu beeinträchtigen. Es ist deshalb unmöglich, durch und durch Bürger zu sein und keinen Anlaß für «gerechte» Kriege zu liefern.
Inzwischen lassen die bürgerlichen Schwierigkeiten eine Opposition gegen die bürgerliche Gewalt entstehen. In jedem Stadium der bürgerlichen Entwicklung konnte man Menschen finden, die von der bürgerlichen Illusion erfüllt waren, daß der Mensch nur dann frei und glücklich ist, wenn alle gesellschaftlichen Beschränkungen fortfallen, und die dennoch in der bürgerlichen Wirtschaft einen ständig wachsenden Zwang und immer zunehmende Beschränkungen feststellten. Wir sahen, warum es diesen Zwang und diese Beschränkungen geben muß: sie sind für die bürgerliche Wirtschaft lebensnotwendig. Der Großbürger beherrscht den Kleinbürger, so wie beide das Proletariat beherrschen. Aber die frühbürgerlichen Rebellen vermochten das nicht zu erkennen. Sie forderten eine Rückkehr zum bürgerlichen Traum «Gleiches Recht für alle», «Freiheit von gesellschaftlichen Beschränkungen», die Wiederherstellung der «natürlichen Rechte» des Menschen. Sie dachten, das würde sie von der Herrschaft der Großbourgeoisie befreien und ihnen wieder die Möglichkeit zur Konkurrenz auf gleicher Ebene geben.
Daraus entstand die Kluft zwischen Konservativen und Liberalen, zwischen dem besitzenden Großbürger und dem nach Besitz strebenden Kleinbürger. Der eine erkennt, wie sehr seine Stellung davon abhängt, daß die Dinge so bleiben, wie sie sind; der andere erkennt, wie sehr seine Stellung davon abhängt, daß mehr bürgerliche Freiheit herrscht, daß mehr Leute wählen

können, daß es mehr Freiheit gibt, Privateigentum zu veräußern, zu erwerben und zu besitzen, mehr freien Wettbewerb, weniger Privilegien. Der Liberale ist die aktive Kraft. Aber anstatt revolutionär zu sein, wie er glaubt, ist er evolutionär. Gerade sein Streben nach bürgerlicher Freiheit und fairem Wettbewerb führt zu einer Zunahme der gesellschaftlichen Beschränkungen, die er haßt. Er stärkt die Großbourgeoisie, indes er versucht, das Kleinbürgertum zu unterstützen, obgleich er in diesem Prozeß unter Umständen selber ein Großbürger werden kann. Er vermehrt die Unfairness, indes er versucht, die Fairness zu sichern. Der Freihandel führt zu Tarifen, Imperialismus und Monopolismus, weil er die Entwicklung der bürgerlichen Wirtschaft beschleunigt, und diese Erscheinungen sind das notwendige Ende der bürgerlichen Entwicklung. Der Liberale ruft die Dinge ins Leben, die er haßt, denn solange er in der bürgerlichen Illusion befangen ist, Freiheit sei gleichbedeutend mit dem Fehlen gesellschaftlicher Planung, muß er sich, indes er die sozialen Bande lockert, immer mehr in die Gewalt gesellschaftlicher Kräfte begeben, die Zwang ausüben.

Dieser «revolutionäre», Zwang und Gewalt hassende Liberale, dieser Anhänger des freien Wettbewerbs, dieser Freund der Freiheit und der Menschenrechte ist daher gerade der Mann, den die Geschichte dazu verdammt hat, diese Entwicklung nicht nur nicht aufhalten zu können, sondern überdies durch seine eigenen Anstrengungen Zwang, Gewalt, unlauteren Wettbewerb und Sklaverei hervorzurufen. Er verzichtet nicht nur auf Widerstand gegen die bürgerliche Gewalt – er erzeugt sie, indem er zur Entwicklung der bürgerlichen Wirtschaft beiträgt.

Heute, als bürgerlicher Pazifist, hilft er, die Gewalt, den Krieg, die faschistische und die imperialistische Brutalität hervorzurufen, die er haßt. Wenn er ein echter Pazifist und nicht nur ein völlig in Verwirrung geratener Mensch ist, der zögert, ob er den Weg der Revolution oder den Weg der Nicht-Zusammenarbeit wählen soll, ist seine These die: «Ich hasse Gewalt und Krieg und soziale Unterdrückung, und alle diese Dinge erwachsen aus den sozialen Beziehungen. Ich muß mich deshalb aus allen sozialen Beziehungen heraushalten. Der Kriegführende und der Revolutionär sind mir gleichermaßen widerwärtig.»

Aber an keinen sozialen Beziehungen teilhaben heißt, nicht am Leben teilhaben. Solange er von seinem Vermögen lebt oder ein Arbeitseinkommen hat, nimmt er an der bürgerlichen Wirtschaft teil und unterstützt die Gewalt, die diese Wirtschaft aufrechterhält. Er ist ein stiller Teilhaber der Großbourgeoisie, und darin besteht das Wesen der bürgerlichen Wirtschaft. Wenn zwei andere Länder miteinander Krieg führen, vermag er nicht zu intervenieren und sie aufzuhalten, denn das würde gesellschaftliche Zusammenarbeit bedeuten – eine Zusammenarbeit, die in Zwang endet. Er wäre in der Rolle eines Mannes, der dazwischentritt, wenn Freunde sich streiten, und diese Handlungsweise ist ihm auf Grund seiner eigenen Entscheidung verwehrt. Wenn die Großbourgeoisie seines eigenen Landes beschließt, einen Krieg zu beginnen und die physischen und moralischen Zwangskräfte des Staates zu mobilisieren, kann er nichts Wirksames unternehmen, denn die einzige richtige Antwort ist die Zusammenarbeit mit dem Proletariat, um dem Gewaltakt der Großbourgeoisie Widerstand zu leisten und sie zu entmachten. Wenn sich der Faschismus entwickelt, kann er ihn nicht im Keime ersticken, noch bevor der Faschismus eine Armee geschaffen hat, um das Proletariat einzuschüchtern, denn er glaubt an das «Recht der freien Rede». Er kann nur zusehen, wie die Arbeiter mit dem Gummiknüppel geschlagen und von den Mächten geköpft werden, deren Entwicklung er tatenlos zugesehen hat. Seine Stellung beruht auf dem bürgerlichen Trugschluß. Er glaubt, daß der Mensch als Individuum Macht besitzt. Er erkennt nicht, daß selbst dann, wenn der unwahrscheinliche Fall eintreten sollte, daß jeder seinen Standpunkt einnimmt und erklärt: «Ich will passiven Widerstand leisten», sein Ziel immer noch nicht erreicht wäre. Denn die Menschen können nicht wirklich mit jeder Zusammenarbeit aufhören, weil die gesellschaftliche Arbeit weitergehen muß – das Getreide muß eingebracht, Stoffe müssen gewebt, Elektrizität muß erzeugt werden, oder der Mensch wird von der Erde verschwinden. Nur seine Stellung als Angehöriger einer parasitären Klasse könnte ihn für irgendeine andere Illusion empfänglich gemacht haben. Ein Arbeiter erkennt, daß sein ganzes Leben von der wirtschaftlichen Zusammenarbeit abhängig ist und daß diese Zusammenarbeit gesellschaftliche Beschränkungen erfordert, die in der bürgerlichen Wirtschaft bürgerlicher Art sein müssen, das heißt, daß die Frage von Leben und Tod in größerem oder geringerem Maße von der Großbourgeoisie entschieden wird. Passiver Widerstand ist kein echtes Programm, sondern eine Entschuldigung dafür, daß man das alte Programm unterstützt. Man partizipiert entweder an der bürgerlichen Wirtschaft, oder man revoltiert und versucht eine andere Wirtschaft zu etablieren. Eine andere erkennbare Möglichkeit ist die, die Gesellschaft zu zerschlagen und in den Urwald zurückzukehren – das ist die Lösung der Anarchie, aber sie ist überhaupt keine Lösung. Die einzige echte Alternative zur bürgerlichen Ökonomie ist die proletarische Ökonomie, d. h. der Sozialismus, und deshalb partizipiert man entweder passiv an der bürgerlichen Wirtschaft oder ist ein proletarischer Revolutionär. Die Tatsache, daß man passiv an der bürgerlichen Wirtschaft partizipiert, daß man nicht selbst den Knüppel schwingt oder die Kanone abfeuert, ist nicht nur keine Rechtfertigung, sondern macht die Stellung des Betreffenden nur noch widerlicher, genauso wie ein Zaun unangenehmer ist als ein Einbrecher und ein Zuhälter unangenehmer als eine Prostituierte. Man läßt andere die schmutzige Arbeit tun und nimmt sich nur seinen Teil vom Gewinn. Die Stellung des bürgerlichen Pazifisten ist vielleicht die unwürdigste, die ein Mensch in irgendeiner Zivilisation einnehmen kann. Er ist der christliche Protestant, dessen Ethik durch die Entwicklung der Kultur, die sie hervorgebracht hat, lächerlich gemacht wurde; aber das hindert ihn nicht, mit sich selbst zufrieden zu sein, wenn er gemäß dieser Ethik handelt. Er sitzt auf dem Kopf des Arbeiters und rät ihm, sich ruhig zu verhalten, während ihm der Großbürger Fußtritte versetzt. Wenn er (wie es einige Pazifisten beim Generalstreik taten) während der «mit brutaler Gewalt geführten» Kämpfe des Proletariats um Freiheit die «lebenswichtige Versorgung» aufrechterhält, wird er zum Streikbrecher. Trotz seines scheinbar einleuchtenden moralischen Aspekts ist der Pazifismus ebenso wie der Protestantismus das Glaubensbekenntnis des Ultraindividualismus und der Selbstsucht, so wie der römische Katholizismus das Glaubensbekenntnis des Monopolismus und der Herrschaft der Privilegien ist. Diese Selbstsucht zeigt sich bei allen Argumenten, die der bürgerliche Pazifist zur Rechtfertigung seiner Überzeugung vorbringt.

Das erste Argument ist, daß Gewalt ein Unrecht ist. Es ist «Sünde», zu töten oder Gewalt anzuwenden. Christus verbietet es. Der Pazifist, der Gewalt anwendet, lädt schwere Schuld auf sich. Bei dieser Auffassung erscheint nichts wichtig als des Pazifisten eigene Seele. Er sorgt sich um diese kostbare Seele wie die anständige bürgerliche Frau um ihre Ehre, die einen so wichtigen gesellschaftlichen Wert darstellt. Die Gesellschaft kann zum Teufel gehen, wenn nur seine Seele rein ist. Er ist so erfüllt von seinen bürgerlichen Vorstellungen von Sünde, daß ihm nie der Gedanke kommt, die ausschließliche Beschäftigung mit seiner eigenen Seele und seiner eigenen Rettung könnte egoistisch sein. Möglich, daß der Mensch das Recht hat, vor allem anderen sich selbst zu retten, und der Pazifist vor allem verhindern muß, daß seine kostbare Seele durch die Todsünde der Gewaltanwendung befleckt wird. Aber was ist das anderes als die Übersetzung der guten alten bürgerlichen Regel des

Laissez-faire und des Bürgertums «Mag der Teufel den letzten holen!» ins Geistige? Es ist ein geistiges Laissez-faire. Es ist der Glaube, daß man den Interessen der Gesellschaft, dem göttlichen Zweck, am besten dient, wenn man nichts unternimmt – auch wenn dieses Unternehmen anderen Nutzen bringen würde –, was die eigene Seele gefährden könnte. Diese Überzeugung findet ihren Ausdruck in der Maxime: «Aus einer bösen Tat kann nichts Gutes erwachsen.»

Die Primitiven haben eine viel gesellschaftlichere Auffassung von Sünde. Sünde ist verwerflich, weil sie den ganzen Stamm in Gefahr bringt. Der Sünder flieht den Stamm, weil er Böses über ihn gebracht hat, nicht weil er sich selber retten will; er ist durch seine Sünde verdammt. Er geht in die Wüste und tötet sich selbst oder wird getötet, und so befreit er den Stamm, nachdem dieser die nötigen Reinigungsriten vorgenommen hat, von dem Bösen, das er über ihn gebracht hat. Beide Auffassungen von Sünde sind falsch, aber die Auffassung der Wilden ist edler und altruistischer als die bürgerliche Auffassung, nach der jeder Mensch einzig für seine eigenen Sünden verantwortlich ist und sich von ihnen reinigt, indem er seine Zuflucht zum Blute Christi nimmt. Der Pazifist erinnert sich an Kains Wort: «Soll ich meines Bruders Hüter sein?»

Diese Stammesauffassung von der Erlösung wurde in der Feudalgesellschaft zum Teil von der Kirche beibehalten, die die Einheit der Kämpfenden Kirche, der Leidenden Kirche und der Triumphierenden Kirche, von denen jede durch ihre Gebete mit den anderen in Verbindung treten oder ihnen helfen konnte, stets im Sinn behielt. Der Christ der Feudalzeit betete für die Heiligen Seelen im Fegefeuer, erwartete von den Lebenden, daß sie nach seinem Tode für ihn beteten, und rief ständig die verstorbenen Mitglieder des Stammes, die Triumphierenden Seelen der Heiligen im Himmel, um Hilfe an, in einem solchen Ausmaß, daß Gott in dieser starken gesellschaftlichen Gruppierung beinahe vergessen wurde. Die gesellschaftliche Einheit allein wird sichtbar, und die Sünde des Einzelnen wird durch den bloßen Akt der Vergesellschaftung verziehen, nämlich in der Beichte. So symbolisiert der Katholizismus die gesellschaftliche Natur des Feudalismus; der «Stamm» war die gesamte Christenheit. Seine typische Tat war der Kreuzzug, der Angriff des Christentums auf das Heidentum.

Der Protestantismus, die Religion des Bürgertums, rebellierte notwendigerweise gegen den Katholizismus des «Stammes». Als Religion «reformierte» er alle gesellschaftlichen Elemente im Katholizismus. Er wurde Katholizismus minus die gesellschaftlichen Elemente und plus Individualismus. Die Autorität wurde abgeschafft; der Priester, der Verwalter des Zaubers und das Gewissen des Stammes, wurde seiner Macht beraubt; die Gebete für die Toten und an die Heiligen waren unindividualistisch, daher gab es das Fegefeuer nicht mehr, und die Heiligen waren hilflos. Jeder Mensch sollte sein eigener Richter sein, seine eigene Sünde tragen und für seine eigene Erlösung sorgen. Der Begriff der individuellen Schuld bekam bei Bunyan und den Puritanern eine Bedeutung, die er in den katholischen Ländern nie gehabt hatte. Daher auch das neue Phänomen der «Konversion», bei der diese unerträgliche selbstauferlegte Bürde der Schuld in den Schoß Christi geworfen wird. Denn der Mensch kann tatsächlich nicht allein leben. Diese Konversion war der Beweis dafür, daß der Individualismus des Bürgertums nur eine Fassade ist und daß das Individuum im gleichen Augenblick, da es ihn proklamiert, irgendein fiktives Wesen oder einen göttlichen Sündenbock braucht, auf den es in einem letzten selbstsüchtigen Akt die Verantwortung abwälzen kann, die es niemals vollständig getragen hat.

Daher ist der Pazifismus als eine Methode, die moralische Schuld der Gewaltanwendung zu vermeiden, selbstsüchtig. Der Pazifist behauptet, er habe vor allem das Recht und die Pflicht, seine eigene Haut zu retten. Es geht hier nicht um die Frage, ob der Mensch ethisch berechtigt ist, in erster Linie an sich selbst zu denken. In der bürgerlichen Philosophie ist das der Fall. Bei einem anderen System sozialer Beziehungen kann es Unrecht sein. Bei einem dritten, dem Kommunismus, ist es weder Recht noch Unrecht, es ist unmöglich, denn alle individuellen Handlungen haben Auswirkungen auf andere Mitglieder der Gesellschaft. Diese Tatsache macht den Bürger inkonsequent: den einen Augenblick will er sein Leben für andere hingeben, und im anderen Augenblick ist er bereit, ihr Leben zu opfern, um seine Seele zu retten.

Einige Pazifisten verteidigen sich jedoch anders. Es geht ihnen nicht um ihre eigene Seele. Sie denken nur an andere. Der Pazifismus sei die einzige Möglichkeit, der Gewalt und der Unterdrückung Einhalt zu gebieten. Gewalt gebiert Gewalt; Unterdrückung gebiert Unterdrückung. Inwieweit ist dieses Argument begründet und nicht nur die rationale Rechtfertigung einer bürgerlichen Illusion?

Kein Pazifist hat bisher die Kausalkette zu erklären vermocht, durch die Widerstandslosigkeit die Gewalt beendet. Eines ist richtig: Wenn kein Widerstand gegen Befehle der Gewalt geleistet wird, ist offensichtlich keine Gewalt notwendig, um sie durchzusetzen. Wenn A alles tut, was B von ihm fordert, hat B es nicht nötig, Gewalt anzuwenden. Aber eine Herrschaftsbeziehung dieser Art ist ihrem Wesen nach gewaltsam, obwohl die Gewalt nicht offen zutage tritt. Unterwerfung ist Unterwerfung und Raubgier ist Raubgier, selbst wenn die Schwäche des Opfers oder die Furcht, die der Sieger hervorruft, bewirkt, daß der Prozeß ohne Gewaltanwendung verläuft. Widerstandslosigkeit wird ihn nicht verhindern, ebensowenig wie die Krallenlosigkeit des Opfers Raubtiere daran hindert, über es herzufallen und es aufzufressen. Im Gegenteil, das Raubtier wählt sich Tiere dieser Art zum Opfer aus. Das Gegenmittel ist die Ausschaltung der Raubtiere, das heißt, die Vernichtung von Klassen, die davon leben, daß sie andere ausplündern.

Eine andere Annahme ist die, daß der Anblick seines wehrlosen Opfers das Mitleid des Menschen, so wie er nun einmal beschaffen ist, erregen wird. Nun ist diese Annahme keineswegs an sich lächerlich, aber sie muß überprüft werden. Ist es eine historische Tatsache, daß die Wehrlosigkeit seiner Opfer je das Mitleid des Menschen erregt hat? Die Geschichte berichtet von Millionen Fällen, wo das Gegenteil der Fall war, von Tamerlan und seinen Grausamkeiten, von Attila und seinen Hunnen (denen nur durch Gewalt Einhalt geboten werden konnte), von den Einfällen der Mohammedaner, primitiven Schlächtereien, den Dänen und ihren Massakern in den Klöstern. Kann irgend jemand im Ernst behaupten wollen, daß Widerstandslosigkeit die Gewalt besiegt? Wie könnten Sklavenhalterstaaten existieren, wenn friedliche Unterwerfung die Herzen der Eroberer rühren könnte? Wie könnte der Mensch es ertragen, immerfort die stummen, keinen Widerstand leistenden Schafe, Schweine und Ochsen zu schlachten?

Überdies begeht der, der dieses Argument vorbringt, den üblichen bürgerlichen Irrtum, dessen Kategorien zu verewigen. Er glaubt, daß es eine Art abstrakten Robinson gibt, dessen Handlungen sich genau voraussagen lassen. Aber wie kann man im Ernst Tamerlan, Sokrates, einen chinesischen Mandarin, einen modernen Londoner, einen Aztekenpriester, einen Jäger der Urzeit und einen römischen Galeerensklaven in einer Kategorie zusammenfassen? Es gibt keinen abstrakten Menschen, nur Menschen in verschiedenen Netzwerken von sozialen Beziehungen, mit ähnlichem Erbgut, aber durch Erziehung und den ständigen Druck des gesellschaftlichen Seins unterschiedlich geformt. Wir wollen uns hier mit dem Menschen in der bürgerlichen Welt befassen. Welche Wirkung würde es haben, wenn wir der Gewalt keinen Widerstand entgegensetzten, wenn zum Beispiel

England zu Beginn des Weltkrieges passiv zugelassen hätte, daß Deutschland Belgien besetzte, und widerstandslos alle deutschen Forderungen akzeptiert hätte?

Ein Körnchen Wahrheit enthält das Argument der Pazifisten, daß ein Land mit bürgerlicher Gesellschaftsordnung sich nicht wie eine Nomadenhorde verhalten könne. Das Bürgertum hat entdeckt, daß die Tamerlansche Art der Ausbeutung weniger ergiebig ist als die bürgerliche. Es ist nutzlos für einen Bürger, über ein Land herzufallen, allen Wein, alle schönen Frauen und alles Gold zu rauben und dann wieder zu verschwinden. Die schönen Frauen werden alt und häßlich, der Wein wird ausgetrunken, und das Gold ist nur für Schmuck zu gebrauchen. Das wären Sodomsäpfel im Munde der bürgerlichen Zivilisation, die von einer nie versiegenden Profitdiät und ständiger Herrschaft lebt.

Die bürgerliche Zivilisation hat entdeckt, daß sich einzig die bürgerliche Form der Gewaltanwendung auszahlt. Sie ist feiner und weniger ins Auge springend als die des Tamerlan. Die römische Form, die darin bestand, nicht nur schöne Frauen und Gold, sondern auch Sklaven als Beute heimzubringen und sie im Haushalt, auf den Bauernhöfen und in den Bergwerken arbeiten zu lassen, nimmt eine Mittelstellung dazwischen ein. Die bürgerliche Zivilisation hat entdeckt, daß jene sozialen Beziehungen für den Bürger am einträglichsten sind, die nicht Plünderung und persönliche Sklaverei einschließen, sondern sie im Gegenteil verbieten. Deshalb hat der Bürger, wo immer er ein nichtbürgerliches Territorium erobert hat, sei es nun Australien, Amerika, Afrika oder Indien, bürgerliche und nicht Tamerlansche soziale Beziehungen oktroyiert. Im Namen der Freiheit, der Selbstbestimmung und der Demokratie, oder manchmal auch, ohne sich auf diese zu berufen, erzwingt er das Hauptmerkmal der bürgerlichen Gesellschaft, das Privateigentum, den Privatbesitz an Produktionsmitteln zum Zwecke des Profits und seine notwendige Voraussetzung, den freien Arbeiter, der gezwungen ist, seine Arbeitskraft auf dem Markt gegen Lohn zu verkaufen. Diese unschätzbare bürgerliche Entdeckung hat einen materiellen Wohlstand hervorgerufen, den sich ein Tamerlan und ein Krösus nicht einmal in ihren kühnsten Träumen hätten vorstellen können.

Folglich brauchte England nicht zu fürchten, daß die Deutschen im Falle eines Sieges alle Engländerinnen vergewaltigt, alle Engländer geköpft und die Elginschen Marmorstatuen nach Berlin gebracht hätten. Bürgerliche Staaten tun so etwas nicht. Deutschland hätte sich darauf beschränkt, England seine Dominien und Kolonien zu nehmen und die einträgliche Aufgabe zu vollenden, sie zu voll entwickelten bürgerlichen Verhältnissen zu bekehren. Es hätte auch versucht, England als Handelskonkurrenten durch hohe Reparationen auszuschalten. Mit anderen Worten, Widerstand oder nicht, Deutschland hätte im Falle seines Sieges mit England das getan, was das siegreiche England mit Deutschland getan hat.

Selbst wenn also der pazifistische Traum verwirklicht werden sollte, würden die bürgerlichen Gewaltakte nicht aufhören. Aber in Wahrheit könnte er gar nicht verwirklicht werden. Wie könnte ein bürgerlicher Zwangsstaat sich damit abfinden, daß ihm seine Profitquelle von einem anderen bürgerlichen Staat mit Gewalt genommen wird? Würde er nicht alle ihm zur Verfügung stehenden Gewaltmittel einsetzen, um das zu verhindern? Würde er nicht eher seine ganze innere Struktur zerreißen als so etwas zulassen? Zerreißt das Bürgertum gegenwärtig nicht lieber mit Gewalt die ganze Struktur der Gesellschaft, als daß es auf seine Profite verzichtet und das Wirtschaftssystem aufgibt, auf dem es beruht? Der Faschismus und der Nazismus auf ihrem blutigen Weg zum Bankrott sind der Beweis dafür. Die bürgerliche Wirtschaft wird sich, da sie ungeplant ist, eher die Kehle durchschneiden als sich reformieren, und der Pazifismus ist nur der Ausdruck dieses letzten verzweifelten Stadiums der bürgerlichen Zivilisation, die im besten Fall eher nichts tun wird als das eine, was das Ende der gesellschaftlichen Verhältnisse bedeuten würde, auf denen sie beruht.

Haben wir den Mut, unsere Ansichten mit Gewalt durchzusetzen? Welche Garantie besitzen wir dafür, daß sie richtig sind? Die einzige echte Garantie ist die Tat. Wir haben den Mut, unsere Überzeugungen durchzusetzen, wenn es sich um physische Materie handelt, die materielle Grundlage der Gesellschaft – Häuser, Straßen, Brücken und Schiffe – zu bauen, trotz des damit verbundenen Risikos für menschliches Leben, weil unsere Theorien, die durch die Tat entstanden, durch die Tat auf ihre Richtigkeit geprüft werden. Mag die Brücke zusammenbrechen, das Schiff sinken, das Haus einstürzen, wenn wir uns geirrt haben! Wir haben die Kausalität der Natur erforscht; mag es an uns selbst ausprobiert werden, ob wir uns geirrt haben!

Genau dasselbe gilt für die sozialen Beziehungen. Brücken sind in der Vergangenheit eingestürzt, Kulturen sind verfallen, große Zivilisationen sind untergegangen, aber ihr Verfall war nicht nutzlos. Aus jedem Fehler haben wir etwas gelernt, und die Gesellschaft Tamerlans, die Sklavenhaltergesellschaft, die Feudalgesellschaft haben die Probe durch die Tat nicht bestanden.

Doch es war nur ein partielles Versagen; mit jedem Versagen lernten wir etwas mehr, so wie die jüngst erbaute Brücke Lehren verkörpert, die aus dem Einsturz der ersten Brücke gezogen wurden. Immer war die Lehre die gleiche: der schwache Punkt der Brücke war die Gewalt, die Herrschaftsbeziehung zwischen Herrn und Sklaven, Adligem und Leibeigenem, Bürger und Proletarier.

Aber Pazifisten sind wie alle bürgerlichen Theoretiker besessen vom Verlangen nach dem Absoluten. «Gebt mir», so schreien sie alle, «absolute Wahrheit, absolute Gerechtigkeit, eine Faustregel, die mir die Mühe erspart, die Grundzüge der Wirklichkeit durch engen Kontakt mit ihr und durch Taten herauszufinden. Gebt mir einen logischen Talisman, einen Stein der Weisen, mit dem ich alle Handlungen theoretisch testen kann, um dann sagen zu können, was richtig ist. Gebt mir ein Prinzip, wie etwa ‹Gewalt ist Unrecht›, so daß ich alle Gewalthandlungen unterlassen kann und dabei weiß, daß ich im Recht bin.» Aber das einzige Absolute, das sie finden, ist der Maßstab der bürgerlichen Wirtschaft. «Unterlaßt jedes gesellschaftliche Handeln.» Maßstäbe werden geschaffen, nicht gefunden.

Der Mensch kann nicht leben, ohne zu handeln. Auch wenn man aufhört zu handeln, wenn man die Dinge laufen läßt, ist das eine Form des Handelns, etwa wie wenn ich einen Stein fallen lasse, der vielleicht eine Lawine auslöst. Und da der Mensch immer handelt, wendet er stets Gewalt an, verändert er ständig die Lage der Dinge oder sorgt dafür, daß sie unverändert bleibt, ist stets entweder revolutionär oder konservativ. Leben ist die Anwendung von Gewalt gegen die physische Umwelt und gegen andere Menschen. Das Gewebe der physischen und der sozialen Beziehungen, das Menschen in einem Universum zusammenhält, sorgt dafür, daß nichts, was wir tun, ohne Wirkung auf andere bleibt, ob wir nun wählen oder aufhören zu wählen, ob wir der Polizei helfen oder sie im dunkeln tappen lassen, ob wir zwei Gegner gegeneinander kämpfen lassen oder sie mit Gewalt trennen oder einem gegen den anderen helfen, ob wir einen Mann verhungern lassen oder Himmel und Erde in Bewegung setzen, um ihm zu helfen. Der Mensch kann sich niemals auf dem Absoluten ausruhen; alle Taten haben Folgen, und es ist die Aufgabe des Menschen, diese Folgen herauszufinden und entsprechend zu handeln. Er kann niemals zwischen Handeln und Nicht-Handeln wählen, sondern nur zwischen Leben und Tod. Er kann sich niemals mit dem alten Vorwand herausreden: «Meine Absichten waren gut» oder «Ich habe das Beste gewollt» oder «Ich habe kein Gebot gebrochen». Selbst Wilde haben eine

lebensnähere Auffassung; bei ihnen wird eine Tat nach ihren Folgen beurteilt. Deshalb ist es die Aufgabe des Menschen, die Folgen von Taten herauszufinden, was bedeutet, die Gesetze der sozialen Beziehungen, die Impulse, Ursachen und Wirkungen der Geschichte zu entdecken. Es ist daher sinnlos, den Pazifisten zu fragen, ob er Griechenland vor den Persern oder seine Schwester vor einem Sittlichkeitsverbrecher verteidigt hätte. Die moderne Gesellschaft stellt uns vor ein anderes, konkreteres Problem. Welchem Banner der Gewalt wird sich der Pazifist verschreiben? Der Gewalt der bürgerlichen Verhältnisse oder der Gewalt, ihnen nicht nur Widerstand zu leisten, sondern ein Ende mit ihnen zu machen? Die bürgerlichen Verhältnisse enthüllen immer deutlicher die rücksichtslose Gewalt der Ausbeutung und der Enteignung, auf der sie beruhen; in immer stärkerem Maße drangsalieren sie die Menschen durch Brutalität und Unterdrückung. Indem der Pazifist darauf verzichtet, zu handeln, stellt er sich unter dieses Banner, das Banner der Dinge, wie sie sind und immer schlimmer werden, das Banner der wachsenden Gewalt und des wachsenden Zwanges, die von den Besitzenden gegen die Besitzlosen angewandt werden. Er ruft in immer zunehmendem Maße Manifestationen der Gewalt wie Armut, Entbehrung, künstlerische Krisen, Verfall der Kunst und der Wissenschaft, Faschismus und Krieg hervor.
Oder er kann sich unter das revolutionäre Banner stellen, das Banner der Dinge, wie sie sein werden. Indem er das tut, erkennt er die harte Notwendigkeit an, daß derjenige, der eine Wahrheit oder eine Institution oder ein System sozialer Beziehungen ersetzen soll, sie durch etwas Besseres ersetzen muß; daß der, der eine Brücke einreißen soll, gleichgültig, wie schlecht sie war, an ihrer Stelle eine bessere Brücke erbauen muß. Die bürgerlichen Verhältnisse waren vielleicht besser als die der Sklavenhaltergesellschaft – welche Verhältnisse kann der Revolutionär finden, die besser sind als die bürgerlichen? Und nachdem er sie gefunden hat, wie soll er sie in die Tat umsetzen? Denn es genügt nicht, die Brücke zu planen, man muß auch sehen, wie sie gebaut wird: durch Gewalt, durch Zwang, indem man den lebenden Fels sprengt und sich mit dem Gestein abplagt.
Der Revolutionär muß also an die Stelle des Negativums des Pazifismus, der die verfallende Welt stützt und das wachsende Elend der Menschen duldet, das Positivum des Kommunismus setzen. Er muß eine neue Ökonomie schaffen, die geeignet ist, die bürgerlichen Verhältnisse abzulösen und sie von Zwang und Gewalt zu reinigen, die ihnen innewohnen. Aber diese Gewalt

erwuchs aus einer Klassenbeziehung, der Herrschaft einer ausbeutenden über eine ausgebeutete Klasse. Ein Ende mit dieser Gewalt zu machen bedeutet, den klassenlosen Staat zu errichten. Der Revolutionär, der die Gewalt des bürgerlichen Staates haßt, sei es im Frieden oder im Krieg, muß eine Gesellschaft aufbauen, die weder im Frieden noch im Krieg Gewalt nötig hat. Da er mit materieller Realität umgeht, muß er den einzigen Weg erkennen, auf dem auf Gewalt beruhende bürgerliche Verhältnisse in friedliche kommunistische Verhältnisse umgewandelt werden können. Das ist der Weg der Revolution und der Diktatur des Proletariats, die dem Absterben des Staates vorausgeht. Wenn er diese Form der Umwandlung bürgerlicher Gewalt in kommunistischen Frieden nicht klar erkennt, wie ein Architekt den Bau der Fundamente und den Transport des Materials überschaut, bleibt sein Sozialismus ein leerer Traum, und er ist immer noch im Inneren ein Pazifist, ein Parteigänger der Dinge, wie sie sind, und man wird ihn trotz all seiner theoretischen Proteste hinter dem Banner der bürgerlichen Gewalt marschieren sehen, als Streikbrecher oder als ein Mann, der dem Faschismus das Recht der freien Rede zubilligt.

Die erste Aufgabe besteht darin, die Expropriateure zu expropiieren, ihrem Zwang mit dem Zwang der Arbeiter zu begegnen, alle Instrumente des Klassenzwangs und der Ausbeutung zu vernichten, über die der bürgerliche Staat verfügt. Wer kann den Kampf führen, wenn nicht die Ausgebeuteten, und nicht nur einfach alle Ausgebeuteten, sondern jene, bei denen die Ausbeutung dazu geführt hat, daß sie sich zusammenschlossen, sich organisierten und gesellschaftlich zusammenarbeiteten: das Proletariat. Da die enteignete Klasse bis zum letzten kämpfen wird, solange Hoffnung besteht, wie kann da der Übergang anders als durch Gewalt erfolgen, die Diktatur der Bourgeoisie und ihre charakteristischen Herrschaftsformen anders als mit Gewalt durch die Diktatur des Proletariats und ihre notwendigen Herrschaftsformen ersetzt werden?

Aber während die Diktatur der bürgerlichen Minorität immer weiter fortbestand, weil die enteignete Klasse zugleich die ausgebeutete Klasse war, besteht die Diktatur der proletarischen Majorität nicht ewig, weil sie die enteignete Klasse nicht ausbeutet, sondern selber sowohl Besitzer der Produktionsmittel wie Arbeiter an den Produktionsmitteln ist. Während die enteignete Klasse verschwindet, stirbt die Diktatur des Proletariats in allen ihren Formen ab. Der Traum des Pazifisten ist Wirklichkeit geworden. Die Gewalt verschwindet aus der Welt des Menschen. Am Ende wird der Mensch frei.

Liebe
Eine Studie über sich ändernde Werte

Es ist ein natürlicher menschlicher Irrtum, anzunehmen, nichts ändere sich, Ideen seien ewig und das, was durch ein Wort bezeichnet wird, sei so unwandelbar und beständig wie dieses Wort selbst. Weisheit besteht hauptsächlich darin, zu lernen, daß jene unbestimmten Gesten auf Teile der Wirklichkeit hin, Gesten, die wir Begriffe nennen, nicht nur das bezeichnete Ding nicht zu beschreiben vermögen, sondern nicht einmal auf dasselbe Ding hinweisen können, nur auf etwas, das «divers et ondoyant» ist und im Prozeß des Werdens vor unseren interessierten Augen aufblitzt. Der Hund faßt alle kleinen rennenden Dinge unter dem Begriff «Beute» zusammen. Er äußert diesen Begriff nicht als Wort, aber er demonstriert die Unwandelbarkeit seines Begriffs durch eine sich ständig gleichbleibende Verfolgungshandlung. Wir können erkennen, wie töricht er ist, denn wir haben den Begriff «Beute» in Kaninchen, Ratten und Katzen unterteilt, letztere vielleicht sogar in einzelne Katzen mit unterschiedlichen Gewohnheiten. Aber auf einer höheren Bezugsebene machen wir den gleichen Fehler. Wir neigen zum Beispiel dazu, anzunehmen, Liebe sei etwas genau Festgelegtes und Klares. Sind wir romantische Dichter, Romanciers oder Kinobesucher, dann laufen wir Gefahr, sie uns als eine Art paradiesischen Abgrund vorzustellen, in den wir hineinfallen. Es gibt keinen Zweifel darüber: entweder sind wir abgestürzt und stecken tief drinnen, oder wir sind draußen in Sicherheit. Für den Psychologen, der die Instinkte untersucht, ist die Liebe eine angeborene Reaktion, d. h. eine klar definierte Verhaltensweise, die durch bestimmte Reize ausgelöst wird, genauso wie ein Automat in Gang gesetzt wird, indem man einen Penny in den Schlitz wirft. Für den Psychoanalytiker ist Liebe eine bestimmte Menge psychischer Energie, Libido genannt, so begrenzt und homogen wie ein Pfund Talg, das durch Verdrängungen und Hemmung in verschiedene Kanäle geleitet wird, wieder zurückfließt, übertragen, zurückgehalten und verdrängt wird, aber immer noch als die gleiche Talgmasse wahrgenommen wird.

Aber «Liebe» – wenn wir das Wort nicht auf eine bestimmte Verhaltensweise beschränken wollen, die von den speziellen Institutionen der Ehe und des Eigentums in unserer Geschichtsperiode abhängt – ist die Bezeichnung, die der Mensch dem gefühlsmäßigen Element in den gesellschaftlichen Beziehungen gibt. Alle Sprachen und Sprachgebräuche scheinen darin übereinzustimmen, daß «Ich liebe», *j'aime,* sowohl auf sexuelle wie auf gesellschaftliche Gefühle angewendet werden kann. Der Freudianer hat eine Erklärung dafür, die wir augenblicklich prüfen werden. Wenn unsere Definition der Liebe korrekt ist, dann ist es wahrhaftig die Liebe, die macht, daß sich die Welt um ihre Achse dreht. Aber es wäre vielleicht richtiger, zu sagen, die Gesellschaft, die sich um ihre Achse dreht, mache die Liebe zu dem, was sie ist. Das ist eine jener Beziehungen – wie die von Wissen und Sein –, die nur dialektisch verstanden werden können. Das Denken leitet das Handeln, doch erst durch Handeln entsteht Bewußtsein, und so trennen sich die zwei, kämpfen miteinander, kehren wieder zueinander zurück und entwickeln sich deshalb ständig. Genau wie das menschliche Leben mit Wissen gemischt ist, ist die Gesellschaft mit Liebe gemischte ökonomische Produktion. Das erscheint jedem, der gewohnt ist, Liebe als etwas Ätherisches, Seelisches und die ökonomische Produktion als etwas Niedriges, Irdisches anzusehen, roh und sogar lächerlich. Aber wir lieben mit unseren Körpern, und wir essen und arbeiten mit unseren Körpern, und tiefe Liebe zwischen zwei Menschen unterscheidet sich im allgemeinen von flüchtigeren Formen der Zuneigung dadurch, daß die beiden zusammen leben und hinfort als eine ökonomische Einheit in der Gesellschaft tätig sein wollen. Was das Verhältnis zwischen den beiden betrifft, so wissen wir von der Biologie her, daß Liebe in ihrer sexuellen Form vor der gesellschaftlichen ökonomischen Produktion auftritt. Aber wir wissen auch, daß die ökonomische Produktion in ihrer ursprünglichen individuellen Form des Stoffwechsels notwendigerweise vor der Liebe auftritt, denn sie ist der Kern des Lebens. In der primitiven Zelle gibt es einen Stoffwechsel, bevor Liebe entsteht. Zuerst vervielfachen sich die Zellen durch Zellteilung, in einer Art überschüssigem Anabolismus; sie kommen nicht etwa in Zellkolonien (gesellschaftliches Verhalten) oder zum Zweck der Fortpflanzung paarweise verschmolzen (sexuelles Verhalten) zusammen. Aber da der Stoffwechsel in der frühesten Morgendämmerung der Geschichte des Lebens der Liebesbeziehung vorausgeht, folgt daraus nicht, daß Liebe ein zufälliges Schillern an der Oberfläche des Lebens ist. In der noch nicht völlig geklärten Affinität der Eiweißmoleküle enthält der Stoffwechsel bereits auf einer materiellen Ebene die Rudimente dessen, was die Menschen Eros nennen. Liebe muß in der Materie inbegriffen sein.

Sowohl das populäre wie das philosophische Denken hat diesen Ursprung der Liebe anerkannt. Das populäre Denken hat der Gefühlsbeziehung, die Mann und Frau sexuell verbindet, den gleichen Namen gegeben wie jener, die Mann und Mann in Freundschaft und Eltern und Kind in der Familie verbindet. Die Liebe eines Königs zu seinem Volk, die Liebe eines Schülers zu seinem Lehrer, die Liebe eines Tieres zu seinen Jungen und zu seinem Herrn sind alle in dieser einen Kategorie enthalten, trotz auf der Hand liegender Unterschiede. Es ist kein Zufall, daß in allen großen Religionen, welche die Gemüter der Menschen bewegt haben, so viel von Liebe gesprochen wird. Religionen leiten ihren Wert und ihre Macht stets aus ihrer Symbolisierung unbewußter sozialer Beziehungen her, und da soziale Beziehungen durch Liebe vermittelt werden, spricht die Religion im Grunde immer von Liebe, wenn sie von Gott, Erlösung, Himmel, Hölle und Gnade phantasiert. Die Behauptung des Mystikers: «Gott ist Liebe» und der Hymnus des heiligen Paulus auf die Liebe sind exakte Feststellungen in bezug auf den wertvollen gemeinsamen Inhalt aller Religionen, die in der Vergangenheit gesellschaftliche Kräfte waren. Die Dreieinigkeit, die Cherubim, die Heiligen Seelen im Fegefeuer und die Gemeinschaft der Heiligen existieren nicht, und es spielte für die Menschen im Grunde keine Rolle, ob sie existierten oder nicht, denn sie sind in der Vergangenheit mit Jahwe und Scheol, Buddha und Nirwana, Baal und Gilgamesch zufrieden gewesen. Wichtig für die Menschen ist das emotionelle Element in den sozialen Beziehungen, die diese Mythen symbolisieren und die den Menschen in jeder Generation zu dem machen, was er ist. Diese Emotion ist nicht etwa etwas von der ökonomischen Basis dieser Beziehungen Losgelöstes, sondern sie entsteht auf dieser Basis, die so die Religion bestimmt. Der Wert des Menschen wird in jedem Zeitalter durch seine emotionellen und technologischen Beziehungen bestimmt, und diese sind Teil des einen gesellschaftlichen Prozesses, nicht etwas von ihm Losgelöstes.

Der Freudsche Standpunkt ist der, daß alle emotionellen Beziehungen lediglich um ihr Ziel betrogene Variationen der sexuellen Liebe sind. Deshalb nennen die Menschen alle Formen von Zuneigung «Liebe», weil sie lediglich modifizierte Sexualität oder abgelenkte Libido sind. Zärtlichkeit ist gehemmte Sexualität. Obgleich diese Auffassung als Vereinfachung anziehend ist, beruht sie doch auf unklarem Denken. Sie setzt voraus, daß es ein klares Ziel gibt, den Geschlechtsverkehr, und jede Liebe, die dieses Ziel nicht erreicht, ist in irgendeinem Sinne frustrierte Liebe. Das jedoch setzt wiederum etwas voraus, was dieses Ziel klar im Sinn hat, und wenn wir nicht an einen Gott der Liebe glauben, kann das nur der liebende Mensch sein. Aber nach der Freudschen Definition ist sich die Psyche, deren gehemmte Sexualität sich in Liebe verwandeln soll, dieses eigentlichen Zieles nicht bewußt. Man nehme das Beispiel der kindlichen Sexualität, die einen wichtigen Bestandteil der Freudschen Liebestheorie bildet. Wie kann kindliche Zuneigung frustrierte sexuelle Liebe sein? Einerseits kann das Kind, das den Geschlechtsverkehr nicht kennt, ihn nicht bewußt wünschen, und es kann ihn nicht unbewußt, d. h. somatisch wünschen, weil es nicht die Organe oder Reflexe besitzt, die zur Ausübung des Geschlechtsverkehrs notwendig sind Ohne die dazugehörigen Reflexe aber kann für das Unbewußte kein Geschlechtsverkehr existieren. Die Liebe des Kindes ist deshalb von anderer Art – eben kindliche Liebe. Es ist richtig, daß kindliche Liebe mit Zonen verbunden ist, von denen viele später sexuell erotisch werden, aber das besagt nur, daß der Mensch aus Materie besteht, daß er einen Körper hat und daß dieser Körper zu Kontakten mit anderen Körpern benutzt wird. Seine Kontakte mit anderen Lebewesen müssen echte physische Kontakte sein – Fühlen und Greifen, solange er ein Baby ist, später auch Sehen und Hören. Kindliche Liebe ist keine frustrierte sexuelle Liebe, denn das Kind kennt weder den Geschlechtsverkehr als Ziel, noch ist es zu einem solchen Verkehr imstande. Sie ist einfach kindliche Liebe. Daß kindliche Liebe später sexuelle Liebe werden muß, ist eine Binsenwahrheit. Die Bezeichnung «Frustrierung» trifft nicht den wahren Sachverhalt. Angenommen, Freud hätte statt dessen gesagt, kindliche Liebe sei «modifizierte» Erwachsenenliebe, dann hätten wir den Trugschluß sofort erkennen müssen. Im Gegenteil: die sexuelle Liebe des Erwachsenen ist «modifizierte» kindliche Liebe. Sie schließt die primitivere Verhaltensweise ein, aber, wie Freud zugibt, integriert sie sie in ein viel kunstvolleres und mächtigeres neues System, was auf das Entstehen der mit dem Geschlechtsverkehr verbundenen Reflexe, des sekundären Sexualhormons und all die qualitativen Veränderungen in der psychischen Orientierung und dem psychischen Inhalt zurückzuführen ist, die mit der Pubertät einhergehen. Deshalb stellt Freud die Entwicklung der Liebe auf den Kopf. Es wäre genauso richtig, den Babykörper als einen frustrierten oder gehemmten Erwachsenenkörper anzusehen wie das Gefühlsleben des Babys als das eines «polymorphen perversen» Erwachsenen.

Ebenso ist die Beziehung eines Vaters oder einer Mutter zum Kind nicht frustrierte oder gehemmte sexuelle Liebe. Sexuelle Liebe ist eine den Wunsch nach Geschlechtsverkehr einschließende Verhaltensreaktion, die durch bestimmte Reize hervorgerufen wird. Das Kind bietet keinen Anreiz dafür. Es ist sehr zweifelhaft, ob das Kind überhaupt den grundlegenden Anreiz für instinktive elterliche Liebe bietet. Das Phänomen der «falschen Schwangerschaft» bei Hündinnen scheint das Gegenteil zu beweisen. Diese Tiere entwickeln unter bestimmten Umständen, nachdem sie läufig gewesen sind, mütterliches Verhalten und mütterliche Gefühle, ohne daß sie wirklich trächtig geworden wären. Anzunehmen, ihre mütterliche Liebe sei frustrierte sexuelle Liebe zu einem nicht existierenden Welpen, hieße die Psychologie zur komischen Oper machen. Die Verhaltensweise der elterlichen Liebe unterscheidet sich grundlegend von der sexuellen Verhaltensweise.

Und auch die normalen freundschaftlichen Beziehungen zwischen Personen des gleichen Geschlechts in all ihrer Verschiedenartigkeit, von der dauernden engen Freundschaft bis zum Mitgefühl, das wir für jemand empfinden, den wir nie gesehen haben, nur weil er ein Landsmann oder ein Mitmensch in Not ist, bilden eine Gruppe bestimmter Verhaltensweisen. Es ist unwissenschaftlich, diese als Spielarten frustrierter oder gehemmter Liebe anzusehen – das hieße in der Tat, den ganz klaren Begriff der sexuellen Perversion seines Sinnes berauben. Bei der Homosexualität oder der Sodomie wird die sexuelle emotionelle Verhaltensweise auf anormale Objekte ausgerichtet und dadurch notwendigerweise modifiziert. Aber wenn *jedes* zärtliche Gefühl für Personen des eigenen Geschlechts oder Tiere nichts als die durch die neuen Umstände modifizierte sexuelle Verhaltensweise ist, worin besteht dann der Unterschied? Wie können wir zwischen Freundschaft und Perversion unterscheiden? Der Irrtum ist auf ein Mißverständnis darüber zurückzuführen, was eigentlich Instinkt ist. Der Instinkt ist eine bestimmte angeborene Verhaltensweise oder eine Kette von durch die Erfahrung bedingten oder modifizierten Reflexen. Das Wort «Liebe», wie man es gemeinhin gebraucht, schließt solche modifizierten Verhaltensweisen ein wie Freude über die Anwesenheit anderer, stärkeres Empfinden für einen Menschen als für einen andern, Großzügigkeit gegenüber Menschen, der Wunsch, sie zu sehen, und verschiedene andere Formen eines liebevollen Verhaltens, das Psychologen nur trocken und umständlich beschreiben können. Es schließt auch das Verlangen nach Geschlechtsverkehr ein. Nur solche Verhaltensweisen, bei denen dies letzte eine Komponente bildet, sollten sexuelle Liebe genannt werden, und anzunehmen, daß all die anderen Formen der Zuneigung ein unterdrücktes Verlangen nach Geschlechtsverkehr enthalten, was grob ausgedrückt der Freudsche Standpunkt ist, hieße den Vorschlag des Weißen Ritters akzeptieren:

«... seinen Bart grün zu färben und dann
sich mit einem so großen Fächer zu fächeln,
daß man den Bart nicht sehen kann.»

Wie das Tier ist auch der Mensch ein Geschöpf, dessen angeborene Verhaltensweisen durch die Erfahrung modifiziert werden, gewöhnlich «zum besseren», das heißt so, daß er mit der Wirklichkeit besser fertig wird. Diesen Prozeß nennt man Lernen. Wir lernen bei unseren Liebesreaktionen genauso wie bei anderen Reaktionen. Diesen Prozeß Hemmung oder Unterdrückung nennen, heißt den Prozeß der Entwicklung auf den Kopf stellen.

Natürlich sind sexuelle und gefühlswarme Verhaltensreaktionen sehr eng miteinander verbunden, und jede enthält Bestandteile, die beiden gemeinsam sind. Aber da allen Verhaltensweisen des Organismus ein Körper mit einem zentralen Nervensystem gemeinsam ist, liegt es auf der Hand, daß alle seine Verhaltensweisen eine große Anzahl gemeinsamer Komponenten enthalten müssen. Schnelles Laufen kann zum Beispiel bei jedem Tier als Teil des sexuellen Verhaltens oder der Selbsterhaltung (Furchtverhalten) erscheinen. Es folgt daraus nicht, daß ein Instinkt der modifizierte, unterdrückte oder gehemmte andere Instinkt ist.

Sobald wir unser Hirn von den mythologischen Entitäten dieser voneinander getrennten Instinkte befreien, die wie verschiedene, in die Brust des Tieres oder des Menschen eingepflanzte Seelen sind, werden wir in diesem Punkt klarer sehen.

In den «Trieben» ist die ungebärdige Seele – der kleine Zwerg, der in dem Marionettenkörper sitzt und an den Drähten zieht – zur Psychologie zurückgekehrt. Bei Freud fungiert dieser Zwerg unter der Bezeichnung Libido oder ewiger Eros in der sonderbarsten Weise als eine Art Symbolisierung der bürgerlichen Vorstellungen von Freiheit, wie Rousseaus natürlicher Mensch. Die unglückliche Libido wird in der grausamsten Weise durch die Struktur der Gesellschaft ausgebeutet, unterdrückt und in Ketten gelegt, und unter Qualen gebiert sie alle möglichen soziologischen und ideologischen Phänomene. All dies ist einfach die

Rückkehr zu der alten naturphilosophischen Vorstellung von einer inneren Lebenskraft mit ewigen Begierden und eigenen Zielen.

Diese Vorstellung führt Freud zu der Annahme, was immer aus einer Sache werde, es bleibe doch die gleiche Sache, wenn auch gehemmt oder sublimiert. Das aber heißt jede Änderung leugnen. Wenn Erde zu einer Rose wird, ist diese Rose nicht nur gehemmte und sublimierte Erde. Sie ist zweifellos immer noch aus den gleichen Bestandteilen zusammengesetzt, aber sie ist auch eine Rose mit eigenem Charakter, eigenen Eigenschaften und Gesetzen. Sogar hier begeht Freud einen neuen Irrtum. Wenn das, was von einem Ding abgeleitet wird, nichts weiter als dieses Ding ist, dürften wir nicht sagen, daß soziale Beziehungen nichts als sexuelle Beziehungen sind. Wir sollten sagen, daß sexuelle Liebe nichts als eine soziale Beziehung ist. In der Entwicklung gehen primitive soziale Beziehungen primitiven sexuellen Beziehungen voraus, wenn folgende Betrachtungen richtig sind:

Es wird allgemein angenommen, daß die Ontogenese im ganzen der Phylogonese entspricht. Bevor das Kind zur sexuellen Liebe gelangt, erlebt es erst die einfache Stoffwechselbeziehung zwischen Mutter und Fötus, bei der von sexueller Liebe nicht die Rede sein kann, denn hier gibt es keine erotogenen Zonen. Das ist eine ökonomische Beziehung zwischen Mutter und Kind. Der nächste Schritt ist kindliche Liebe mit erotogenen Zonen, aber nicht mit eindeutig sexuellem Verhalten. Schließlich erscheinen in der Krise der Adoleszenz die eindeutigen sexuellen Reflexe. Man wird das Argument anführen, daß die sexuelle Verschmelzung von Eizelle und Spermatozoon diesen Stadien vorausgeht. Aber das sind protozoische Beziehungen, und der Mensch ist ein metazoisches Wesen. In den Metazoen folgen sexuelle Beziehungen auf die einfacheren sozialen Beziehungen der Erzeugung und der Ernährung.

In jedem Fall gilt dasselbe von Protozoen. Die Voraussetzung für die Verschmelzung von Eizelle und Spermatozoon ist die Erzeugung von Eizellen und Spermatozoen. Das ist ein asexueller Vorgang und ein Teil der inneren asexuellen Ökonomie der Körperzellen, die durch ein Stoffwechselsystem miteinander verbunden sind, das deutlich ökonomisch ist. Die Beziehungen der primären Geschlechtszellen sind deshalb asexuell, bevor sie sexuell sind. Aber das ist bei allen Protozoen so, selbst bei denen, die keine Metazoen werden. Asexuelle Beziehungen zwischen ihnen gehen stets den sexuellen voraus, die als eine Art später Differenzierung aus ihnen erwachsen. Das muß offen-

sichtlich so sein. Bevor die Vermehrung durch sexuelle Verschmelzung vor sich gehen kann, muß eine Vervielfältigung durch Zellteilung stattfinden, denn mathematisch gesehen kann man nicht durch Vereinigung aus einer Zelle viele erhalten. Zuerst muß eine Zellteilung stattfinden, und die Zellteilung erfordert einen zusätzlichen Anabolismus, der wiederum eine primitive ökonomische Basis notwendig macht. Diese Betrachtungen zeigen deutlich, daß auf der Grundlage des «Nichts-anderes-als» sexuelle Liebe *nichts anderes als* eine soziale Beziehung ist. Aber natürlich ist das Zurückführen auf «Nichts-anderes-als» irrig. Sexuelle Liebe ist in der Menschheit etwas mehr als die angeborene Reaktion, die eine Vereinigung männlicher und weiblicher Zellen bewirkt. Soziale Beziehungen zwischen den Menschen sind etwas mehr als der Stoffwechsel, der die Zellen einer metazoischen oder einer Volvox-Kolonie koordiniert. Leidenschaftliche Liebe und sozialer Altruismus sind die Ergebnisse langer Perioden geschichtlicher Veränderung, und diese Veränderung ist wirklich; es ist nicht so, daß die alten ewigen Dinge geblieben sind und sich nur getarnt haben. Aber wie ein moderner Parmenides scheint der Verhaltensforscher zu zögern, die Wirklichkeit des «Werdens» anzuerkennen.
Die einfacheren Beziehungen zwischen Zellen, wie sie sich im gewöhnlichen metazoischen Körper oder in den Ansammlungen asexueller Protozoen zeigen, die man Kolonien nennt, sind primitive soziale oder ökonomische Beziehungen und bilden die Grundlage, auf der sich die Produktionsverhältnisse und Produktivkräfte der menschlichen Gesellschaft entwickelt haben. Aber es folgt daraus nicht, daß sie «dasselbe» sind, das nur in anderen Medien ausgeführt wurde. Sie sind das, was sie sind, unterliegen nur ihren eigenen bestimmten Gesetzen. Der einzelne Körper hat mit der Gesellschaft das eine gemeinsam: die Beziehungen zwischen den Zellen des menschlichen Körpers sind ökonomischer Art, es gibt eine Arbeitsteilung, zentrale Kontrolle, Austausch von Erzeugnissen und so weiter. Das Einzelne ordnet, wenn notwendig, seine Interessen dem Ganzen unter. Wie bei allen sozio-ökonomischen Beziehungen erreichen die Zellen gemeinsam mehr als einzeln. Aber der Körper unterliegt biologischen, die Gesellschaft soziologischen Gesetzen.
Die Geschlechtszellen treten zur Zeit der Pubertät in Erscheinung, nachdem der metazoische Körper einige Zeit lang ein gesellschaftlicher Organismus gewesen ist. Die Sexualität ist deshalb eine Art Luxus, sie tritt zu einem späten Zeitpunkt auf, als eine besondere Modifizierung sozial-ökonomischer Beziehungen. *Sexuelle Liebe ist eine modifizierte soziale Beziehung.* Der Al-

truismus zum Beispiel ist nicht, wenn er gesellschaftlich demonstriert wird, das Ergebnis einer Identifizierung des Ichs mit dem geliebten Wesen und deshalb eine besondere Form der sexuellen Liebe, wie Freud behauptet. Der Altruismus erscheint in seiner primitiven und grundlegenden Form, der Opferung eines Individuums für andere, lange vor der sexuellen Liebe, als Teil des ökonomischen Stoffwechselvorgangs in den Zellen des menschlichen Körpers, und ist frei von Sexualität. Aber bei einem Menschen ist bewußter Altruismus nicht nur die unbewußte «Selbstopferung» eines weißen Blutkörperchens. Er ist eine neue Qualität, die auf einer alten Quantität beruht. Und sexuelle Liebe ist eine neue Qualität, die sich aus den einfacheren sozio-ökonomischen Beziehungen, die ihr voraufgingen, herausdifferenziert hat.

Differenzierung setzt Verschiedenheit voraus. Obgleich die sexuelle Liebe als eine späte Entwicklung sozio-ökonomischer Beziehungen die Eigenschaften ihrer Basis in sich zusammenfaßt, enthält sie auch etwas spezifisch Neues. Die sexuelle Liebe ist kein Luxus, der nur für sich selbst existiert, sondern sie kehrt wieder zu den sozialen Beziehungen zurück, aus denen sie hervorgegangen ist, und macht sie zu etwas anderem, als sie vorher waren. Und so verändert, nähren sie ihrerseits reichlicher das neue Ding, das in ihnen verwurzelt ist. Beide erhellen einander, denn es ist klar, daß die sexuelle Liebe, die im Grunde eine Kette einfacher Rückenmarkreflexe ist – wie durch Experimente mit Meerschweinchen bewiesen wurde, denen man das Gehirn entfernt hat –, bei den Menschen eine Reihe von ökonomischen Beziehungen an sich gezogen hat und durch sie bereichert wurde. Der Geschlechtsakt muß diese Verknüpfung von Beziehungen nicht unbedingt einschließen, und bei den niederen Organismen ist das auch nicht der Fall. Der Geschlechtsverkehr muß nicht unbedingt mit den Beziehungen verflochten sein, die sich aus der Aufzucht des Nachwuchses ergeben, wie im menschlichen Familienleben, und auch nicht mit den Beziehungen, die daraus entstehen, daß man seinen Lebensunterhalt verdient, einen Hausstand unterhält und Freundschaften schließt, wie in der menschlichen Ehe. Aber gerade *weil* der Geschlechtsverkehr mit diesen Beziehungen verflochten ist, ist er wie eine Wärmequelle, die ihre Wärme auf diese Beziehungen ausstrahlt, und diese ihrerseits werden zum Brennstoff, der ihn nährt, ihn bereichert und entwickelt. Das Ganze bildet ein kunstvolles System, einen Teil des Gesellschaftsgewebes, und das kunstvollere Muster, das sich aus diesen wechselseitigen Verflechtungen ergibt, zeigt, daß die Freudsche Auffassung, soziale Beziehungen seien modifizierte sexuelle Liebe, den Prozeß des Werdens umkehrt.

Die Evolution der Sexualität war von größter Bedeutung in der Geschichte der Organismen. Für primitive Stoffwechselbeziehungen, wie jene, die zwischen den Zellen metazoischer Körper bestehen, ist eine totalitäre Unbarmherzigkeit charakteristisch, für die das Individuum als solches nicht existiert. Die einzelne Zelle ist dem Organismus als ganzem vollständig untergeordnet. Das ist zwangsläufig der Fall, weil die Zelle noch kein unabhängiges Einzelwesen, sondern lediglich ein Teil der Elternzelle ist, der sich differenziert und von ihr gelöst hat. Das bedeutet, daß sie der Elternzelle fast völlig gleich ist, so daß solche Zellen, solange sie zur Spaltung imstande sind, etwas wie Unsterblichkeit besitzen, da die Kinder den Eltern fast völlig gleichen. Es ist deshalb auch entsprechend schwierig für das Neue, überhaupt zu entstehen. Generation auf Generation wiederholt das gleiche Muster. Alle Mängel werden reproduziert. Die Elternzelle hat saure Trauben gekostet, und deshalb sind die Enkel unweigerlich nervös gemacht worden.

Das Auftreten der Sexualität durchbricht die schale Routine der Gewohnheit. Sie bedeutet deshalb die Enstehung der Individualität innerhalb des Umkreises der Gesellschaft. Jetzt entsteht etwas spezifisch Neues, weil das Kind keinem Elternteil mehr völlig gleicht, sondern, indem es eine Auswahl von Genen beider Eltern in sich vereinigt, ein von beiden verschiedenes Wesen sein wird. Überdies wird jedes Kind, da bei ihm die Auswahl der Gene anders ist, ein wenig anders sein, und so können schlechte Eigenschaften durch natürliche Auslese ausgemerzt werden. Nicht alle Kinder sind nervös. Die Skala der Eigenschaften vermehrt sich beim Abkömmling. Einige Abkömmlinge werden zweifellos viel schlechter sein als der Sproß eines asexuellen Erzeugers, weil sie die Mängel beider Eltern in sich vereinigen, aber andere werden besser sein, und die natürliche Auslese wird mit einer breiteren Skala von Möglichkeiten arbeiten können. Es ist, als sei Gutes in die Welt gekommen durch die Fortpflanzung des Bösen, und muß dies nicht der Fall sein, wenn wir die Identität der Gegensätze ernstnehmen?

Gleichzeitig ist der Tod in die Welt gekommen. Liebe, die Spenderin der Individualität, ist auch die Spenderin des Todes, der Antithese der Persönlichkeit. Deshalb scheinen der Lebenstrieb und der Todestrieb, Eros und Thanatos, so eng miteinander verbunden, nicht deshalb, weil sie spezifische Triebe sind, wie Freud meinte, sondern weil der Tod die Liebe begrenzt. Die durch einfache Zellteilung gesicherte Unsterblichkeit primitiver Zellen verschwindet, wenn diese Zellen sich paaren und laichen. Die Eltern leben nun in ihren Kindern nur in einer provisorischen und halbherzigen Weise fort.

Das ist so etwas wie ein Preis, den das Leben für größere Mannigfaltigkeit zahlt, dafür, daß es das geworden ist, was wir unter Leben verstehen. Den Zeiger der Zeit zur Eile antreibend, zahlen wir für größere Lebensfülle und Vielfältigkeit mit der unschätzbaren Münze des Todes. Ihren Kindern, die nicht länger einfache Knospen der Eltern sind, können die einzelnen Zellen eine größere Lebensfülle und größere Differenziertheit hinterlassen, aber nur, indem sie ihnen die Hälfte ihres genetischen Anteils abgeben und ihre Fast-Unsterblichkeit aufgeben. Erst dort, wo es sexuelle Liebe und wirklichen Tod gibt, kann man von «Persönlichkeiten» und «Individuen» sprechen; andere Zellen sind Knospen. Die Geburt einer neuen Persönlichkeit verlangt den Tod der alten. Dieses «Ich», das stirbt, wird vom Tod geschaffen.

Die sexuelle Liebe tritt nichtsdestoweniger egoistisch auf. Geschlechtszellen lehnen die koloniehafte und gesellschaftliche Bindung der ungeschlechtlichen Vermehrung zugunsten einer engen ausschließlichen Bindung zwischen nur zwei Zellen ihrer Art ab. Sie sind Luxuszellen, die in der ökonomischen Produktion des metazoischen Körpers keine Rolle spielen. Und ähnlich hat auch die sexuelle Liebe im gesellschaftlichen Leben einen egoistischen Aspekt. Die Liebenden wenden sich von der Gemeinschaft ab, sie haben das Bedürfnis, allein zu sein, für sich, einander zu genießen. So erscheint die sexuelle Liebe in der Gesellschaft als eine auflösende Kraft.

Die gesellschaftliche ungeschlechtliche Zelle ist fest in den Plan des Organismus eingeordnet. Sie arbeitet unermüdlich, sie sekretiert oder vibriert oder stirbt für das Wohl der Gemeinschaft. Verglichen mit ihr erscheint die Geschlechtszelle in der Gemeinschaft etwa wie der selbstsüchtige Lüstling neben dem schwerarbeitenden Asketen. Die Geschlechtszelle reagiert mit ihrem ganzen Sein auf etwas, was nur durch die Befriedigung lockt, die es dem Individuum verschafft. Liebe scheint selbst in ihrem die anderen berücksichtigenden Aspekt etwas wie ungeheure Selbstsucht zu sein, die auf das geliebte Wesen projiziert wird. Aber das ist nicht die ganze Wahrheit. Dieselbe selbstsüchtige Zelle gebiert etwas, was vorher unbekannt war – Individualität. Die Zelle, die durch die Erfindung der Sexualität zeitweilig von dem eisernen Plan des organischen Stoffwechsels erlöst war, wird durch diesen Akt in ihrem Verhalten bereichert.

Es ist der Beginn jener Individuation, die beim Menschen zur Bewußtheit führt. Das sexuelle Verhalten läßt ein neues Modell entstehen. Einerseits werden die Geschlechtszellen, indem sie die Forderungen der «Gesellschaft» ignorieren, dadurch dazu gebracht, ihr Selbst zu bereichern und vielseitiger zu gestalten. Und was noch wichtiger ist, diese eindeutig sexuelle Partnerschaft bewirkt schließlich die Aufhebung beider Persönlichkeiten in der Geburt neuer Individualitäten, deren Charaktere durch eine Auswahl von Genen beider Eltern geformt werden und sich deshalb von jedem der Elternteile unterscheiden. Die sich selbst opfernde Zelle hat die Möglichkeit dauernder Unsterblichkeit als Belohnung für ihre Selbstopferung. Die Geschlechtszelle erkauft ihre eine kurze Stunde herrlichen Lebens mit einem ganzen anonymen Zeitalter, und doch, eben durch diesen Tod und dieses Leben, hat sie die Möglichkeiten des Individualismus geschaffen.
Das ist jedoch eine allzu anthropomorphische Betrachtungsweise. Solange die Ungeschlechtlichkeit vorherrscht, ist es unmöglich, überhaupt von Individualität zu sprechen. Sind die Blätter eines Baumes individuell? Nein, sie sind Teil des einen Baumes. Genauso ist jede Zelle des metazoischen Körpers ein Teil der anderen Zellen, obwohl sie räumlich von ihnen abgetrennt ist. Diese haben sich durch einfache Zellteilung auseinandergebildet. Deshalb erhebt sich hier weder die Frage der Selbstopferung noch die Frage der Unsterblichkeit. Die ungeschlechtliche Zelle hat kein «Selbst» zu opfern, Unsterblichkeit ist bedeutungslos ohne persönliche Unsterblichkeit, und die ungeschlechtliche Zelle hat keine Persönlichkeit.
Die Unsterblichkeit ist keine höhere Art von Sterblichkeit, kein ins Unendliche verlängertes Leben, kein unendliches persönliches Am-Leben-Bleiben. Sie ist der primitive Zustand, aus dem sowohl die Sterblichkeit wie die Persönlichkeit hervorgingen. Wenn die Idee des Lebens für uns fast bedeutungslos und nur das Leben eines Individuums wichtig ist, müssen wir sagen, daß der Tod das Leben bewirkt; beide sind Aspekte derselben Differenzierungsvorgänge. Alle Sehnsucht nach Unsterblichkeit, die so menschlich und so verständlich ist, ist dennoch eine Sehnsucht nach Rückschritt, nach der Rückkehr zu einem primitiven, unbewußten Sein, um die schwere Verantwortung des Bewußtseins, der Liebe und der Individualität von uns abzuwälzen. Alle Vorstellungen von der Unsterblichkeit als endloses Am-Leben-Bleiben von Persönlichkeiten, die in vertrauter Umgebung umhergehen, haben für den menschlichen Verstand etwas merkwürdig Unwirkliches. Die einzigen Vorstellungen von Un-

sterblichkeit, die, selbst wenn sie unmöglich sind, vernünftig scheinen, sind die buddhistischen und hinduistischen Vorstellungen von der Unsterblichkeit als einem Verschmelzen mit dem Absoluten, dem Nirwana, einem seinslosen primitiven Schlaf. Und genau das ist Unsterblichkeit: eine Rückkehr zum blinden, unbewußten primitiven Sein, ja noch weiter zurück zur Zeitlosigkeit der unsterblichen Materie. Weil das Leben angesichts irgendeiner schwierigen Situation stets dazu neigt, auf eine Lösung zurückzuverfallen, die in einem früheren Entwicklungsstadium zustande gekommen ist, zieht diese Idee der Unsterblichkeit den Menschen vor allem an, wenn er sich unterlegen oder niedergeschlagen fühlt.

Dieses Verhältnis zur Unsterblichkeit ist nicht sosehr Furcht vor dem Tod als vielmehr eine besondere Art defätistischer Ergebung in den Tod, wie im späten Ägypten und in den Geheimkulten des Orients. Ein schwacher Glaube oder ein vollständiger Nicht-Glaube an die Unsterblichkeit bewirkt nicht nur keine Ergebung in den Tod, sondern zwangsläufig eine lebhafte Abneigung gegen ihn. Alle geschlagenen, niedergedrückten, in Furcht lebenden Menschen, alle versklavten und enteigneten Klassen suchen Trost in einem zweiten unsterblichen, zeitlosen Leben. Die biologische Unsterblichkeit, die sich in Persönlichkeit und Tod spaltet, erzeugt zwei einander abstoßende Gegensätze: je inhaltsreicher unser Leben ist, desto abstoßender erscheint uns der Tod, und dies so schmerzhafte Abgestoßenwerden erzeugt dennoch Vergnügen, denn es zwingt uns, unserem nun wertvoll gewordenen Leben Fülle und Vielfalt zu geben, große Mengen Zeit und Tätigkeit zu erraffen, Ziele zu erreichen, zu erobern, zu lieben und zu leiden, bevor wir sterben. Das alles bewirkt der Tod, die Negierung des Lebens. Frühling, Jugend, Gesundheit sind gerade deshalb so kostbar, weil sie vergänglich sind.

«Und hinter mir höre ich immerfort
den geflügelten Triumphwagen der Zeit näherkommen.»

Die menschliche Gesellschaft unterscheidet sich von der einfachen Stoffwechselgesellschaft somatischer Zellen, weil sie mehr als metabolisch, weil sie auch individualistisch ist. Das Individuum gibt, obwohl es offensichtlich im Gegensatz zur Gesellschaft steht, dieser Gesellschaft dennoch ihre innere Triebkraft, und wiederum bewirkt die Gesellschaft durch ihre innere Entwicklung die Individuation ihrer einzelnen Glieder.

Die Insektengesellschaft unterscheidet sich hier von der Menschengemeinschaft. In ihr hat ein Rückschritt zu einer relativen

Unsterblichkeit stattgefunden. Die Arbeiter sind alle entsexualisiert worden. Sie haben ihre Individualität verloren und sind beinahe in den Status somatischer Zellen zurückgefallen. Die sonderbare Beziehung zwischen den Gliedern eines Bienenstockes oder eines Ameisenhaufens ist nicht erstaunlich, wenn wir in ihnen im Grunde genommen Teile des einen Körpers sehen, Tochterzellen der Königin. Aber dieser Rückschritt, diese Entindividuation führt zur Stagnation, verglichen mit der menschlichen Gesellschaft. Alle Kräfte der Veränderung und des Individualismus konzentrieren sich in der genetischen Veränderung der wenigen geschlechtlichen Mitglieder. Deshalb ist es eine langsame Veränderung. Insektengesellschaften haben beinahe aufgehört zu leben. Immun gegen die verändernde und dennoch lebendige Hand der Zeit, haben sie etwas von der langweiligen Unsterblichkeit des Diamanten.

In der menschlichen Gesellschaft jedoch ist der nie endende Krieg zwischen individuellen und ökonomischen Beziehungen, zwischen Liebe und Stoffwechsel, die Quelle ständigen gesellschaftlichen Fortschritts. Die Sexualität trug, weil sie die Individualität hervorbrachte, auch zum Entstehen des Bewußtseins bei. Der Stoffwechsel (die Produktivkräfte) ändert sich ständig, und diese Änderung führt zu einer Spannung in den Produktionsverhältnissen. Aber dieser Konflikt, der sich durch die ganze Gesellschaft zieht, wird in einer charakteristischen Form in der Sphäre des menschlichen Fühlens empfunden, im menschlichen Bewußtsein, weil Bewußtsein im Grunde etwas Affektives ist. Er wird so empfunden, als seien es äußere Kräfte in der Gesellschaft, die das Gefühlsleben der Menschen verkümmern lassen oder frustrieren, als werde das Leben glanzlos oder grausam. Denn die Produktionsverhältnisse sind soziale Beziehungen, und in ihnen wird bewußte gefühlsmäßige Anteilnahme erzeugt.

Die sexuelle Liebe selbst wird durch ökonomische Beziehungen ständig bereichert und verändert, während gleichzeitig ökonomische Beziehungen neue Wärme und Vielfalt durch die Liebe gewinnen. Jedem Stadium der ökonomischen Entwicklung entspricht eine reichere, subtilere, sensitivere Verhaltensweise, die mit sexueller Liebe verbunden ist. Zur bürgerlichen Kultur gehört leidenschaftliche Liebe, zur Kultur des Feudalismus die romantische oder ritterliche Liebe und zu der auf Sklavenhaltung beruhenden griechischen Kultur die platonische Liebe.

Unserer Generation erscheint die Verbindung zwischen ökonomischen Beziehungen und sexueller Liebe willkürlich, nicht weil

unsere Vorstellung von Liebe zu erhaben ist, sondern weil unsere Vorstellung von ökonomischen Beziehungen zu bürgerlich ist. Die bürgerliche Zivilisation hat die sozialen Beziehungen auf die kommerziellen Beziehungen reduziert. Sie sind von jeglichem Gefühl entleert worden. Für den Psychologen scheint die ganze Welt an einem Mangel an Liebe zu leiden, und das Bedürfnis nach Liebe tritt in einer kompensatorischen und pathologischen Form als Neurose, Haß, Perversion und Unrast auf.
Selbst heute können wir in jenen wenigen ökonomischen Beziehungen, die noch in ihrer vorbürgerlichen Form erhalten sind, Zärtlichkeit als den Grundzug der Beziehung erkennen. Der Warenfetischismus, der in einer Beziehung zwischen Menschen nur eine Beziehung zwischen Sachen sieht, hat diese Zärtlichkeit noch nicht verdorren lassen. Das zeigt deutlich die ökonomische Beziehung der Mutter zu ihrem Fötus, des Kindes zu Vater oder Mutter und umgekehrt, die ihre primitive Form behalten hat. In schwächerer Form ist diese Zärtlichkeit in der Beziehung des Lehrers zu seinem Schüler, der Erzieherin zum Kind, des Dienstboten zu seinem Herrn oder seiner Herrin und in den wenigen noch vorhandenen Beispielen einer feudalen Beziehung zwischen Gebieter und Gefolgsmann erkennbar.
Wo aber findet man diese Zärtlichkeit in den bürgerlichen Beziehungen, die unsere Kultur als Ersatz dafür anbietet – den Beziehungen zwischen Kapitalist und Arbeiter, Hoteldiener und Gast, dem Gründer einer Aktiengesellschaft und dem Aktienbesitzer, dem Verfasser von Handelskorrespondenz-Lehrbüchern und dem Streber? Diese Zärtlichkeit, die aus allen anderen Beziehungen vertrieben worden ist, wird heute gesammelt und auf vage mystische Weise nutzbar gemacht als die bindende Kraft der einen sozialen Beziehung des «In-der-gleichen-Lage-Seins». Das ist eine echte soziale Beziehung – man wird in einem Zwangssystem von einer herrschenden Klasse ausgebeutet –, aber es ist nicht wahrscheinlich, daß diese Beziehung in ihrer genannten Form Zärtlichkeit hervorbringen wird. Deshalb ist es notwendig, die nackte Beziehung durch eine fiktive zu ersetzen – eine fiktive «Rasse», eine wunderbar glückliche Familie oder die Galionsfigur eines Königs oder Führers, dessen Weisheit, staatsmännische Kunst und Charakter als halb göttlich angesehen werden, selbst wenn seine Stellung konstitutionell die eines Gummistempels ist. Durch dieses Mittel wird eine mächtige «participation mystique» gesichert. Wie Faschismus und Nazismus zeigen, ist der Patriotismus um so glühender und mythologischer, je schärfer die Ausbeutung ist – je herz- und gefühlloser die Beziehungen, desto größer der Aufwand an

heuchlerischem Gefühl. Das ist charakteristisch für entwickelte bürgerliche Beziehungen. Bei primitiven Beziehungen innerhalb einer Gruppe ist, wie die Forschungen von Anthropologen beweisen, die ökonomische Produktion unlösbar mit gesellschaftlicher Anteilnahme verknüpft. Zwischen Stämmen, zwischen Herrscher und Untertan oder zwischen verschiedenen Mitgliedern einer Gruppe erscheint die ökonomische Beziehung als ein Austausch von Geschenken, als ein Tribut der Zuneigung im buchstäblichen Sinne. Es ist die Liebe, die die Gaben begleitet; sie ist die Gebende, der wesentliche ökonomische Faktor. Viele primitive Transaktionen, die dem frühbürgerlichen Beobachter wie ein bürgerlicher Tausch vorkamen, bei dem jede Seite so viel wie möglich für so wenig wie möglich zu erlangen versuchte, werden jetzt von schärfer sehenden Beobachtern als das genaue Gegenteil erkannt: jede Seite versucht, die andere Seite durch ein Übermaß an Geschenken in Verlegenheit zu bringen. Der Melanesier setzt, wie man herausgefunden hat, seinen Stolz darein, für seinen Onkel mütterlicherseits oder seinen Häuptling mehr Yam-Wurzeln als jeder andere beizusteuern. Der nordamerikanische Indianer demonstriert seinen gesellschaftlichen Wert beim Potlatch (einem Fest, bei dem die Gäste beschenkt werden und alle Teilnehmer miteinander wetteifern, Dinge zu zerstören, die ihnen gehören, um ihren Reichtum zur Schau zu stellen), indem er sich selbst ruiniert. Diese Auffassung von der ökonomischen Beziehung als einer gefühlvollen Beziehung und eines geeigneten Mediums für Großmut und Altruismus finden wir in barbarischen und sogar in feudalen Verhältnissen. Wir dürfen sie nicht idealisieren oder uns einbilden, daß die einfache Freundlichkeit des Wilden das gleiche ist wie unsere entwickeltere, subtilere und geistigere Emotion. Aber es ist genauso falsch, durch Verdrehen und Strapazieren der Fakten den verschiedenen primitiven ökonomischen Beziehungen, die auf dem Gebiet der Landwirtschaft, der Jagd und des Landbesitzes bei den primitiven afrikanischen, amerikanischen und ozeanischen Rassen bestehen, eine zynische bürgerliche Interpretation zu geben.

Für alle spezifisch bürgerlichen Beziehungen ist es charakteristisch, daß sie jeder Gefühlswärme ermangeln, weil es Gefühlswärme nur zwischen Menschen geben kann, und im Kapitalismus scheint es nur Beziehungen zwischen einem Menschen und einer Ware zu geben.

Die Beziehung des Zunftmeisters zu seinem Gesellen, des Sklavenhalters zum Sklaven auf seiner Pflanzung, des Herrn zum Leibeigenen, des Königs zu seinen Untertanen war eine

Beziehung zwischen Mann und Mann, und obwohl sie keine Zusammenarbeit bedeutete, sondern eine Beziehung zwischen Herrscher und Unterworfenem, zwischen Ausbeuter und Ausgebeutetem darstellte, war es eine menschliche Beziehung. Sie hatte eine unangenehme Ähnlichkeit mit der Beziehung zwischen einem Mann und seinem Hund, aber wenigstens war sie nicht gefühllos. Wie kann sich aber in die Beziehungen einer Gruppe von Aktienbesitzern zu den Angestellten einer Gesellschaft mit beschränkter Haftung je auch nur soviel Gefühlsbeteiligung einschleichen? Oder in die Beziehung indischer Kulis zu britischen Teetrinkern? Oder in die einer bürgerlichen Bürokratie zum Proletariat?

Was die bürgerlichen Beziehungen betrifft, so ist die einzige anerkannte legale soziale Beziehung zwischen Erwachsenen der Vertrag, der gebrochen werden kann, wenn man dafür zahlt. Nichts kann von einem Menschen erzwungen werden als die Zahlung von Geld, sogar einer Heirat kann man durch eine angemessene finanzielle Entschädigung entgehen. Der Mensch ist völlig frei, außer was die Bezahlung angeht. Das ist der offen zutage tretende Charakter bürgerlicher Beziehungen. Unter der Oberfläche ist es anders, denn die Gesellschaft kann nur eine Beziehung zwischen Menschen sein, nicht zwischen Mensch und Sache, nicht einmal zwischen Mensch und Geld. Die bürgerliche Gesellschaft glaubt, diese Beziehung sei der Punkt, um den sich alles dreht, aber, wie Marx bewies, gibt es in der bürgerlichen Gesellschaft immer noch eine Beziehung zwischen Menschen, zwischen Ausbeutern und Ausgebeuteten. Sie ist das Mittel für eine ganz besondere Art von Ausbeutung. Es ist ein bürgerlicher Traum, daß der Mensch vollständig frei wird, wenn man die feudale Sklavenhaltung oder primitive Beziehungen zwischen Menschen durch die Beziehung zu einer Sache ersetzt. Aber dieser Traum ist eine Illusion. Da der Mensch nur durch soziale Beziehungen frei wird, bedeutet das, daß der Bürger vor Fakten die Augen schließt. An die Stelle bewußter, geplanter sozialer Beziehungen setzt er unbewußte, ungeplante soziale Beziehungen, die, wie alle unbewußten Kräfte, blindlings und unheilvoll wirken.

Dennoch war der Bürger entschlossen zu glauben, daß der Markt die einzige soziale Beziehung zwischen Mensch und Mensch sei. Das bedeutete, daß er es ablehnen mußte, zu glauben, Liebe sei ein wesentlicher Bestandteil einer sozialen Beziehung. Er unterdrückte diese weichen Gefühle in seinem gesellschaftlichen Bewußtsein. Am Ende wird daraus der Verrat des Menschen an seiner Fähigkeit zu lieben, das Auftreten der Liebe in Form von Neurosen, Haß und Wahnvorstellungen, die der Psychoanalytiker überall beim bürgerlichen Menschen entdeckt. In einer Hinsicht war der Married Woman's Property Act eine Charta der Freiheit für Frauen. In anderer Hinsicht war er nur eine Charta der bürgerlichen Unterdrückung, die Anerkennung des Umstands, daß bei den ökonomischen Beziehungen zwischen Mann und Frau nicht mehr Gefühle mitspielten, sondern daß sie nunmehr eine reine Geldangelegenheit waren.

In ihren frühen Stadien geben die bürgerlichen Beziehungen, indem sie den Individualismus stärken und vertiefen, der sexuellen Liebe eine besondere Intensität. Bevor sie sich als reine Geldbeziehungen herauskristallisieren, scheinen die bürgerlichen sozialen Beziehungen einfach die Forderung des Menschen nach Befreiung von überholten gesellschaftlichen Bindungen auszudrücken, und diese Forderung nach Individualität ist dann eine progressive Kraft. Die sexuelle Liebe erhält nun, wie man in der Kunst deutlich sehen kann, einen besonderen Wert als der Ausdruck der Individualität *par excellence*. Die charakteristische Errungenschaft der bürgerlichen Kultur tritt in Erscheinung, die leidenschaftliche Liebe, die sowohl romantisch wie sinnlich ist, wohingegen die griechische wie die mittelalterliche Kultur sich romantische und sinnliche Liebe nur als einander ausschließende Gegensätze vorstellen konnte. Leidenschaftliche Liebe bereichert das Gefühl und das bewußte Leben. Darüber hinaus bereicherte dieses Verlangen nach Individualität, solange es revolutionär und schöpferisch war, auch andere Formen der Liebe. Es gab den Menschen eine neue Aufgeschlossenheit füreinander, die sich als gefühlsbetontes Interesse für die Freiheit des anderen, für den persönlichen Wert des anderen äußerte. So entstand im Frühling der bürgerlichen Kultur die leidenschaftliche sexuelle Liebe und das gefühlsbetonte Interesse an der «Freiheit» – und der individuellen Kontur – anderer Mitglieder der Gesellschaft. Alle beide sind echte Bereicherungen, welche die Zivilisation jetzt nicht einbüßen darf.

Dennoch trat der Widerspruch in den sozialen Beziehungen der bürgerlichen Gesellschaft, daß privater Vorteil gleichbedeutend sei mit dem Wohl der Gemeinschaft, daß Freiheit individuell *und* antigesellschaftlich angestrebt werde, zwangsläufig bald zutage. Der Mensch kann nicht leben, ohne Beziehungen zu anderen Menschen zu unterhalten, und die bürgerliche Forderung, er solle das tun, bedeutete lediglich, daß diese Beziehungen als Beziehung zu Waren maskiert wurden. Als diese sich entwikkelnde Beziehung den Industriekapitalismus und den modernen bürgerlichen Staat schuf, sog sie jegliche Gefühlswärme aus allen gesellschaftlichen Beziehungen. Zu guter Letzt beeinträchtigte sie sogar die sexuelle Liebe und begann ihr gerade diejenigen Bereicherungen zu nehmen, die sie den gefühlsbetonten gesellschaftlichen Beziehungen verdankte. Leidenschaftliche bürgerliche Liebe ist heute wie eine Blume, die ein Blütenblatt nach dem andern verliert. Diese Blütenblätter sind die Verhaltensmodelle, die von den bürgerlichen gesellschaftlichen Beziehungen abgeleitet wurden, welche auf die sexuelle Liebe übertragen und von ihr umgewandelt und erwärmt worden sind, so wie die farbenfrohen Blütenblätter der Blume aus umgewandelten grünen Blättern bestehen. In der Institution der bürgerlichen Ehe wurden diese ökonomischen Beziehungen – die *individuelle* Familie, das *persönliche* Einkommen – durch sexuelle Liebe in etwas Edleres verwandelt. Gewiß, die bürgerlichen sozialen Beziehungen behielten, selbst wenn sie auf diese Weise umgewandelt wurden, etwas von ihrem häßlichen undelikaten Charakter. Der Mann betrachtete die Liebe zu oft als etwas Ähnliches wie eine bürgerliche Beziehung zum Eigentum, als eine Beziehung zwischen einem Menschen und einer Sache und nicht als eine Beziehung zwischen Mensch und Mensch. Die Frau war sein lebenslängliches Eigentum. Sie mußte schön sein, um seine Besitzinstinkte zu befriedigen, treu, weil das Eigentum eines Mannes sich ihm nicht entfremden darf, aber er, der Eigentümer, darf untreu sein, weil er anderes Eigentum erwerben kann, ohne daß dies seinen gegenwärtigen Besitz beeinträchtigt. Eine ähnliche Beziehung wurde zwischen ihm und den Kindern oktroyiert, die er ernährt und gekleidet hatte und ihnen deshalb Lohn zahlte. Sie hatten ihm ihre Arbeitskraft verkauft. In der römischen Sklavenhalterzivilisation ist die gesetzliche Stellung des Kindes die eines Sklaven des Vaters, und zwar eines Sklaven, der niemals freigelassen werden kann. Aber selbst Sklaverei ist eine Beziehung zwischen Menschen. Diese häßlichen, besitzgierigen Züge in den sozialen Beziehungen der bürgerlichen Gesellschaft gaben der bürgerlichen Liebe stets einen selbstsüchtigen, eifersüchtigen Unterton, den der Bürger trotz der Untersuchungen der Anthropologen als etwas Instinktives und Natürliches betrachtet. Das Privateigentum war keine Erfindung des Bürgertums. Es ist eine Möglichkeit der menschlichen Natur, sonst hätte es nie im Bürgertum in Erscheinung treten können. Aber das Bürgertum bedeutete seine Blüte, seine Erhöhung zur Haupttriebkraft der gesellschaftlichen Beziehungen, und sein Duft durchzieht infolgedessen das ganze bürgerliche Leben.

Mit der Gefühlsentleerung der sozialen Beziehungen im Bürgertum beginnt auch die bürgerliche leidenschaftliche Liebe vor dem ökonomischen Sturm zu welken. Einerseits ist die Liebe immer «kostspieliger» geworden. Sie muß bis ins reife Alter verschoben werden. Die Ehe, die in der bürgerlichen Kultur und besonders für die Frau die am höchsten geschätzte Form des Liebesverhaltens war, ist heute nur eine späte und spezialisierte Form der Liebe. Kinder werden immer kostspieliger, und die mit ihnen verbundenen zärtlichen sozialen Beziehungen bilden immer seltener einen Teil der durchschnittlichen Ehe. Aus diesen und anderen Gründen wird jene kunstvolle und komplizierte Schöpfung, die leidenschaftliche bürgerliche Liebe, in zunehmendem Maße ihrer Blumenkrone beraubt und auf eine primitive Form flüchtigen Geschlechtsverkehrs reduziert. Dies aber, die unvermeidliche Folge der Gefühlsentleerung der bürgerlichen sozialen Beziehungen, wird als «Sünde», als «jugendlicher Leichtsinn», als «Zusammenbruch der Institution der Ehe» verleumdet, als «zunehmende Promiskuität», das «Ergebnis der Geburtenregelung» und so weiter. Aber all diese Schmähungen treffen nicht den Kern. Die leidenschaftliche bürgerliche Liebe hat in der Tat ihren eigenen Tod vorbereitet. Die gleichen Gründe, die zu ihrer Blüte führten, bewirkten im Laufe der Zeit auch ihr Welken.

Heute könnte die Liebe eine erschreckende Anklage gegen das Unrecht und die Entbehrungen vorbereiten, die sie dank der bürgerlichen sozialen Beziehungen auf sich nehmen mußte. Das Elend der Welt ist ein ökonomisches Elend, aber das bedeutet nicht, daß es eine reine Geldangelegenheit ist. Das ist ein bürgerlicher Irrtum. Gerade weil die sozialen Beziehungen ökonomischer Art sind, schließen sie die zartesten und kostbarsten Gefühle des gesellschaftlichen Menschen ein. Die Befriedigung all jener reichen Gefühlsmöglichkeiten und sozialen Gefühlswärme, die ihm die bürgerlichen Beziehungen geraubt haben, sucht der Mensch vergeblich in der Religion, dem Haß, dem Patriotismus, dem Faschismus und der Sentimentalität von Filmen und Romanen, die eine Liebe ausmalen, welche ihm im Leben nicht zuteil wird. Deshalb ist er neurotisch, unglücklich, krank, anfällig für den Massenhaß des Krieges und des Antisemitismus, für die absurde und doch rührende Begeisterung, die das Regierungsjubiläum oder das Begräbnis irgendeines Monarchen auslöst, und für wahnsinnige unmögliche Treueverpflichtungen gegenüber Hitler und arischen Großmüttern. Deshalb erscheint ihm das Leben leer, schal und nutzlos. Er findet kein Gefallen am Menschen, auch nicht an der Frau.

Die bürgerlichen sozialen Beziehungen bereiten ihren eigenen

Untergang vor, indem sie auf diese Weise alle zärtlichen Beziehungen zwischen Menschen in Beziehungen zu Waren umwandeln. Die Bande, die den Feudalherrn an den Lehnsmann binden, den Häuptling an den Stamm, den Patriarchen an den Haussklaven, den Vater an den Sohn, sind stark, weil sie Gefühlsbande sind. Aber jene Beziehungen, die den Aktienbesitzer an den Angestellten binden, den Beamten an den Steuerzahler und alle Menschen an den unpersönlichen Markt, sind nicht dauerhaft, weil sie nichts als finanzielle Beziehungen und frei von aller Gefühlsbeteiligung sind. Die Gesetze des Häuptlings sind verständlich. Das Gebot eines Menschengottes ist immer noch ein persönlicher und liebevoller Befehl. Aber die Gesetze von Angebot und Nachfrage (ihr Ersatz in der bürgerlichen Kultur) haben keine Kraft, abgesehen vom blinden Zwang. Heute sieht es so aus, als ob Liebe und ökonomische Beziehungen sich an zwei entgegengesetzten Polen gesammelt hätten. Die ganze unausgenutzte Zärtlichkeit der menschlichen Instinkte sammelt sich an einem Pol, und am anderen sammeln sich ökonomische Beziehungen, die zu nackten Zwangsrechten auf Waren reduziert wurden. Diese polare Aufspaltung ist die Ursache einer furchtbaren Spannung und wird zu einer gewaltigen Umformung der bürgerlichen Gesellschaft führen. Die beiden müssen, in einer revolutionären Destruktion und Konstruktion, zueinander zurückkehren und zu einer neuen Synthese verschmelzen. Das ist der Kommunismus.
So können die Kräfte, die den Kommunismus hervorbringen, von zwei Aspekten aus gesehen werden. Vom quantitativen Aspekt aus betrachtet, sprengen die Produktivkräfte, die den bürgerlichen sozialen Beziehungen entwachsen sind, diese Fesseln. Aber der Kampf wird bis zur Entscheidung im Bewußtsein der Menschen geführt. Der Mensch, das Individuum, fühlt, wie diese Beziehungen veralten, wie sie durch die Wirklichkeit außer Kraft gesetzt werden, weil sie tödlich für alles sind, was ihm wertvoll ist. Die Forderung, diese verschwundenen Werte ins Bewußtsein zurückzurufen, erscheint als Haß auf das Gegenwärtige und Liebe zum Neuen, der dynamischen Kraft der Revolution. Das Gefühl bricht mit explosiver Kraft aus der Tiefe hervor, in der es unterdrückt worden ist. Die gesamte Struktur der Gesellschaft wird zerstört. Das ist eine Revolution.

Freud
Eine Studie über bürgerliche Psychologie

Ohne Zweifel wird Freud als einer der Pioniere der wissenschaftlichen Psychologie im Gedächtnis der Menschheit lebendig bleiben und stets geehrt werden. Aber möglicherweise wird man ihn wie Kepler als einen Wissenschaftler ansehen, der wichtige empirische Fakten entdeckte, jedoch nicht imstande war, diese Entdeckungen zu einem sinnvollen Ganzen zu verbinden, der nur ein primitives, halb magisches System zu schaffen vermochte. Kepler mit seiner göttlichen Sonne lebte im religiösen Zeitalter der Physik, und Freud lebt bei aller subjektiven Aufrichtigkeit in der mythischen Ära der Psychologie.

«Und nun ist zu erwarten, daß die andere der beiden ‹himmlischen Mächte›, der ewige Eros, eine Anstrengung machen wird, um sich im Kampf mit seinem ebenso unsterblichen Gegner zu behaupten.»

Das ist Freuds Prognose für die Zukunft unserer Zivilisation. Es ist keine schlechte Symbolisierung des gegenwärtigen psychologischen Trends, aber man wird erkennen, daß es eine mythologische Symbolisierung ist. Die Prüfung seiner ganzen übrigen Psychologie zeigt, daß sie im allgemeinen in religiöser Form dargeboten wird. Sie ist eine Psychologie von Mächten und Personifikationen. Freud bildet darin keine Ausnahme unter den Psychologen. Die Psychologie wartet immer noch auf ihren Newton. Aber wenigstens hat Freud nicht die abgedroschenen Heucheleien des Christentums oder der idealistischen Metaphysik akzeptiert. In seinem Buch «Die Zukunft einer Illusion» hält er an den fruchtbaren materialistischen Traditionen der bürgerlichen Wissenschaft fest, die von der bürgerlichen Wissenschaft heute, da sie ihre Stellung nicht mehr halten kann, aufgegeben werden. Die metaphysische Psychologie mit ihren Kategorien Gedächtnis, Vernunft, Wille, Wahrnehmung, Denken und Fühlen, die Freud zerstören half, ist mythologischer als die Freudsche Lehre. Diese Psychologie, der die Freudsche Lehre feindlich gegenübersteht, gehört sogar einer noch früheren Epoche der Wissenschaft an. Sie reduziert die geistige Tätigkeit auf Gerede, und die Ordnung dieses Geredes wird Denken genannt. Freud dagegen befaßt sich stets mit echter Denktätigkeit, nur symbolisiert er die innere Struktur dieses neurologischen Verhaltens durch Wesen, die so zauberisch und persönlich sind wie die alten olympischen Götter. Der Zensor, das Ich, das Über-Ich, das Es, der Ödipuskomplex und die Hemmung sind geistige Gottheiten, wie die Wettergötter, die den griechischen Olymp bevölkerten. Freuds Darstellung eines Kampfes zwischen dem ewigen Eros und dem ewigen Thanatos, zwischen dem Lebens- und dem Todestrieb, zwischen dem Realitätsprinzip und dem Lustprinzip ist nichts weiter als der ewige Dualismus denkender Barbaren, den das Christentum aus der Lehre Zarathustras übernommen hat und den Freud nun in das menschliche Gemüt verlegt. Es ist ein echter Kampf, aber er wird in Form eines abendländischen bürgerlichen Mythos dargestellt.

Als Beweis für die Existenz Zeus' konnte der Grieche Donner und Blitz anführen. Als Beweis für den nie endenden Krieg zwischen Ormuzd und Ahriman konnte der Parse dem Skeptiker den nie endenden Kampf nennen, der das Leben in zwei Teile reißt. Die Freudianer weisen auf die psychischen Phänomene der Träume, der hysterischen und neurotischen Symptome, der fixen Ideen und des Verschreibens und Versprechens hin, die den Beweis für die Richtigkeit ihrer komplizierten Mythologie liefern sollen. Die Wissenschaftler der Vergangenheit konnten den Fall jedes Steins als Beweis für die geheimnisvolle Schwerkraft und alle Erscheinungen von Hitze und Kälte als Beweis für das Wirken eines geheimnisvollen «Wärmestoffs» anführen. In der Freudschen Lehre spielt die «Libido» die Rolle, die der mythische «Wärmestoff» in der Wärme-Mechanik des 18. Jahrhunderts oder die «Schwerkraft» in der Newtonschen Physik spielte.

Man mag mit einiger Berechtigung anführen, daß die Psychologie ein geeignetes Feld für Mythen und die Symbolisierung von Gefühlen ist, aber durch diesen Anspruch wird sie aus dem Bereich der Wissenschaft in das der Kunst verbannt. Man sollte besser fordern, daß mythische Psychologie nur im Roman vorkommen und daß die Psychologie eine Wissenschaft sein sollte. Das würde die Psychoanalytiker dazu verpflichten, entweder alle empirischen Fakten, die sie entdeckt haben, in der Schwebe zu lassen und es einem fähigeren Kopf zu überlassen, sie in ein Kausalschema einzuordnen, so wie es Newton mit Keplers einzelnen und willkürlichen Gesetzen des Planetenumlaufs tat, oder sie müssen die Kausalität ihrer Entdeckungen eindeutig nachweisen, ohne Zuflucht zu mythologischen Wesenheiten zu nehmen. Das aber haben Freud und seine Schüler versäumt, und deshalb ist ihre Psychologie religiös und idealistisch anstatt kausal und materialistisch. Dabei ist Freud ein Materialist und erkennt sehr deutlich den illusionären Inhalt der Religion. Aber er ist auch ein Bürger. Sein bürgerlicher Klassenstandpunkt beeinflußt seine Psychologie, weil er von gewissen unausgesprochenen Voraussetzungen ausgeht, die überall in der bürgerlichen Kultur als störende, aber unsichtbare Kraft in Erscheinung treten, so wie der Uranus vor seiner Entdeckung für uns nur eine rätselhafte Störung in den Umlaufbahnen der uns bekannten Planeten war. Die erste dieser Voraussetzungen ist, daß das Bewußtsein der Menschen sui generis sei, sich wie eine Blume aus dem Samen entfalte und nicht in erster Linie durch die Gesellschaft geschaffen werde; die zweite ist, daß es eine Quelle des freien Handelns im Individuum gebe – nämlich den «freien Willen», den «Wunsch» oder die «Instinkte» –, die nur insoweit frei sei, als sie nicht durch gesellschaftliche Einflüsse gehindert werde. Diese beiden Voraussetzungen sind von lebenswichtiger Bedeutung für die Psychologie, und gerade weil sie unausgesprochen bleiben, wirken sie wie verborgene Magneten; sie verzerren die Freudsche Psychologie vollständig und verwandeln sie in eine unreale Halbwissenschaft, deren Wunscherfüllungscharakter ihr zum Schaden gereicht.

Freud hat das außerordentliche Pech gehabt, daß seine psychologische Schule wiederholt Spaltungen erlebt hat. Jung und Adler sind die wichtigsten dieser Spalter, aber in fast jedem Psychoanalytiker ist ein Ketzer verborgen. Dies muß Freud selbstverständlich Sorge bereitet haben, obgleich er es mit der gleichen Ruhe hingenommen hat wie die zahllosen Angriffe all derer, die ein Interesse an der Aufrechterhaltung der moralischen Fassade haben mußten, welche die Freudschen Entdeckungen zu bedrohen schienen. Die Spaltungen der Freudschen Lehre sind ohne Parallele in anderen Wissenschaften. Die Schüler eines Entdeckers neuer empirischer Prinzipien wie etwa Darwin, Newton oder Einstein wenden sich in der Regel nicht gegen ihren Lehrer und denken nicht daran, seine Lehre zu spalten. Sie arbeiten innerhalb der allgemeinen Grenzen seiner formulierten Gedanken und bauen sie lediglich aus oder wandeln sie ab, aber sie fühlen sich nicht genötigt, die Grundlagen anzugreifen, auf denen das System beruht.

Freud selber ist nur indirekt dafür zu tadeln. Spaltung ist das Kennzeichen einer Religion, und ein Mann, der wissenschaftliche Tatsachen so behandelt, wie Freud es tut, nämlich auf religiöse Weise, muß unweigerlich mit den Prüfungen und Leiden eines

Religionsführers rechnen, wie auch damit, daß er persönlich zum Gegenstand leidenschaftlicher Auseinandersetzungen wird. Wenn ich behaupte, daß er im religiösen Geist an die Wissenschaft herangeht, bedeutet das nicht, daß er es mit Ehrfurcht tut. Der Wissenschaftler geht an die Wirklichkeit in all ihrer Fülle und Kompliziertheit naturgemäß mit einem Gefühl der Ehrfurcht und der persönlichen Unwichtigkeit heran, das um so stärker ist, je materialistischer er denkt und je weniger er der Meinung ist, daß diese Wirklichkeit ein bloßer Ableger oder eine Emanation eines göttlichen Freundes sei. Unter «religiösem» Herangehen an die Wissenschaft verstehe ich den Glauben, daß wissenschaftliche Phänomene durch jede Symbolisierung, welche die Phänomene umfaßt und deutet, hinreichend erklärt werden. So liefert der Begriff «Wärmestoff» die Erklärung für Temperaturerscheinungen. Aber es existiert kein solcher geheimnisvoller Stoff! Ebenso nimmt Freud an, jeder Mythos, der eine zusammenhängende Feststellung echter psychischer Phänomene enthalte, sei eine wissenschaftliche Hypothese, gleichgültig, ob er die inneren Verhältnisse dieser Phänomene auf kausale Art darlegt oder nicht. Natürlich brechen solche Erklärungen zusammen, weil sie nicht in das Kausalschema der Wissenschaft als Ganzes passen.

Auf genau die gleiche Art versucht die Religion die Welt zu erklären. Donner und Blitz werden von Göttern gemacht. Die Welt existiert, weil sie von einem Gott geschaffen wurde. Unglück ist der Wille eines allmächtigen Gottes oder der Triumph eines bösen Gottes über einen allmächtigen Gott. Wir sterben, weil wir vor langer Zeit gesündigt haben. Überdies nimmt die Religion ganz naiv an, die Tatsache, daß es Donner und Blitz gibt, daß die Welt existiert, daß in ihr Unheil geschieht und daß wir sterben, sei ein Beweis dafür, daß es Götter gibt, daß Gott die Welt erschuf und daß wir vor langer Zeit gesündigt haben. Das meinen die Theologen, wenn sie von kosmologischen und theologischen Beweisen für die Existenz Gottes sprechen. Aber diese Art «Beweis» wurde bereits vor langer Zeit aus der Wissenschaft verbannt, und es ist merkwürdig zu sehen, daß ein Mann mit Freuds intellektuellen Fähigkeiten von diesem «Beweis» beeindruckt ist. Es ist ein Zeichen der Krise, in der sich die bürgerliche Kultur befindet, wenn sich die Psychologie von so etwas nicht freimachen kann.

Die Annahme, daß gewisse Tatsachen von jedem Mythos, der diese Tatsachen miteinander verbindet, ausreichend erklärt werden, hat zur Folge, daß für jede Gruppe von Tatsachen eine unendliche Anzahl von Mythen als Erklärung angeführt werden kann. Daher gibt es zahllose Religionen, die mit unterschiedlichen Mythen die gleichen Tatsachen erklären: das Unglück der Menschen, ihre Grausamkeit, ihre Hoffnungen, ihre Leiden, ihre Ungleichheit und ihren Tod. Durch ihre Betrachtungsweise zeitigt die Religion Spaltungen. Der einzige Grund, daß Kirchen bestehen können, ohne zu zerfallen, ist der, daß sie ihre materiellen Grundlagen in den gesellschaftlichen Verhältnissen ihrer Zeit haben.

Die Wissenschaft kann nur Erklärungen anerkennen, die mit so wenig Symbolisierung wie möglich die wechselseitige Determinierung der betreffenden Phänomene und ihr Verhältnis zur übrigen Wirklichkeit darlegen. Eine wissenschaftliche Hypothese ist intolerant, denn sie schließt die andere aus.

Wissenschaftliche Erklärungen sind wegen ihrer strengen, sachgerechten Struktur niemals gleich gut, wie etwa eine Religion ebenso gut wie die andere ist. Die eine oder die andere muß unterliegen. Und die Probe ist einfach. Wenn von zwei Hypothesen eine verständlicher und weniger symbolisch als die andere die Struktur des Determinismus der Phänomene, die sie erklärt, und ihr Verhältnis zu der bereits etablierten Struktur der Wirklichkeit darlegt, wird diese Hypothese als Instrument für die Voraussage des Wiederauftretens solcher Phänomene im wirklichen Leben wirksamer sein als die andere. Es muß eine Entscheidung zwischen einer Hypothese und der anderen fallen. Die Krümmung der Lichtstrahlen; die Störung der Planetenbahnen, die Zunahme der Masse der Alpha-Teilchen, die Verschiebung der Spektren der sich von der Erde wegbewegenden oder auf sie zubewegenden Sterne brachten die Entscheidung für die Theorie Einsteins gegen die Theorie Newtons. Aber es ist niemals möglich, die miteinander konkurrierenden Wahrheiten der protestantischen und der katholischen Theorie einem Entscheidungstest zu unterziehen, einfach weil sie sich mit Dingen befassen, die außerhalb der Struktur der determinierten Wirklichkeit liegen. Die Entscheidung zwischen den zwei Theorien soll beim Jüngsten Gericht fallen, das heißt, nicht in diesem Leben. Die Theorien sind eigens so formuliert, daß es zum Beispiel nicht möglich ist, das Abendmahl durch chemische Analyse zu testen. Die katholische Theorie besagt, daß das Brot, indem es sich in den Leib Jesu verwandelt, dennoch all die chemischen und physikalischen Eigenschaften des gewöhnlichen Brotes behält. Ebenso ist die protestantische Theorie so beschaffen, daß es sinnlos wäre, die Rettung der Seele zu testen, weil behauptet wird, die Seele sei vollständig immateriell und deshalb dem Determinismus unzugänglich.

Keine Hypothese, sei sie religiöser oder wissenschaftlicher Art, kann irgendeine Bedeutung haben, wenn sie nicht einem Test unterzogen werden kann, der den gesellschaftlichen Vergleich mit anderen Hypothesen ermöglicht. Denken und äußere Wirklichkeit müssen aufeinander einwirken, wenn das Denken Wert und Bedeutung haben soll. Kapitalistische und sozialistische Wirtschaftswissenschaftler diskutieren so fruchtlos wie Theologen, solange sie die Verteidigung ihrer miteinander konkurrierenden Systeme auf Gerechtigkeit, Freiheit, die natürliche Gleichheit der Menschen oder irgendwelche anderen «Rechte» gründen. Niemand hat bis jetzt ein Instrument erfunden, mit dem man Gerechtigkeit, Gleichheit oder Freiheit messen oder bestimmen könnte. Der Marxist kann sich nur mit der Struktur der konkreten Gesellschaft befassen, und auf dieser Grundlage wird er den Sozialismus als eine höhere Organisationsform in einer bestimmten historischen Periode fördern, weil er die bessere Ausnutzung der Mittel zur materiellen Produktion gestattet. Das ermöglicht die Entscheidung durch die Praxis – ist der Kommunismus produktiver als der Kapitalismus? So behält die Ökonomie ihren wissenschaftlichen Charakter, weil sie in der Sphäre der Wirklichkeit bleibt und sich nicht mit Dingen befaßt, die nicht quantitativ bestimmt werden können. Aus diesem Grunde hat der historische Materialismus nicht dazu geführt, daß so viele Arten von Sozialismus entstanden, wie es Theoretiker gibt. Ihm kann nur eine Hypothese entgegengestellt werden, welche die Wirklichkeit noch besser erfaßt. Der «starre, gußeiserne Dogmatismus» des Kommunisten entspricht dem «sturen» Festhalten des Wissenschaftlers an einem methodologischen Prinzip, wie etwa der Erhaltung der Energie, bis eine neue Hypothese, die einem Entscheidungstest standhält, die Notwendigkeit der Erweiterung oder Veränderung dieses Prinzips gezeigt hat.

Wenn wir sehen, wie eine wissenschaftliche «Schule» gespalten oder leidenschaftlich verfolgt wird, können wir annehmen, daß ein gewisses Quantum religiösen Geistes in diese Wissenschaft eingezogen ist. Die Wissenschaft ist davon nie ganz frei gewesen, doch die Psychoanalyse wurde dadurch buchstäblich in Stücke gerissen.

Adler, Freud und Jung befassen sich mit den gleichen geistigen Phänomenen, nämlich diesen: Psychische Phänomene bestehen aus Innervationen. Über einige dieser Innervationen haben wir als Subjekte eine besondere (subjektive) Ansicht. Einige dieser Innervationen bilden eine Gruppe, phylogenetisch die kleinste und am häufigsten vorkommende, die oft das Bewußtsein, das

Ich, das Subjekt genannt wird. Diese Gruppe scheint größere Selbstbestimmung als die anderen Gruppen zu besitzen, aber alle diese Gruppen beeinflussen einander und bewirken etwas wie einen hierarchischen Prozeß. Jene, die nicht einen Teil des Bewußtseins bilden, nennt man «unbewußt». Im Augenblick der Geburt zeigen diejenigen Neuronen, die zu einer Innervation fähig sind, gewisse spezifische Innervationsmuster, die als Ergebnis innerer und äußerer Reize ein spezifisches somatisches Verhalten zur Folge haben. Diese Muster sind als «die Instinkte» bekannt. Aber die Erfahrung, die durch das Erwachen dieser Muster gewonnen wurde, verändert die Muster selber mittels eines Phänomens, das man «Gedächtnis» nennen könnte, das aber nicht dem Bewußtsein eigentümlich ist. In jedem Augenblick zeigt deshalb das System als Ganzes eine ein klein wenig andere Resonanz oder Totalität von Mustern als Ergebnis des vorangegangenen Verhaltens, das der damaligen Totalität der Muster angemessen war. Das Ergebnis wird sein, daß mit der Zeit die Breite und die Kompliziertheit der Verhaltensreaktion auf die Wirklichkeit und die Hierarchie der Gruppen möglicher Innervationskombinationen vermehrt wird. Wir sagen deshalb in der Alltagssprache, daß der Mensch im Laufe des Lebens durch Erfahrung lernt, oder – etwas technischer ausgedrückt – daß seine Instinkte durch Situationen verändert oder bedingt werden. Solche Ausdrücke enthalten ein gewisses Maß an Mythologie, was augenblicklich vielleicht unvermeidlich ist. Vor allem die autonomere Gruppe, «Bewußtsein» genannt, in deren Sprache alle Erklärungen anderer weniger autonomer Gruppen übersetzt werden müssen, wird zwangsläufig dazu neigen, alles von ihrem Gesichtspunkt aus darzustellen und der Darstellung eine besondere Färbung zu geben. Die Wissenschaft selber ist ein Produkt des Bewußtseins.

Experimente scheinen zu beweisen, daß die Innervationen, die das Bewußtsein betreffen, phylogenetisch die jüngsten in der Entwicklung sind und daß die Neuronengruppen, je älter sie sind, um so weniger veränderlich und um so weniger imstande sind, durch «Erfahrung» zu «lernen». Daher können sie als infantiler, primitiver, tierischer, archaischer oder automatischer bezeichnet werden, entsprechend der mythologischen Sprache, deren man sich gerade bedient.

Bei jeder Innervation, wie einfach sie auch sei, ist das ganze System der Neuronen betroffen. Wenn wir einen Akkord auf dem Klavier anschlagen, sind die Saiten, die wir nicht anschlagen, genauso betroffen wie die anderen, weil der Akkord nur ein Teil der wohltemperierten Skala ist, und zu ihm tragen auch das Holz, die Luft im Raum und unsere Ohren bei. Obwohl das Bewußtsein mit psychischen Phänomenen auf seine eigene Weise verfährt, sind doch bei allen bewußten Phänomenen die Innervationen des übrigen Systems betroffen, und die ihnen eigentümlichen, veränderten oder unveränderten Reaktionen geben allem Verhalten, einschließlich der bewußten Phänomene, die «Grundlage» ihres spezifischen Musters. Daher können wir sagen, daß das Unbewußte jedes Verhalten verändert, einschließlich des Bewußtseins; das heißt, daß unbewußte Innervation und Erfahrung ein Teil des Bewußtseins sind.

Die Untersuchung dieser Veränderung des Bewußtseins durch das Unbewußte ist natürlich für unser Bewußtsein sehr interessant. Um sie zu verstehen, müssen wir die natürlichen Reaktionen aller Teile des Nervensystems und die Gesetze ihrer Harmonie genau kennen. Manchmal wird die Verhaltensweise infolge der zeitweiligen Instabilität des bewußten Innervationsmusters (z. B. in schwierigen Lagen, in Ausnahmesituationen oder im Schlaf) hauptsächlich durch die phylogenetisch älteren Neuronen bestimmt, und wie wir sahen, waren diese weniger gelehrig als die jüngeren Gruppen. Wir erleben dann ein Verhalten, das eine Rückkehr zu einem früheren und weniger durch Erfahrung bestimmten Stadium darstellt, die sogenannte infantile Reaktion. Bei diesem Verhalten wird ein Teil der Lebenserfahrung weggeworfen. Wir können dies Verhalten auch instinktiv nennen.

Diese Störungen nun hat Freud studiert und ist dabei zu einigen interessanten empirischen Entdeckungen gelangt. Er hat nachgewiesen, daß sie viel häufiger vorkommen, als wir annehmen, und hat eine Technik ausgearbeitet, um sie sichtbar zu machen. All seine Entdeckungen sind in einem kunstvollen, genialen Mythos oder vielmehr in einer Reihe von Mythen zusammengefaßt. Das ist zum Teil darauf zurückzuführen, daß er seine eigene Lehre nicht ernst genommen hat. Er hat das eine nicht erkannt: da es das Bewußtsein ist, das die Psychoanalyse geschaffen hat, erscheinen alle unbewußten Phänomene wahrscheinlich so, wie sie vom Bewußtsein gesehen werden, nicht als kausale Phänomene mit der gleichen physiologischen Grundlage wie das Bewußtsein und letztlich mit ihm homogen, sondern als böse Dämonen, die in die saubere geordnete Welt des Bewußtseins einbrechen. Ebenso wie kausale Phänomene, etwa Donner und Blitz, die in die gewohnte Welt des Primitiven einbrachen, auf Willkürakte von Göttern zurückgeführt wurden, gab Freud unbewußten «Einflüssen», die in der Welt des Bewußtseins Störungen hervorrufen, so unfreundliche Namen wie Entstellung,

Hemmung, Regression, Besessenheit, das Ich, der Zensor, das Lustprinzip, Eros, Libido, der Todestrieb, das Realitätsprinzip, ein Komplex, ein Zwang. Freud erkennt nicht, was dieser physiologische Inhalt seiner Theorie impliziert. Alle Innervationsmuster bestehen aus einer natürlichen Reaktion (Trieb), die durch Erfahrung eine Veränderung (Hemmung) erfahren hat, und so enthalten alle Innervationsmuster unterschiedliche Mischungen von bewußten und unbewußten Elementen, die auf verschiedene Weise miteinander verbunden sind, aber alle den einen Kreis beschreiben, der im Verhalten deutlich sichtbar ist. Für diesen Teil seiner Theorie hat Freud die Voreingenommenheit des Bewußtseins anerkannt. Er behandelt alle unbewußten Verhaltenskomponenten als Störungen, Entstellungen oder Eingriffe, genau wie die Sopranstimme in der Musik den Baß als Entstellung durch ein primitives Unbewußtes ansehen könnte. Eine ebenso mythologische und konsequente Psychologie wie die Freudsche könnte vom Standpunkt des «Unbewußten» aus geschrieben werden, in dem anstelle der Triebe die «Erfahrungen» nun die Rolle unbändiger gefangener Dämonen spielen, welche die Stabilität und das einfache Leben der natürlichen Reaktionen stören oder hemmen. Und in der Tat, wenn Freud die Zivilisation und den Menschen als Ganzes behandelt, wechselt er zu dieser Ansicht über. Jetzt ist es die Erfahrung oder das Bewußtsein (Kultur), das den Trieb (das Unbewußte) hemmt oder ableitet. Folglich enthält Freuds Lehre natürlich einen Dualismus, der nicht gelöst werden *kann.*

Aber selbstverständlich sind sowohl das Bewußtsein wie das Unbewußte als scharf gegeneinander abgegrenzte Erscheinungen Abstraktionen. Bei allen Innervationen, die Teil des Verhaltens sind, wechselt der Anteil der Gruppe, die wir stets das Bewußtsein oder das Ich nennen. Bewußtsein und Unbewußtes sind nicht scharf voneinander abgegrenzt: das Bewußtsein erhält Lebendigkeit und Inhalt durch die unbewußten Innervationen, deren Beitrag wir bewußt nur als Affekt kennen. Ein Gedanke ohne Affekt ist unbewußt, er ist einfach eine der mnemonisch durch das Gedächtnis veränderten Kortikalneuronen, die im Augenblick nicht affektgeladen und daher nicht Teil des Stromkreises des Unbewußten sind. Er ist nur eine unbewußte Erinnerung. Ebenso ist eine unbewußte Innervation oder ein Affekt ohne Erinnerung überhaupt kein Affekt, sondern einfach ein instinktiver Reflex, der nicht durch Erfahrung verändert wird. Bewußtsein und Unbewußtes sind keine einander ausschließenden Gegensätze, sondern in jeder Hierarchie der das augenblickliche Verhalten ausmachenden Innervationen haben wir eine bestimmte Menge mit hoher mnemischer Veränderbarkeit und andere mit einer hohen natürlichen Empfänglichkeit, und die Proportion dieser beiden ist variabel. Aber sie stehen gegenseitig in Beziehung, so wie der positive und der negative Pol einer Batterie einen Stromkreis aktivieren, und nur durch Abstraktion lösen wir den Komplex «Bewußtsein» heraus, so wie wir die das Muster bildenden Fäden aus einem Gobelin herausziehen können. Die gleichen Fäden laufen zur anderen Seite durch und bilden dort das umgekehrte Muster, das Unbewußte, und jedes Muster bestimmt das andere.

Freud gab diesen seinen Entdeckungen, die auf der Arbeit von Charcot, Janet, Morton Prince und Bleuler fußten, Formulierungen, die er seinem Bewußtsein entnahm und denen die strikte Kausalität fehlte, die bei physikalischen oder chemischen Hypothesen erforderlich ist. Infolgedessen besteht Freuds Terminologie fast nur aus den herabsetzenden Bezeichnungen, die das Bewußtsein für seine Entstellung durch das Unbewußte gefunden hat, oder aus den jämmerlichen Klagen des Unbewußten über seine Veränderung durch die in bewußten Innervationen verkörperte Erfahrung. Im ganzen werden unsere Sympathien dem Bewußtsein gehören, weil das Bewußtsein die neue Erfahrung repräsentiert, und die neue Erfahrung ist die lebendigste; aber die Wirklichkeit erinnert uns daran, daß wir nicht einfach nur mit der neuen Erfahrung der Gegenwart leben können. Denn dann werden wir nicht imstande sein, über sie hinauszugelangen, dann sind wir in den Begrenzungen der Gegenwart gefangen. Wir müssen die Gegenwart auf eine umfassendere Art aufnehmen, nämlich zusammen mit der Vergangenheit, die in der Gegenwart enthalten ist. Das bedeutet nicht, daß wir die Vergangenheit als Vergangenheit hinnehmen müssen, denn da sie in der Gegenwart enthalten ist, verändert sie sich. Und eben das ist jede Gegenwart im Verhältnis zur vorangegangenen Vergangenheit: sie ist diese vorangegangene, durch die Eindrücke einer zusätzlichen Erfahrung veränderte Vergangenheit, wenn sie in eine neue Gegenwart eingegliedert wird. Das mag metaphysisch klingen, und doch sehen wir, daß dieser Vorgang im menschlichen Körper eine «rohe» und materielle physiologische Grundlage hat. Alles unterhalb des optischen Thalamus stellt die ererbte Erfahrung der Vergangenheit dar. Das Hirn ist das Organ, das jede Gegenwart speichert, sowie sie Vergangenheit wird, und durch den Prozeß der sinnlichen Wahrnehmung wird die durch neue Erfahrung bereicherte Vergangenheit zur Gegenwart. Dadurch entsteht der Wille, die Zukunft.

Obwohl wir also das Bewußtsein als das Späteste und Wertvollste akzeptieren, dürfen wir das Unbewußte nicht ablehnen, wozu uns die Anbetung des Bewußtseins leicht verführen könnte. Wer nur das Bewußtsein anerkennt, ist in der unmittelbaren Erfahrung gefangen und kann nie zu einem höheren Bewußtsein gelangen; genau wie der, der die Geschichte ignoriert, nämlich die Vergangenheit in der Gegenwart, die reichere Zukunft nicht zu erfassen vermag, die er nur in der Sprache der unfruchtbaren Gegenwart beschreiben kann. Der historische Materialismus lehrt, daß die Zukunft nicht in der Gegenwart enthalten ist, sondern in der Gegenwart *plus* der Vergangenheit.

Noch weniger aber können wir *nur* die Vergangenheit akzeptieren. Das ist noch schlimmer als das andere, es bedeutet eine Rückkehr zu überholten Dingen, es ist eine infantile Regression. Dieser Weg stellt eine ständige Versuchung für den Menschen dar, wenn ihn, wie jetzt, sein Bewußtsein bei den ihm gestellten Aufgaben im Stich zu lassen scheint, aber es ist der Weg der Niederlage. Das Unbewußte hat gewiß seine eigene Weisheit, denn es enthält die kondensierte Erfahrung einer langen Evolution, eine ihm durch natürliche Auslese eingeprägte Erfahrung. Unser Leben ist auf der Grundlage der somatischen Weisheit unbewußter Innervationen aufgebaut. Dennoch ist die Gegenwart der Punkt, wo sich das Leben in die Wirklichkeit einschaltet, bedeutet die Gegenwart neue Erfahrung, und diese neue Erfahrung kann vom Unbewußten nicht erfaßt werden. Sie ist Bewußtsein.

Die Freudsche Lehre akzeptiert nicht die Geschichte einer Partei und verwirft die der anderen. Sie akzeptiert *beide* unkritisch und verstrickt sich so in einen unversöhnlichen Dualismus. Nachdem Freud gezeigt hat, wie die bösen Komplexteufel des Unbewußten das Bewußtsein entstellen und quälen, geht er auf die andere Seite über und malt das Unbewußte so, wie es sich selber gern malen würde. Er zeigt uns, wie die Triebe durch die Hemmnisse der Kultur gefoltert werden, stellt die Triebe als Märtyrer der Gegenwart und des Bewußtseins hin. Doch der Wissenschaftler sollte in diesen Dingen unparteiisch sein, sonst wird es ihm nie gelingen, die beiden Gegensätze Vergangenheit und Gegenwart, Neues und Altes in einer Synthese zu vereinen. Freud nimmt nur die unfruchtbare Dreiteilung der Metaphysik vor: 1. infantile Regression (oder Anbetung der Vergangenheit), 2. Konservatismus (oder blinde Hinnahme der Gegenwart), 3. Dualismus (die Auffassung, Gegenwart und Vergangenheit seien ewige Antagonismen). Nur der Mensch, der erkennt, wie die Vergangenheit in der Gegenwart enthalten ist, kann in die

Zukunft weiterschreiten, Kind einer «Ehe von Himmel und Hölle». Beide sind im ursprünglichen Prozeß des Werdens enthalten, der im Organismus als aktives Verhalten zutage tritt. In diesem Verhalten stellen die unbewußten und die bewußten Innervationen, sozusagen der Baß und der Sopran, die Innervationsharmonie dar, in deren Thema wir Trieb, Denken, Fühlen und Willen unterscheiden.

Freud kleidete die Elemente dieser Harmonie in die mythischen und gefühlsmäßigen Symbole der Psychoanalyse. Dadurch forderte er geradezu die Spaltung heraus. Jung und Adler haben Symbole gefunden, die mindestens ebenso gute Erklärungen für die gleichen Phänomene sind, und dennoch haben Jungs, Adlers und Freuds Symbole eine völlig gegensätzliche Bedeutung. In Adlers Mythos tritt der «Sexualtrieb» kaum je in Erscheinung, doch sein «Selbsterhaltungstrieb» erklärt alles genauso befriedigend wie Freuds «Libido». Da einzelne Entitäten – wie etwa der Selbsterhaltungstrieb oder der Zensor – mythische Beschreibungen gewisser natürlicher physiologischer Reaktionen sind, ist es nicht möglich, ein beweiskräftiges Experiment zu finden, um den Streit zwischen Adler und Freud zu entscheiden. Sie disputieren über Mythen, obgleich sich die Mythen auf echte Phänomene beziehen. In gleicher Weise mögen die alten Griechen über die widersprüchlichen Berichte von der Geburt der Athene aus dem Haupt des Zeus disputiert haben. Worüber sie sich in Wahrheit stritten, das war die Veränderung des Verhaltens durch die Erfahrung oder – bildlich gesprochen – die Geburt der Weisheit. Da beide, Athene und Zeus, bloße symbolische Fiktionen waren, bedeuteten solche Streitgespräche über sie nur Zeitvergeudung. Adler, Jung und Freud haben einen Großteil ihrer Zeit in genau derselben Weise verschwendet.

Von den dreien ist Jung, auch wenn er weniger empirische Entdeckungen gemacht hat, vielleicht derjenige, der in theoretischer Hinsicht am wissenschaftlichsten vorgeht, weil er den Dualismus der Freudschen Betrachtungsweise erkannt hat. Aber es gelingt ihm nie, diesen Dualismus zu überwinden; im Gegenteil, er macht ihn zur Grundlage seiner Theorien.

Bis jetzt haben wir uns mit der Psychologie befaßt, wie sie durch das Verhalten des Organismus in Erscheinung tritt, und haben die Umwelt vernachlässigt, sie lediglich als einfachen Stimulus behandelt. Wenn wir unsere Untersuchung auf den Organismus beschränken, betrachten wir alle psychischen Phänomene einfach als bestimmte Innervationsmuster. Einige dieser Innervationen in uns selbst sind das Bewußtsein. Als Ganzes sind sie ein Teil des Körperverhaltens, und wir sehen dieses Verhalten teilweise als Handlung zutage treten, in uns selbst oder in anderen. Im Verhalten erfahren die grundlegenden Innervationsmuster eine Veränderung. So beginnt die Melodie des menschlichen Lebens mit einem einfachen ererbten Tonsatz, der durch Erfahrung unaufhörlich variiert und so ständig kunstvoller und komplizierter wird. Das ist ein Bestandteil der Tatsache, daß das menschliche Leben in der Wirklichkeit gelebt wird, die dadurch, daß in jeder neuen Gegenwart die vorausgegangene Vergangenheit enthalten ist, reicher und komplizierter wird.

Aber jedes Verhalten ist eine Wechselwirkung zwischen dem Körper und den Reizen der Außenwelt oder zwischen einem Teil des Körpers und einem anderen. Das Verhalten wird niemals vom Organismus allein bestimmt; stets hat noch ein anderer Faktor, die Umwelt, an diesem Verhalten teil. Außerdem hat auch die Umwelt ihre Geschichte, da sie von der Zeit abhängig ist. Deshalb ist es nie die gleiche Umwelt, und jede Transaktion des Organismus mit ihr ist ein wenig anders, weil die Umwelt seit der vorigen Transaktion mehr Geschichte in sich aufgenommen hat. Das Verhalten des Organismus ist also ein Kontrapunkt, zu dem der Organismus einen Teil und die Umwelt den anderen Teil liefert. Um eine Analyse vorzunehmen, können wir die Melodie eines jeden einzeln untersuchen, aber das Verhalten ist im Grunde keine Melodie, sondern eine Harmonie. So ist die Harmonie der Psyche eine Widerspiegelung der Harmonie des Körpers, der in der Wirklichkeit lebt. Der Sopran des Bewußtseins ist eine Widerspiegelung der Melodie der Umwelt; der Baß des Unbewußten ist eine Widerspiegelung der Melodie des Organismus. Es ist das Grundprinzip der Physik, daß jede Wirkung eine gleiche und entgegengesetzte Gegenwirkung hat. Nach jedem Verhaltensakt, bei dem Organismus und Umwelt zusammenwirken, hat die Umwelt den Organismus und der Organismus die Umwelt beeinflußt, und die sich daraus ergebenden Positionen eines jeden sind unterschiedlich. Darum gibt es ja überhaupt Geschichte, denn die Umwelt als solche ist einfach eine Sammlung von aufeinander einwirkenden Körpern. Zwischen zwei Akten des Organismus, die nur einen Augenblick auseinanderliegen, hat sich die Umwelt verändert, einfach weil die Elemente eingewirkt und einander verändert haben.

Nun ist der menschliche Organismus der kunstvollste aller bekannten Organismen, was seine Melodie, und der empfindlichste, was seine Reaktion auf die Verbindung mit der Wirklichkeit betrifft. Es ist der Organismus, der am meisten aus dem

Verhalten, aus der Erfahrung lernt. Nichts verändert sich so schnell wie der menschliche Organismus. Ebenso ändert sich auch die gesellschaftliche Umwelt sehr schnell zwischen den einzelnen Verhaltensakten eines menschlichen Wesens, weil die Organismen, aus denen die menschliche Umwelt besteht, hauptsächlich Menschen sind. Vom Gesichtspunkt des Individuums aus ist die Untersuchung dieser dialektischen Veränderung Psychologie, vom Gesichtspunkt der Gesamtheit der Menschen aus aber ist sie Soziologie oder Geschichte, und in ihrer kausalen Feststellung muß sie alle Bestandteile der Umwelt einschließen, mit der Menschen zu tun haben, sogar die Fixsterne. Aber da die kosmischen Bedingungen sich in den kurzen Perioden, die für gewöhnlich untersucht werden, nicht wesentlich ändern, brauchen sie hier nicht berücksichtigt zu werden. Sie könnten wichtig werden bei einer Untersuchung der Menschheit, welche die Eiszeit mit umfaßt. Von grundlegendem Interesse für die Geschichte sind jedoch die materiellen Elemente in der Umwelt, die sich in den Zeiträumen, die für gewöhnlich untersucht werden, rasch verändern, wie z. B. Maschinen, Verkehrsmittel, Städte und all die sozialen Beziehungen, die sich aus der gesellschaftlichen Produktion ergeben, denn die Veränderungen im Organismus werden zwangsläufig zu diesen sich verändernden Bestandteilen seiner Umwelt in Beziehung gebracht. Der Organismus nimmt diese Beziehungen nicht bewußt oder aus eigenem Willen auf. Sie besitzen Priorität und bestimmen sein Bewußtsein und seinen Willen. Es ist tatsächlich unmöglich, Psychologie zu studieren, ohne sich um die Soziologie zu kümmern. Sonst ist es entweder unmöglich, die kausale Verbindung in der Veränderung der menschlichen Psyche zu finden, oder aber man hält die menschliche Psyche für unveränderlich und glaubt, daß alle Gesetze, die bei einer Untersuchung der heutigen menschlichen Psyche entdeckt werden, für immer gültig sind.
Zufällig hat keine moderne psychologische Schule je die sozialen Beziehungen als das Primäre untersucht, als dasjenige, was das von ihnen geschaffene Bewußtsein bestimmt. Keine dieser Schulen untersucht die konkrete Gesellschaft und ihre nicht-psychische Grundlage. Keine moderne psychologische Schule hat je ihre grundsätzliche Stellung zur Umwelt der Psyche definiert, die sie untersuchte. Ständige Wechselwirkung zwischen Psyche und Umwelt aber ist das Gesetz des psychischen Lebens.
Freud geht an seine psychologischen Probleme vom Standpunkt eines bürgerlichen Idealisten aus heran, für den von der Wirklichkeit nichts weiter existiert als ein sich stets gleichbleibender Vorhang im Hintergrund, vor dem die Ideen ihre Rolle spielen.

Es stimmt, daß diese Ideen so ziemlich dasselbe sind wie die «beherrschenden Leidenschaften» älterer Philosophen, nur daß sie jetzt «Triebe» oder «Libido» heißen; aber das Ganze ist immer noch dasselbe mythische Drama, in dem durch jene guten und bösen Feen, den Zensor, das Ich, das Über-Ich und das Es die Wunder der Hemmungen, der Sublimierung, der Kathexese, des Narzißmus, der Umwandlung und der Verdrängung vollbracht werden. Es gibt sogar kannibalische Instinkte und Inzestinstinkte, obgleich die Phantasie des Biologen überfordert wird, wenn er schlußfolgern soll, wie diese Variationen sich entwikkelten und erblich wurden. Es gibt keine Kausalität.

Freud stellt sich ein Lustprinzip vor, das innerhalb des Gefängnisses der Wirklichkeit versucht, Freiheit für seine Wünsche zu erlangen. Wir dürfen die Grenzen der Kausalität nicht überschreiten, gibt Freud zu, aber innerhalb dieser immer enger werdenden Grenzen scheint es echte Freiheit zu geben. Es ist ein schönes Märchen. Die Triebe, die durch die Gesetze der tyrannischen Wirklichkeit niedergehalten werden, versuchen verzweifelt wie bürgerliche Revolutionäre, sich Befriedigung zu verschaffen. Kann solch eine Konzeption einen Platz in der Wissenschaft beanspruchen?

Wie alle bürgerlichen Intellektuellen, wie Eddington, Russell und Wells, kann auch Freud nicht den Glauben aufgeben, daß es eine besondere Zelle gibt, die Freiheit heißt und geheimnisvoll im Granit der wissenschaftlichen Kausalität existiert. Durch das wissenschaftliche Denken wird die Ausdehnung dieser Zelle ständig verringert, aber sie existiert dennoch.

Insbesondere nehmen diese Denker an, daß der Mensch um so freier ist, je freier er vom Druck der Kultur, des Bewußtseins und den Einrichtungen der Gesellschaft ist. Russell, Eddington, Freud und Wells sind sich in dieser Annahme einig, die, logisch zu Ende gedacht (was sie nicht tun), nur den Schluß zuläßt, daß die einzigen wirklich freien Wesen die wilden Tiere sind, die kein Bewußtsein haben.

Aber in Wahrheit ist die Welt kein Gefängnis der Wirklichkeit, worin dem Menschen durch ein Wunder eine Honigzelle der Lust zugewiesen wurde. Der Mensch ist ein Teil der Wirklichkeit, steht in ständiger Beziehung zu ihr, und sein wachsendes Bewußtsein vermehrt seine Freiheit, insofern es sein Wissen um die Kausalität vermehrt. Ebenso vermehrt die Zivilisation seine Freiheit, insofern sie seine kausale Kontrolle über die Wirklichkeit vermehrt, ihn selbst eingeschlossen. In diesem letzten Punkt, der Selbstkontrolle der Menschen im Vergleich mit der Kontrolle, die sie durch Maschinen über ihre Umwelt ausüben,

haben wir die geringsten Fortschritte aufzuweisen, und zwar deshalb, weil die Psychologie, die uns zeigen sollte, wie wir uns selbst kontrollieren können, stets die Kausalität zu umgehen versucht. Die Wissenschaft sagt scheinbar dem Menschen nichts über die Freiheit. Im Gegenteil, sie scheint nur gußeiserne Gesetze zu entdecken, auf deren Existenz und Starrheit er nicht gefaßt war. Aber ist ein Tier in einem Käfig frei, weil es nicht erkennt, daß es in einem Käfig steckt? Wird es nicht nur dann frei, wenn es erkennt, daß es durch einen verschlossenen Käfig in seinen Bewegungen vollständig gehindert wird und daß es, um frei zu sein, notwendigerweise die Tür öffnen muß?
Die bürgerliche Zivilisation ist auf den Felsen gebaut, daß völlige Freiheit gleichbedeutend ist mit völliger persönlicher Anarchie und daß der Mensch frei geboren ist. Diese Rousseausche Überzeugung verzerrt das ganze bürgerliche Denken. Freud vermag in der Zivilisation nur die Versklavung der völlig freien Triebe durch die Kultur zu sehen.
Daher ist der ehrliche Bürger immer entweder pessimistisch oder religiös. Die Menschen müssen eine bewußte gesellschaftliche Ordnung haben (Polizei, Richter, Fabriken, Schulwesen), um gesellschaftlich existieren zu können, und jede dieser Einrichtungen scheint ihnen eine Beschränkung ihrer Freiheit zu sein, nicht wegen der *Unvollkommenheit* der Ordnung, was der kritische Einwand der Kommunisten ist, sondern weil es überhaupt eine Ordnung gibt. So scheint dem Bürger, die Zivilisation sei durch ihre Prämissen verdammt, und es gebe in diesem Leben keine Hoffnung, die Freiheit zu erlangen. Jede gesellschaftliche Ordnung, jedes Bewußtsein, jedes Denken erscheinen dem bürgerlichen Intellektuellen letzten Endes als die Korrumpierung oder Hemmung oder Unterdrückung des vollständig freien natürlichen Menschen, aber dieser natürliche Mensch ist ein Menschenaffe, denn ohne Gesellschaft ist der Mensch ein Tier.
Können wir von der Hemmung oder Unterdrückung dessen sprechen, das nicht frei ist? Sind die Instinkte frei oder sind sie, wie wir es so klar beim Insekt sehen, blinde, mechanische, sklavische Bindungen, für die es kein individuelles Lernen gibt, sondern nur die langsame, ererbte Erfahrung der Spezies? Dann führt die Gesellschaft, indem sie durch ihre «Hemmungen» und «Verdrängungen» *Bewußtsein* schafft, die Instinkte nicht in die Sklaverei, sondern in die Freiheit. Wenn Freud das, was die versklavten Instinkte befreit, «Hemmungen» oder «Verdrängung» nennt, ist er voreingenommen.
Freud sieht in der Entwicklung jeder individuellen Psyche lediglich das Drama der Triebe, die sich gegenseitig bekämpfen und

so die Unterdrückung durch die Kultur herbeiführen. Er sieht in der Kultur nichts weiter als die Projizierung dieses Dramas auf die Umwelt, in einem kollektiven Maßstab. «Und nun», sagt er, «meine ich, ist uns der Sinn der Kulturentwicklung nicht mehr dunkel. Sie muß uns den Kampf zwischen Eros und Tod, Lebenstrieb und Destruktionstrieb zeigen, wie er sich an der Menschenart vollzieht.» Für ihn ist Kultur also etwas nur Psychisches, das keine innere Kausalität besitzt, eben weil es keine Verbindung mit der Außenwelt hat. Die materielle Umwelt wird ignoriert.

In einem anderen Abschnitt führt er die Organisationsformen der Gesellschaft auf die Identifizierung aller Individuen miteinander durch den Vater zurück und erklärt damit sowohl die gesellschaftliche Bindung wie die Führerschaft. Und er fügt hinzu (und erklärt damit unsere gegenwärtige Unzufriedenheit): «Diese Gefahr (der sozialen Unzufriedenheit) droht am ehesten, wo die gesellschaftliche Bindung hauptsächlich durch Identifizierung der Teilnehmer untereinander hergestellt wird, während Führerindividualitäten nicht zu jener Bedeutung kommen, die ihnen bei der Massenbildung zufallen sollte.» Hier schreibt der bürgerliche Idealismus lange vor Hitler unbewußt die Charta des barbarischen Faschismus, des Führertums und des Korporativstaates. Der Faschismus kehrt sich von der Zukunft ab und sieht die Rettung in einer barbarischen Vergangenheit. Infolge einer seltsamen Ironie wird Freud zum Apologeten der faschistischen Philosophie, die ihn ablehnt, die seine Bücher verbrennt und die ihm widerlich ist. Aber das ist die Ironie aller bürgerlichen Kultur, daß sie, weil sie auf einem Widerspruch beruht, das Gegenteil von dem hervorbringt, was sie beabsichtigt. Sie will Freiheit und individuellen Ausdruck, aber weil sie glaubt, Freiheit gewinne man durch die Abschaffung der gesellschaftlichen Ordnung, bringt sie all die Tyrannei und den blinden lähmenden Zwang der modernen Welt hervor. Die Freudsche Lehre, welche die Zivilisation zu heilen versucht, indem sie die Instinkte befreit, zeigt den Weg zum Nazismus.

Ist Freud also ein Verbündeter des Faschismus, dessen psychologischen Mechanismus im Individuum er in seiner Theorie erklärt und verdammt? In einer Hinsicht ja! Da das bürgerliche Bewußtsein angesichts der neuen Wirklichkeit zusammenbricht, wird es sich seines Versagens bewußt, und dieses Gefühl des Versagens ist selbst eine zersetzende Kraft. Ein Teil der Rolle, die Freud spielt, besteht darin, die Morschheit der bürgerlichen sozialen Beziehungen sichtbar zu machen, aber es gibt keine «völlig hoffnungslosen» Situationen, und die bürgerliche Kultur verteidigt sich gegen diese demütigende Erkenntnis mit dem Mechanismus barbarischer pseudoreligiöser Konstruktionen wie etwa der faschistischen Ideologie. Wenn das Bewußtsein erkennt, daß es einer Situation nicht gewachsen ist, kann man entweder zu einem umfassenderen Bewußtsein gelangen, das die neue Situation, welche die Krise hervorgebracht hat, mit einschließt, oder man kann auf eine frühere Lösung eines ähnlichen Problems in der Kindheit des Individuums oder der Nation zurückgreifen. Das ist der Mechanismus der Neurosen. Aber diese Rückwendung ist keine Lösung, denn die Situation ist nicht mehr die gleiche wie damals, und der Mensch, der sich mit ihr auseinandersetzen muß, hat sich ebenfalls verändert. So erhält man nur einen falschen und pathologischen Infantilismus voller Illusionen und Phantasterei. Die Freudsche Lehre kann das erklären, aber da ihr die wissenschaftliche Grundlage fehlt, vermag sie nicht zu zeigen, wie man zu einem umfassenderen Bewußtsein gelangt. Deshalb ist sie letzten Endes keine Therapie, sondern nur eine Diagnose. Vergeblich deckt der Analytiker den regressiven Charakter der Lösung auf, die der Neurotiker gefunden hat, wenn er ihm nicht eine bessere Lösung vorschlagen kann. Und Freud kann das nicht. Wir können einen Irrtum nur durch Wahrheit wiedergutmachen, und Freud hat keine neue Wahrheit anzubieten, nur ein Märchen, das in seiner eigenen mythologischen Sprache vom Zusammenbruch der bürgerlichen Zivilisation erzählt.

Den Kritikern der Freudschen Mythologie wird oft entgegengehalten, daß die Freudsche Lehre eine Therapie und keine Wissenschaft sei. Diese Verteidiger geben zu, daß emotionsgeladene Begriffe wie Libido, Zensor, Ödipuskomplex und Hemmung in einer wissenschaftlichen Hypothese nichts zu suchen haben. Aber (so argumentieren sie) die Neurose ist eine emotionelle Krise, und der Neurotiker kann nur emotionell geheilt werden. Es ist zwecklos, ihm mit bedingten Reflexen zu kommen. Sein Gemüt muß bewegt werden, und das rechtfertigt die Mythen der Psychoanalyse, durch die ihm Wahrheiten zwar in märchenhafter Form, aber doch höchst anschaulich vermittelt werden.

Aber gerade weil die Freudsche Lehre keine Wissenschaft ist, versagt sie als Therapie. Gesetzt, der Neurotiker müsse tatsächlich emotionell angesprochen werden – sind einzelne Psychoanalytiker wirklich arrogant genug, anzunehmen, daß die gewaltige schöpferische Kraft des Gefühls, die dynamische Kraft der Gesellschaft von ihnen als Individuen gelenkt werden kann, und noch dazu mittels solch unfruchtbarer Begriffe wie jener der

Freudschen Lehre? Die Gefühle sind die Schöpfung ganzer Zeitalter der Kultur, die auf die blinden gefühllosen Instinkte einwirken. Jede Kunst, jede Erziehung, jede alltägliche gesellschaftliche Erfahrung holt sie aus dem Herzen des Menschen hervor und lenkt und formt ihre zahllosen Erscheinungen. Nur die Gesellschaft als Ganzes kann diese Kraft, die im Individuum verborgen liegt, wirklich lenken. Zu glauben, ein Psychoanalytiker könne sie formen, hieße annehmen, man könne die Häuser von London durch einen Schrei zum Einsturz bringen. Könnte eine Disziplin, die auf wissenschaftlicher Kausalität beruht, je ein so unbedachtes Fehlurteil über die Kräfte des Individuums fällen, zu glauben, der ernste, kahlköpfige Arzt in mittleren Jahren könne die gewaltige gesellschaftliche Kraft des Gefühls durch «Umleitung von Libido» nutzbar machen? Die viktorianische Heldin, die den Sünder durch die Liebe einer ehrbaren Frau bekehren wollte, hatte wenigstens persönlichen Charme und dazu unbegrenzte Gelegenheit.

Die natürlichen Reaktionen des Organismus, die sogenannten Instinkte, sind unbewußt, mechanisch und werden durch Erfahrungen nicht verändert. Deshalb beschäftigt sich die Psychologie nicht mit ihnen, denn sie sind das Material der Physiologie. Die Psychologie kann bei ihrer Untersuchung des Bewußtseins und des Unbewußten nur jene psychischen Inhalte als Material verwenden, die aus der Veränderung von Reaktionen durch die Erfahrung resultieren. Dieses Material verändert sich, entwickelt sich, ist spezifisch menschlich, ist von Bedeutung, und die Psychologie sollte – und in der Praxis tut sie das auch – die unveränderliche triebmäßige Grundlage als Untersuchungsgegenstand beiseite lassen. Sie befaßt sich mit dem Wandlungsfähigen, das sich nicht nur von Epoche zu Epoche, sondern von Individuum zu Individuum und innerhalb eines Individuums stündlich verändert.

Reflexe sind bedingt durch die Erfahrung, durch Einwirken auf die Umwelt. Die Umwelt des Menschen aber ist die Gesellschaft, und Wirken besteht aus Erziehung, täglicher Arbeit, täglichem Leben, all dem, was der Mensch sieht, ißt, hört, handhabt, worin er reist, womit er zusammenarbeitet, was er liebt, hochachtet, was ihn abstößt – dem ganzen Gewebe sozialer Beziehungen. Diese erzeugen in dem sich entwickelnden, von Trieben gesteuerten Organismus die Psyche, geben dem Bewußtsein seine Inhalte und dem Unbewußten seine Richtung und machen den Menschen zu dem, was er ist. Das Bewußtsein ist das Organ der gesellschaftlichen Anpassung, aber die Gesellschaft setzt sich nicht aus den Bewußtseinsinhalten einzelner Menschen zusammen.

Es ist richtig, daß jeder Kontakt des Organismus mit der Umwelt nicht nur auf den Organismus wirkt, sondern ebenso auf die Umwelt. Aber wenn man eine Psyche studiert, was die Aufgabe der Individualpsychologie ist, sehen wir auf der einen Seite einen nackten Genotypus, stumpf, unwissend und traditionslos, und auf der anderen Seite seine Umwelt, nicht nur Millionen anderer Individuen, sondern auch die formgewordene Erfahrung langer Zeitalter menschlicher Tätigkeit, Formgebung in Ziegeln und Mörtel, in gesellschaftlichen Ordnungen, in Religionen, Wissenschaften, Gesetz und Sprache. Folglich ist die Wirkung des Organismus auf diese Masse von Bewußtsein gering, verglichen mit dessen Gegenwirkung auf den Organismus, außer in solchen Fällen, wo infolge seiner eigenen Labilität bereits die kleinste Berührung genügt, um seine Lage gewaltsam zu verändern. Für diese Erscheinungen ist Marx zuständig. Aber wenn man eine wissenschaftliche Psychologie entwickelt, ist das genauso, wie wenn man eine Mechanik aufstellt: Das in die Augen Fallende ist unwichtig verglichen mit den ihm zugrunde liegenden Kausalgesetzen. Das gilt für das normale wie für das außerordentliche Ereignis. Die Tatsache, daß unter gewissen Bedingungen der Instabilität ein Krickettball die Sonne zum Explodieren bringen könnte, rechtfertigt nicht die Vorstellung, daß Krickettbälle größere Kraft als Sonnen besitzen. In der Psychologie ebenso wie in der Mechanik kann man die Wirkung eines Körpers auf seine kosmische Umwelt außer acht lassen, wenn wir sie mit der Wirkung der Welt auf den Körper vergleichen.

Also muß die Psychologie aus der Soziologie abgeleitet werden, nicht umgekehrt. Denn die wissenschaftliche Soziologie (und die einzige Schule wissenschaftlicher Soziologie wurde von Marx begründet) enthält bereits die bewußten Formulierungen und die materielle Zunahme, die sich aus der Dialektik der sozialen Beziehungen ergeben, welche die Umwelt der sich entwickelnden kindlichen Psyche bilden. Das sind die sozialen Beziehungen, in die der Organismus unabhängig von seinem Willen eintritt. Der einzelne Organismus ist ein Sklave seiner Umwelt, genau wie die Partikel ein Sklave von Zeit und Raum ist, obwohl sich die gesellschaftliche Umwelt aus den Tätigkeiten menschlicher Organismen zusammensetzt und Zeit und Raum die Summe der Beziehungen von Partikeln sind. Wir müssen die Soziologie etablieren, ehe wir die Psychologie etablieren können, ebenso wie wir die Gesetze von Zeit und Raum aufstellen müssen, bevor wir ein einziges Partikel befriedigend behandeln können. Das heißt nicht, daß Psychologie und Soziologie dasselbe sind. Die Psychologie bearbeitet ein Gebiet, das von enormer

Bedeutung für die Menschheit ist, aber dieses Gebiet kann nur wissenschaftlich untersucht werden auf der Grundlage allgemeinerer Gesetze, genauso wie die Biologie unmöglich ist ohne die vorangehenden Gesetze der Physik und der Chemie. Die Soziologie ist die Grundlage der Psychologie.
Das hat Freud nicht erkannt. Für ihn sind alle geistigen Phänomene einfach die Wechselwirkung und gegenseitige Verschiebung der Triebe, deren Projizierung Kultur und gesellschaftliche Ordnungen sind, und dennoch ist es gerade diese durch die Triebe geschaffene gesellschaftliche Umwelt, welche die Triebe quält und hemmt. Freud vermag keine kausale Erklärung für die komplizierte und reiche kulturelle Entwicklung zu geben, weil er in der Lage eines Mannes ist, der sich an seinen Schnürsenkeln vom Boden hochzuziehen versucht. Diese ganze reiche Kultur, ihre Kunst, ihre Wissenschaft und ihre Institutionen sind für Freud nur eine Projizierung des Aufruhrs der menschlichen Triebe in eine unveränderliche Wirklichkeit, und dennoch verändert sich diese Projizierung ständig, obgleich die individuellen Triebe und die Wirklichkeit gleich bleiben. Weshalb ändern sich die sozialen Beziehungen? Weshalb ändert sich die Psyche immerfort? Wie alle modernen Psychologen, die davon ausgehen, daß die Instinkte des Genotypus unveränderlich sind, vermag Freud das einzige, was die Psychologie interessiert, dasjenige, was die Psychologie überhaupt erst ausmacht, nämlich die ständige Veränderung und Entwicklung des geistigen Phänotypus, nicht zu erklären. Wie die Menschen in Platos Höhle versuchen die Psychoanalytiker von Schatten abzuleiten, was draußen geschieht. Wenn sie in die Psyche hineinsehen, sind sie verblüfft über die durch Vorgänge in der äußeren Wirklichkeit ausgelösten Bewegungen und halten sie fälschlich für die Verschiebungen der listigen unterdrückten Triebe oder die Interventionen geheimnisvoller, von den Instinkten erzeugter Kräfte. Sie sehen die Schatten um eine bestimmte Stelle kreisen und nehmen an, dies sei ein ewiges Gesetz der Psyche, der Ödipuskomplex. Der Gedanke kommt ihnen nicht, er könne die Folge eines Hindernisses in der Umwelt sein, um das die Schatten kreisen müssen, und der Komplex werde sich ändern, wenn das Hindernis beseitigt wird.
Da die Freudsche Schule nicht imstande ist, die Psychologie kausal zu sehen, einfach weil sie sie nicht soziologisch zu sehen vermag, kann sie die Grenzen der bürgerlichen Psychologie nie überschreiten. Sie gelangt nie über den Standpunkt des «Individuums in der bürgerlichen Gesellschaft» hinaus. Ob sie den primitiven Menschen untersucht oder allgemeine Gesetze der

Seele aufstellt, es geschieht immer mit Ideen, die von einer bürgerlichen Psyche formuliert wurden, welche andere bürgerliche Psychen untersuchte, und so spielen die Triebe immer die Rolle schöner und freier Tiere, die durch eine grausame Kultur unterdrückt und gelähmt werden. Es stimmt, daß heute das System der Produktionsverhältnisse die großartigen Kräfte des Menschen lahmlegt, aber die von der «Verdrängung» geknechtete Freudsche «Libido» ist ein sehr ungeeigneter Mythos, um diese Wirklichkeit zu vermitteln. Sie ist eine blasse subjektive Widerspiegelung der objektiven Situation. Da ist das alte bürgerliche Symbol der «Erbsünde» besser. Die Psyche, eine Schöpfung ihrer Umwelt, wird für Freud, der die Umwelt ignoriert oder ihre Veränderungen nicht zur Kenntnis nimmt, ein Lebewesen, das geheimnisvolle selbstgeschaffene Entitäten dazu zwingen, eine unglückliche bürgerliche Psyche zu werden. Es ist, als ob ein Mann zusieht, wie eine Reihe von Bäumen vom Wind so oder so gebeugt werden, und nun, ohne die Beziehung zwischen Wachstum und Umwelt zu untersuchen, daraus ableitet, ein geheimnisvoller Komplex, der allen Bäumen eigentümlich sei, lasse sie stets ihre Wipfel senken, weil ein Todestrieb sie zum Boden ziehe, während sie der ewige Eros in die Höhe streben lasse. Freuds Irrtum ist um so verhängnisvoller, weil die Psyche, die von der Psychologie untersucht wird, in weit höherem Maße das Ergebnis von Umweltbedingungen ist als der ganze Baum. Die Psyche ist das Organ der Anpassung an soziale Beziehungen, deshalb sind die Gesetze, welche die sozialen Beziehungen bestimmen, von grundlegender Bedeutung für die Psychologie. Wie alle Schulen der Individualpsychologie versagt die Freudsche Schule bei der elementarsten wissenschaftlichen Voraussetzung, der Kausalität. Obwohl sie als Therapie entwickelt wurde, erweist sie sich als das Glaubensbekenntnis des reinen Pessimismus. Wenn wir die Gesetze unserer Umwelt nicht kennen, können wir uns selbst nicht kennen, und wenn wir uns selbst nicht kennen, können wir niemals frei sein. Wenn wir voller Bitterkeit sind und diese Bitterkeit das Ergebnis eines unvermeidlichen Kampfes der Triebe ist, kann unser Inneres niemals zur Ruhe kommen. Wenn wir unserer Umwelt keinen lebenswichtigen Teil unseres Bewußtseins verdanken, ist es nutzlos, sie zu ändern. «Der Vertriebene findet neue Himmel, aber das gleiche Herz», sagt Horaz. Wenn wir die Kategorien der Gegenwart als endgültig betrachten und die Gegenwart voller Verzweiflung und Neurosen, voller Krisen und Kriege ist, können wir niemals erfolgreich über sie hinausgelangen. Im besten Fall können wir wie der Neurotiker zu einer früheren erfolgreichen

Lösung auf einer infantilen Ebene zurückkehren – zum Feudalismus, zu barbarischer Gruppenführerschaft, Unanimismus, Faschismus. In der Tat sieht Jung in diesem Rückschritt unsere einzige Rettung und ruft die alten barbarischen Mythologien an, uns zu Hilfe zu kommen. Freud wenigstens hat den Mut, diese Fluchtmöglichkeit zurückzuweisen, und so wandelt er wie ein römischer Stoiker in der verfallenden klassischen Zivilisation den Weg des Extremen und leert den Giftbecher bis zur Neige.

Diese – offensichtlich verfeinerte – Vorstellung von der letzten Schicksalsschlacht der Götter ist wirklich barbarisch und stellt den ersten Schritt zur hinduistischen Resignation und zur vegetabilischen Heiligkeit dar. Spengler ist der Prophet dieses Sich-Ergebens in seine eigene Begrenztheit: «Nur Träumer glauben, daß es einen Ausweg gibt. Wir sind in dieser Zeit geboren und müssen diesen Weg tapfer bis zum vorbestimmten Ende gehen. Es gibt keinen anderen Weg. Es ist unsere Pflicht, diese letzte Stellung zu halten, ohne Hoffnung, ohne Rettung.» Auch Freud sieht in seinen Werken «Die Zukunft einer Illusion» und «Gruppenpsychologie» wenig Hoffnung für die Kultur. Aber dennoch ist er optimistischer als der Kommunist, denn er glaubt, während es mit der Gesellschaft abwärts gehe, könne der Psychoanalytiker als Individuum tun, was die ganze Gesellschaft nicht zustande bringt, und den Neurotiker heilen, den die modernen Lebensbedingungen hervorgebracht haben. Dieser widersprüchliche Glaube, daß das Individuum das tun kann, was die Summe der Individuen, von denen es eins ist, nicht tun kann, ist charakteristisch für alle diese bürgerlichen Pessimisten und macht es schwierig, ihren Pessimismus völlig ernst zu nehmen.

Es ist die allgemeine Ansicht, daß das Verhältnis zwischen Umwelt und Individuum richtig dargestellt wird bei Adler, einem führenden Vertreter der Individualpsychologie, Freuds einstigem Schüler. Lassen wir ihn deshalb hier zu Worte kommen:

«In einer Zivilisation, in der der eine Mensch der Feind des anderen ist – denn genau das bedeutet unser ganzes industrielles System –, ist die Demoralisierung unausrottbar, denn Demoralisierung und Verbrechen sind die Nebenprodukte des Existenzkampfes, wie ihn unsere Industriezivilisation kennt.»

Unzweifelhaft, so wird man sagen, ist Adler aus dem bürgerlichen Käfig entflohen. Unzweifelhaft hat er erkannt, daß es die Umwelt, der bürgerliche Kapitalismus ist, der unsere gegenwärtige Unzufriedenheit hervorruft, und nicht der Existenzkampf des durch seine Instinkte getriebenen Organismus, der den bürgerlichen Kapitalismus hervorruft. Gewiß, er verwechselt hier die Industrialisierung (die Maschinentechnik) mit dem Konkurrenzkampf des Kapitalismus, der sie hervorbrachte, aber von ihr ablösbar ist. Er verwechselt Produktivkräfte und Produktionsverhältnisse. Doch wenigstens (wird man sagen) hat er die Wurzel der Sache erkannt. Wir wollen deshalb weiterzitieren und sehen, was er als Heilmittel gegen diese «unausrottbare» Demoralisierung vorschlägt: Um diese Demoralisierung einzudämmen und ihrer Herr zu werden, sollte ein Lehrstuhl für Heilpädagogik geschaffen werden.

Das ist die Logik der Individualpsychologie! Die Ursache der Demoralisierung des Menschen, seiner Neurose, seiner Unzufriedenheit, seiner Verzweiflung wird richtig erkannt: es ist die Umwelt, die kapitalistischen sozialen Beziehungen. Um diese Leiden des Menschen zu heilen, braucht man jedoch seine Umwelt nicht zu verändern, denn die Umwelt wird in der bürgerliche Wirtschaftswissenschaft und in der bürgerlichen Soziologie der Geschichte zum Trotz als unveränderlich angesehen. Lieber soll sich der Mensch an seinen Schnürsenkeln vom Boden hochziehen und pädagogische Pillen schlucken, um des Erdbebens beim Zusammenbruch des Kapitalismus Herr zu werden. Die Pille hat verschiedene Formen: bei Adler ist sie ein Lehrstuhl für Heilpädagogik; bei Freud sollen die Leidenden, wenn sie wohlhabend genug sind, zu einem Psychoanalytiker gehen, um sich behandeln zu lassen. Das ist für die ärmeren Schichten undurchführbar, erkennt Jung, und deshalb müssen wir die alten Mythen von dem archetypischen Helden wieder einführen, den der Riesenfisch verschlingt. («Psychologie des Unbewußten».) Das sind die Ärzte, die im Augenblick der tiefsten Agonie der Gesellschaft an ihrem Krankenbett stehen! Ist es da erstaunlich, daß die marxistische Kritik manchmal einen Beigeschmack von Verachtung hat?

Der Marxist ist oft getadelt worden, weil er ein Gegner der Psychoanalyse ist. Es wird sogar behauptet, daß ihr Gründer keine bürgerlichen Illusionen habe; er sei Materialist durch und durch. Aber das ist er nicht. Freud ist immer noch von der zentralen bürgerlichen Illusion besessen, das Individuum stehe im Gegensatz zu einer unveränderlichen Gesellschaft, die es hemme, und innerhalb der Beschränkungen, die sie ihm auferlegte, versuchten seine Instinkte die reichen und vielfältigen Phänomene der Psyche frei zu entwickeln. Auf Grund dieser Illusion glaubt Freud, die Gesellschaft selbst sei zur Frustrierung verdammt, und dennoch glaubt er, ein Individuum könne das andere heilen. Er vermag nicht zu erkennen: genauso wie der Mensch einen Stützpunkt außerhalb seiner selbst haben muß, um sich hochzuziehen, muß das Individuum auf die Umwelt einwirken, die sein Bewußtsein geschaffen hat, um sie zu verändern. Wir schulden Freud Dank für seine symbolische Darstellung der Diskrepanz zwischen den Tiefenschichten und den jüngsten Schichten des menschlichen Gemüts; aber er vermag uns nicht zu heilen, denn er kann uns nicht einmal jene erste Wahrheit lehren, daß wir die Welt ändern müssen, um uns selber zu ändern.

Der Aufstand aller Instinkte gegen die jetzigen sozialen Beziehungen, der für Freud alles ist und seinen ganzen Horizont verdunkelt, so daß er Psychologie, Kunst, Religion, Kultur, Politik und Geschichte einzig unter dem Gesichtspunkt dieses Aufstands sieht, ist für den Marxisten nur eins der vielen Anzeichen dafür, daß hinter der verrotteten Fassade eine neue Umwelt entsteht und daß in der bedrückten Seele des Menschen ein höheres Bewußtsein auf seine Befreiung wartet.

Freiheit
Eine Studie über eine bürgerliche Illusion

Viele werden eine Radiosendung von H. G. Wells gehört haben, in der er über die Sowjetunion sprach und sie als ein «großes Experiment» bezeichnete, «das sein Versprechen erst halb erfüllt hat» und «immer noch ein Land ohne geistige Freiheit ist». Es gibt auch viele Essays von Bertrand Russell, in denen dieser Philosoph erklärt, wie wichtig die Freiheit sei und daß der Genuß der Freiheit das höchste und wichtigste Ziel der Menschheit sei. Fisher behauptet, die Geschichte Europas in den letzten zwei oder drei Jahrhunderten sei einfach die Geschichte des Kampfes um die Freiheit. Künstler, Wissenschaftler und Philosophen preisen gleichermaßen ständig die Freiheit, wenn auch auf unterschiedliche Weise, und behaupten mit aller Bestimmtheit, der Mensch habe ein Recht, diese Freiheit zu genießen.

Ich stimme dem zu. Die Freiheit scheint mir das wichtigste aller allgemeinen Güter zu sein – wie etwa Gerechtigkeit, Schönheit, Wahrheit –, die wir so gern im Munde führen. Und doch kann man, wenn über die Freiheit diskutiert wird, etwas Sonderbares feststellen. Diese Männer – Künstler, die ihre Worte sorgfältig wägen, Wissenschaftler, welche die durch Worte bezeichneten Dinge untersuchen, Philosophen, die gewissenhaft die Beziehungen zwischen Worten und Dingen analysieren – definieren nie genau, was sie mit «Freiheit» meinen. Sie scheinen anzunehmen, Freiheit sei ein ganz klarer Begriff, über dessen Definition sich alle einig sind.

Aber wem ist nicht bekannt, daß sich die Menschen über den Begriff der Freiheit vielleicht mehr als über alle anderen Begriffe gestritten haben? Bei den historischen Auseinandersetzungen über die Prädestination, über Karma, den freien Willen, Moira, die Frage, ob der Mensch durch den Glauben oder durch Werke selig werde, über Determinismus, Schicksal, Kismet, den kategorischen Imperativ, genügend Gnade, Okkasionalismus, die göttliche Vorsehung, Strafe und Verantwortung ging es stets um die Art der menschlichen Willens- und Handlungsfreiheit. Die Griechen, die Römer, die Buddhisten, die Mohammedaner,

die Katholiken, die Jansenisten und die Calvinisten haben alle verschiedene Vorstellungen von Freiheit. Warum nehmen dann alle diese bürgerlichen Intellektuellen an, Freiheit sei ein klarer Begriff, den alle ihre Zuhörer in der gleichen Weise verstehen und den man deshalb nicht zu definieren brauche? Russell zum Beispiel hat sein Leben damit verbracht, eine wirklich befriedigende Definition der Zahl zu finden, und selbst jetzt noch streitet man sich darüber, ob ihm das gelungen ist. Ich kann in seinen Schriften keine klare Definition dessen finden, was er unter Freiheit versteht, aber die meisten Menschen hätten sicherlich angenommen, man sei sich eher darüber einig, was unter einer Zahl, als was unter Freiheit zu verstehen ist.
Diese unklare Anwendung der Worte kann nur bedeuten, daß die Menschen entweder der Meinung sind, das Wort Freiheit habe im Laufe der Geschichte keinen Bedeutungswandel erfahren, oder daß sie es in seinem gegenwärtigen bürgerlichen Sinne gebrauchen. Wenn sie aber seine Bedeutung für unveränderlich halten, dann ist es doch sonderbar, daß Menschen sich so oft über die Freiheit gestritten haben. Diese Intellektuellen sollten doch unfähig sein, einen solchen Fehler überhaupt zu begehen. Sie müssen Freiheit so verstehen, wie Männer in ihrer Situation sie erleben. Das heißt, sie müssen unter Freiheit verstehen, daß ihnen nicht mehr Beschränkungen auferlegt werden, als sie gegenwärtig hinnehmen müssen. Diese Oxford-Graduierten oder erfolgreichen Schriftsteller wollen zum Beispiel nicht die Beschränkungen des Faschismus; das ist ganz klar. Das wäre keine Freiheit. Aber im Augenblick sind sie, Gott sei Dank, einigermaßen frei.
Nun ist das aber eine oberflächliche Vorstellung von der Freiheit, denn nicht alle ihre Landsleute befinden sich in der gleichen Lage wie sie. A, ein Intellektueller mit guter Schulbildung, einem ausreichenden Einkommen, mit Freunden, die einigermaßen zu ihm passen, die sich zwar keine Jacht leisten können, an der er Spaß hätte, aber zumindest zum Wintersport fahren können, hält diesen Zustand (mehr oder weniger) für Freiheit. Er hätte zwar die Jacht gern, aber immerhin – er kann gegen Kommunismus oder Faschismus oder das bestehende System schreiben. Nehmen wir für den Augenblick an, daß er frei ist. Ich beabsichtige, diese Feststellung einen Augenblick später gründlicher zu analysieren und zu zeigen, daß sie einseitig ist. Aber nehmen wir für den Augenblick an, daß A Freiheit genießt.
Ist B frei? B ist der schlechtbezahlte, nicht gewerkschaftlich organisierte Ladengehilfe von Houndsditch, der sieben Tage in

der Woche arbeitet. Er hat keine Ahnung von Kunst, Wissenschaft und Philosophie. Er besitzt keine Kultur, abgesehen von einigen absurden Vorurteilen, für die seine Grundschulbildung gesorgt hat. Er glaubt an die Überlegenheit des englischen Volkes, an die Weisheit des Königs und seine Liebe zu seinen Untertanen, an die Existenz Gottes, des Teufels, der Hölle und der Sünde und an die Verruchtheit des Geschlechtsverkehrs, wenn er nicht durch die Ehe sanktioniert ist. Was er von den Vorgängen in der Welt weiß, stammt aus dem Sonntagsblatt «News of the World»; an Wochentagen hat er keine Zeit, Zeitung zu lesen. Er glaubt, daß er nach seinem Tod (mit etwas Glück) die ewige Seligkeit erlangen wird. Augenblicklich jedoch ist seine größte Furcht die, daß er durch irgendeine Kleinigkeit den Unwillen seines Brotgebers erregen und arbeitslos werden könnte.
B's Unglück ist ganz offensichtlich das Fehlen von Freizeit, in der er die Freiheit kultivieren könnte. C leidet nicht unter diesem Mangel. Er ist ein Arbeitsloser in mittleren Jahren, der vierundzwanzig Stunden am Tage frei hat. Er hat Zeit, überall hinzugehen – auf die Straßen, in die Parks und in die Museen. Er darf über alles nachdenken – Einsteins Relativitätstheorie, Freges Definition der Klassen oder die Lehre von der unbefleckten Empfängnis. Bedauerlicherweise aber tut er nichts davon. Er zankt sich mit seiner Frau, die ihn einen Taugenichts und Verschwender nennt, mit seinen Kindern, die auf Grund des «Means Test» seine Miete zahlen müssen, und mit seinen früheren Freunden, weil sie Annehmlichkeiten genießen können, die er sich nicht leisten kann. Glücklicherweise besitzt er die Freiheit, sich das Leben zu nehmen, und an diesem Nachmittag, wenn seine Frau nicht zu Hause ist und eine Menge Münzen im Gasautomaten sind, wird er es tun.
A ist frei. Sind B und C ebenfalls frei? Ich nehme an, A wird erwidern, B und C seien nicht frei. Wenn A behauptet, daß B und C wirkliche Freiheit genießen, werden die meisten von uns ohne weitere Definition wissen, was sie von A's Vorstellung von Freiheit zu halten haben. Ein Wells, ein Forster oder ein Russell jedoch würde zweifellos genauso entschieden wie wir behaupten, das sei keine Freiheit, sondern eine entwürdigende, durch die Umwelt erzwungene Sklaverei. Er würde sagen, um B und C zu befreien, müssen wir sie auf A's Niveau heben, das Niveau etwa des Oxford-Graduierten. Wie der Oxford-Graduierte müssen B und C Muße und ein ausreichendes Einkommen haben, das ihnen gestattet, die guten Dinge und die guten Ideen der Welt zu genießen.
Aber wie soll das bewerkstelligt werden? Jetzt haben wir bür-

gerliche gesellschaftliche Verhältnisse. Niemand leugnet, daß das Antriebsmotiv der bürgerlichen Welt der private Profit ist. Hier stimmen bürgerliche Ökonomen und Marxisten überein. Überdies, wenn die Kausalität irgendeine Bedeutung hat und wenn wir nicht alle wissenschaftlichen Methoden über Bord werfen wollen, müssen die gegenwärtigen ökonomischen Verhältnisse und die Unfreiheit B's und C's in kausaler Wechselbeziehung zueinander stehen.

Wir haben also einerseits bürgerliche gesellschaftliche Verhältnisse und andererseits diese verschiedenen Grade von Unfreiheit – A, B und C –, die als Ursache und Wirkung miteinander verknüpft sind. Bis jetzt kann jeder dieser beiden Faktoren die Ursache sein, weil wir noch nicht ermittelt haben, ob der Geisteszustand eines Menschen das Ergebnis der gesellschaftlichen Verhältnisse ist oder umgekehrt. Aber sobald wir fragen, wie denn das Problem durch Handeln zu lösen sei, erkennen wir, was das Primäre ist. Es ist sinnlos, B durch Vorlesungen Gelegenheit zu geben, in die Philosophie einzudringen, oder ihn in Gemäldegalerien Meisterwerke der Kunst betrachten zu lassen. Bevor er zu arbeiten anfängt, hat er keine Zeit, den Geschmack an Philosophie oder Kunst zu entwickeln, und wenn er angefangen hat zu arbeiten, hat er keine Zeit mehr, ihn zu befriedigen. Ebenso besitzt C nicht die Freiheit, die Reichtümer der bürgerlichen Kultur zu genießen, solange seine ganze Existenz durch seine ökonomische Lage verdüstert wird. Es sind die Umstände, die das Bewußtsein einengen, nicht umgekehrt. B und C sind nicht etwa deshalb Angehörige der Arbeiterklasse, weil sie nicht gebildet sind, sondern sie sind nicht gebildet, weil sie Angehörige der Arbeiterklasse sind. Und Russell, der das «Lob des Müßiggangs» schreibt, hat mit seinem Lob recht, denn er ist klug, weil er müßig und ein Bürger ist, und er ist nicht etwa deshalb müßig und ein Bürger, weil er klug ist.

Wir sehen nun, welches die Ursache und welches die Wirkung der Situation ist. Wir sehen, daß nicht Freiheit und Unfreiheit die bürgerlichen gesellschaftlichen Verhältnisse hervorbringen, sondern daß die bürgerlichen gesellschaftlichen Verhältnisse gleichermaßen diese beiden Extreme erzeugen, die Freiheit des müßigen Bürgers und die Unfreiheit des proletarischen Arbeiters. Es liegt auf der Hand, daß diese Wirkung, falls sie unerwünscht ist, nur geändert werden kann, indem man die Ursache ändert.

So steht der Intellektuelle vor einem anderen Problem, ähnlich dem, als er genauer definieren mußte, wer denn die Freiheit genoß, die er für eine allen zugute kommende Errungenschaft

des Zeitalters hielt. Wünscht er, daß diese beiden Zustände der Gefangenschaft und der Freiheit, des Elends und des Glücks für immer weiterbestehen sollen? Kann er eine Freiheit genießen, die durch die gleiche Ursache wie die Unfreiheit der Arbeiter aufrechterhalten wird? Denn wenn er das nicht kann, muß er einen weiteren Schritt tun und sagen, daß die bürgerlichen gesellschaftlichen Verhältnisse geändert werden müssen. Ändern werden sie sich, und zwar gerade auf Grund der Unfreiheit, die sie in zunehmendem Maße hervorbringen; aber heute muß sich der Intellektuelle entscheiden, ob sein Wille Teil der gesellschaftlichen Kräfte sein soll, die eine Änderung anstreben, oder ob er sich ihnen vergeblich entgegenstellen wird.
Aber wie können die bürgerlichen gesellschaftlichen Verhältnisse geändert werden? Nicht durch eine bloße Willensanstrengung, denn wir haben gesehen, daß der Geist durch die gesellschaftlichen Verhältnisse geformt wird, nicht umgekehrt. Es ist die Materie, die quantitative Grundlage qualitativer Ideologie, die geändert werden muß. Es genügt nicht, zu argumentieren und zu überzeugen. Die Arbeit muß getan werden. Die Umwelt des Menschen muß verändert werden.
Die Wissenschaft zeigt uns, wie. Wir erreichen stets, was wir uns wünschen, nicht allein durch den Willen, nicht indem wir etwas so lange wünschen, bis das Gewünschte Realität wird, sondern durch Handeln, das vom Denken geleitet wird; dadurch, daß wir uns die physischen Gesetze der Wirklichkeit nutzbar machen. Wir versetzen Berge, nicht durch bloßes Wünschen, sondern weil wir die unumstößlichen Gesetze der Kinetik, der Hydraulik und der Elektrotechnik kennen und uns bei unseren Handlungen nach ihnen richten. Wir erlangen Freiheit – das heißt, die Erfüllung unserer Wünsche –, indem wir den Gesetzen der Wirklichkeit gehorchen. Diese Gesetze zu befolgen ist einfach, schwierig ist es nur, sie zu entdecken, und das ist die Aufgabe der Wissenschaft.
Die Aufgabe, das Wesen der Freiheit zu definieren, wird so noch schwieriger. Es ist schließlich nicht so einfach, auch nur eine für die Gegenwart gültige Definition der Freiheit zu liefern. Der Intellektuelle hat sich nicht nur bereits entscheiden müssen, die bürgerlichen gesellschaftlichen Verhältnisse zu ändern, sondern er muß nun auch die Bewegungsgesetze der Gesellschaft entdecken und die gesellschaftlichen Verhältnisse in ein kausales Schema einordnen. Der Wunsch nach Freiheit genügt nicht, man muß auch wissen, wie man Freiheit erlangt.
Es gibt nur eine wissenschaftliche Analyse des Bewegungsgesetzes der gesellschaftlichen Verhältnisse: die marxistische.

Damit der bürgerliche Intellektuelle versteht, wie auf der materiellen Ebene des gesellschaftlichen Seins quantitative Bewegungen von Kapital, Materie, *Stoff* die kausale, vorausberechenbare Grundlage der Gesellschaft schaffen und auf dem Wege über die gesellschaftlichen Verhältnisse zu qualitativen Veränderungen des Geistes, des Willens und der Ideologie führen, ist es notwendig, ihn auf Marx, Engels, Plechanow, Lenin und Bucharin zu verweisen. Nehmen wir an, daß er sie jetzt studiert hat und sich wieder dem schwierigen Streben nach Freiheit zuwendet.

Sein Wissen um die Kausalität der Gesellschaft wird ihm nun zu der Erkenntnis verhelfen, daß die Aufgabe, die sozialen Beziehungen Freiheit hervorbringen zu lassen, genauso starr durch die Wirklichkeit bedingt ist wie die Aufgabe, Materie in Gestalt von Maschinen so einzusetzen, daß sie seine Wünsche erfüllt. Alle Materie – Maschinen, Kapital, Menschen – und ihre Beziehungen innerhalb der Gesellschaft – kann sich nur auf Grund von Kausalgesetzen bewegen. Das bedeutet erstens, daß mit den alten Verhältnissen Schluß gemacht werden muß, genauso wie wir ein Haus niederreißen müssen, wenn wir es vollständig neu wieder aufbauen wollen, und während des Übergangs, wenn wir das Alte einreißen und den Grundstein zum Neuen legen, müssen wir bestimmten Gesetzen folgen. Wir können nicht das Fundament zuerst einreißen oder das Dach zimmern, bevor die Mauern stehen.

In diesem Übergangsstadium vollzieht sich die Veränderung aller Adhäsion zwischen Menschen und Kapital, Menschen und Material, die soziale Beziehungen schaffen. Diese müssen nicht mehr Einzelnen dienen – der bürgerlichen Klasse –, sondern allen Mitgliedern der Gesellschaft. Diese Veränderung ist keine bloße Änderung der Besitzverhältnisse, denn sie hat auch zur Folge, daß Individuen keinen Profit aus Besitz ziehen können, ohne zu arbeiten. Die Waren sind nicht dazu bestimmt, die Runde auf dem Markt zu machen – die Profitbewegung –, sondern dazu, direkt dem Verbrauch zugeführt zu werden – die Nutzbewegung. Das bedeutet außerdem, daß alle die sichtbaren Institutionen, die von gesellschaftlichen Verhältnissen abhängig sind, welche auf privatem Profit beruhen – Gesetze, Kirche, Bürokratie, Justiz, Armee, Polizei, Schulwesen – vernichtet und wieder neu geschaffen werden müssen. Die *Bourgeoisie* kann das nicht tun, denn gerade mittels dieser Institutionen – Privateigentum (das bescheidene Einkommen), Gesetze, Universität, Beamtentum, privilegierte Stellung usw. – gelangt sie zu ihrer Freiheit. Von der Bourgeoisie zu erwarten,

sie würde diese Verhältnisse abschaffen, von denen, wie wir sahen, ihre Freiheit und die Unfreiheit der Arbeiter abhängt, hieße, sie zu bitten, nach Unfreiheit zu streben, was sie, da alle Menschen nach Freiheit streben, nicht tun wird. Aber das Gegenteil ist der Fall bei den Unfreien, den Proletariern. An dem Tag, an dem das Proletariat nach Freiheit strebt, beginnt sein Aufstand. Der Bürger, der für seine Freiheit kämpft, muß sich zwangsläufig im Gegensatz zum Nichtbürger befinden, der ebenfalls für seine Freiheit kämpft. Der Ausgang dieses Kampfes ist abhängig von der Tatsache, daß die kapitalistische Wirtschaft in dem Maße, wie sie sich immer mehr entwickelt, die Klasse, die die Freiheit wirklich besitzt, immer kleiner macht, bis der Tag kommt, an dem der Intellektuelle, der Arzt, der Kleinbürger, der Angestellte und der Bauer erkennen, daß auch sie letzten Endes nicht frei sind. Und dann sehen sie ein, daß der Kampf des Proletariats auch ihr Kampf ist.
Was für die Proletarier Freiheit bedeutet – die Vernichtung jener bürgerlichen Institutionen und Verhältnisse, die sie in Unfreiheit halten –, bedeutet für den Bürger selbstverständlich Zwang und Beschränkung, genauso wie die alte bürgerliche Freiheit Unfreiheit für den Arbeiter bewirkte. Die beiden Freiheitsbegriffe sind unvereinbar. Wenn einmal das Proletariat zur Macht gelangt ist, werden alle Versuche, bürgerliche und gesellschaftliche Verhältnisse wieder herzustellen, Angriffe auf die proletarische Freiheit darstellen und deshalb genauso leidenschaftlich abgewehrt werden, wie die Menschen alle Angriffe auf ihre Freiheit abwehren. Das ist der Sinn der Diktatur des Proletariats, und deshalb wird diese Diktatur von Zensur, ideologischer Unnachgiebigkeit und all den anderen Dingen begleitet, die der Bürger im Laufe der Entwicklung des Zwangsstaates geschaffen hat, welcher ihm seine Freiheit sichert.
Es gibt jedoch einen grundlegenden Unterschied. Das Fortbestehen der gesellschaftlichen Verhältnisse des bürgerlichen Staates, die die Freiheit des Bürgers und die Unfreiheit des Proletariers schufen, hängt von der Existenz sowohl der Freiheit wie der Unfreiheit ab. Der Bürger konnte seinen Müßiggang nicht genießen ohne die Arbeit des Arbeiters, und der Arbeiter konnte nicht in bürgerlichen Verhältnissen verharren ohne die durch Zwang zustande gekommene Leitung und Führung durch den Bürger. So beruht die Freiheit der wenigen im bürgerlichen Staat auf der Unfreiheit der vielen. Die zwei Nationen befinden sich in einem ständigen Antagonismus. Aber nach der Enteignung der Bourgeoisie besteht der Antagonismus zwischen dem enteigneten und deshalb unfreien Bürger und dem sein Erbe

antretenden und deshalb freien Proletarier nur vorübergehend weiter, denn da die Besitzer der Produktionsmittel zugleich an diesen Produktionsmitteln arbeiten, brauchen sie die Existenz einer enteigneten Klasse nicht. Daher gibt es, wenn das Übergangsstadium einmal abgeschlossen und die bürgerliche Klasse entweder absorbiert oder ausgestorben ist, keine unfreie, unter Zwang lebende Klasse mehr. Genau das bedeutet das «Absterben» des Staates und das Entstehen einer klassenlosen Gesellschaft nach einer Übergangsperiode, wie wir sie jetzt in Rußland haben.

Dies ist, auf die einfachste Formel gebracht, der Kausalprozeß, durch den bürgerliche gesellschaftliche Verhältnisse in neue gesellschaftliche Verhältnisse umgewandelt werden können, die nicht viel Unfreiheit als Gegenpol zu ein wenig Freiheit zur Folge haben. Wir haben es absichtlich einfach dargestellt. Eine eingehendere Auseinandersetzung, wie wir sie bei Marx finden, würde die Bewegung und die wechselseitige Durchdringung in diesem Prozeß klarer machen: wie er kausal durch die kapitalistische Wirtschaft selber ausgelöst wird, die nicht stillstehen kann, sondern ständig zu größerer Zentralisierung und Konzentrierung gezwungen ist; was wiederum zu imperialistischen Kriegen führt, welche die Menschheit nicht ewig dulden wird, und zu immer verächtlicheren Geldbeziehungen, welche die Menschen mit einem Haß erfüllen, der sich eines Tages gegen das System kehren wird. Und indem der Kapitalismus diese Scheußlichkeiten begeht, die die Ursache des Aufstands sind, gibt er dem Proletariat die Mittel für diesen Aufstand in die Hand: er zwingt es, sich zu vereinigen, sich besser zu organisieren und ein höheres Bewußtsein zu entwickeln, so daß es, wenn die Zeit für den Aufstand gekommen ist, die Solidarität und die Fähigkeiten besitzt, die nötig sind, um die Verwaltung des bürgerlichen Eigentums zu übernehmen. Gleichzeitig zeigen die bürgerlichen gesellschaftlichen Verhältnisse, daß selbst die bürgerliche Freiheit keine echte Freiheit ist, daß die bürgerliche Freiheit diejenigen, die sie genießen, fast ebenso versklavt wie die Unfreiheit den Arbeiter. Und deshalb empfindet sich die Bourgeoisie nicht als eine in sich geschlossene Klasse, die zum Kampf gegen das Proletariat angetreten ist, sondern es gibt Spaltungen in ihren eigenen Reihen, zunächst wenige und dann immer mehr. Die Revolution findet statt, sobald das Proletariat durch seinen Kampf gegen die bürgerlichen gesellschaftlichen Verhältnisse genügend organisiert ist, um sich zusammenzuschließen, genügend unter seiner zunehmenden Unfreiheit leidet, um eine neue Welt zu fordern, eine neue Welt um jeden Preis, und wenn auf der anderen Seite als Ergebnis der wachsenden Widersprüche im Kapitalismus die bürgerliche Klasse ihre Herrschaft über das Proletariat verloren hat.

Gehen wir deshalb tiefer und prüfen wir das wahre Wesen der bürgerlichen Freiheit genauer. Sind H. G. Wells, Bertrand Russell, E. M. Forster, Sie, der Leser, und ich wirklich frei? Genießen wir auch nur geistige Freiheit? Denn wenn wir die nicht haben, besitzen wir ganz gewiß auch keine physische Freiheit.

Bertrand Russell ist ein Philosoph und ein Mathematiker. Er nimmt die wissenschaftliche Methode ernst und wendet sie auf verschiedenen Geistesgebieten an. Er glaubt, Gedanken seien einfach besondere Anordnungen von Materie, obgleich er die Materie Geist-Stoff nennt. Er meint, daß zu jeder Psyche ein entsprechender Neurismus gehört, daß das Leben ein besonderes chemisches Phänomen ist. Er glaubt nicht an den Unsinn von Entelechien und reiner Erinnerung.

Warum wendet er dann diese Kategorien, die er überall sonst verwendet, nicht auf den Begriff der Freiheit an? In welchem Sinne kann nach seiner Meinung der Mensch je vollkommen frei sein? Welche Bedeutung kann er dem Wort Freiheit geben? Er entlarvt den idealistischen Hokuspokus, Gott als «Lebenskraft», als Entelechie oder erste Ursache in die Wissenschaft einzuschmuggeln, mit Recht als einen Taschenspielertrick. Aber seine Freiheit ist eine Art Gott, etwas, was er auf Treu und Glauben hinnimmt, was irgendwie in den Lauf des Universums eingreift und nichts mit Kausalität zu tun hat. Russells Freiheit und seine Philosophie leben in verschiedenen Welten. Er hat der Theologie die Wissenschaft entgegengestellt und erkannt, daß die Theologie ein barbarisches Relikt ist. Aber er hat den letzten Akt der Integration nicht vollzogen; er hat die Wissenschaft nicht befragt, was sie von dem Glauben hält, der Graduierte einer der angeseheneren Universitäten mit einem auskömmlichen Verdienst, beträchtlicher Intelligenz und einiger Muße sei wahrhaft frei. Es ist nicht die Frage, ob der Mensch auf irgendeine geheimnisvolle Weise einen freien Willen besitzt. Wenn dies das Problem wäre, hätten entweder alle Menschen einen freien Willen, oder sie hätten ihn nicht, und infolgedessen besäßen entweder alle Menschen Freiheit, oder sie besäßen sie nicht. Wenn die Freiheit darin besteht, einen freien Willen zu haben, und wenn Menschen einen freien Willen haben, können wir ihn ebensogut unter einer faschistischen oder einer proletarischen wie unter einer bürgerlichen Regierung betätigen. Aber jeder gibt zu, daß es verschiedene Grade von Freiheit gibt. Worin besteht nun dieser Unterschied in der Freiheit?

Obwohl die Freiheit also nicht vom freien Willen abhängt, wird es uns helfen, das Wesen der Freiheit zu verstehen, wenn wir untersuchen, was denn eigentlich die Freiheit des Willens ist. Der freie Wille besteht darin, daß sich der Mensch des Motivs bewußt ist, das sein Handeln bestimmt. Ohne dieses Wissen um das der Tat vorangehende Motiv gibt es keinen freien Willen. Ich erhebe die Hand, um einen Schlag abzuwehren. Der Schlag diktierte mein Handeln, aber ich war mir bewußt, daß ich den Schlag abwehren wollte; ich hatte den Willen, das zu tun. Mein Wille war frei; die Abwehr war ein Willensakt. Es gab eine Ursache, aber ich war mir bewußt, daß ich aus freiem Willen handelte. Und zugleich war ich mir der Ursache bewußt: des Schlages.

Wenn man einen Schlafenden an den Fußsohlen kitzelt, löst das den Plantarreflex aus. Wir nennen das eine unwillkürliche Reaktion. Genau wie die abwehrende Armbewegung durch einen äußeren Reiz ausgelöst wurde, so auch das Anziehen des Beins. Dennoch sehen wir das zweite Verhalten als unfrei, als unwillkürlich an. Ihm ging weder ein bewußtes Motiv voraus, noch waren wir uns der Ursache unseres Verhaltens bewußt. Wir ersehen daraus, daß der freie Wille insoweit existiert, als wir uns eines voraufgehenden Motivs bewußt sind, das als die unmittelbare Ursache für unser Verhalten angesehen werden muß. Wenn dieses Motiv, dieser Willensakt, selber frei und nicht erzwungen ist, müssen wir uns wiederum des voraufgehenden Motivs, das ihn auslöste, bewußt sein. Der freie Wille ist deshalb nicht der Gegensatz zur Kausalität, er ist im Gegenteil ein besonderer und später Aspekt der Kausalität, er ist das *Wissen um die Kausalität.* Deshalb bringt der Mensch natürlicherweise alles, was um ihn herum geschieht, in einen Kausalzusammenhang – weil er sich der ihm innewohnenden Kausalität bewußt ist. Sonst wäre es rätselhaft, warum der Mensch, der im freien Willen nur Unkausalität kennenlernt, annehmen sollte – wie er es offensichtlich tut –, daß alle anderen Dinge durch Kausalzusammenhänge verbunden sind. Wenn er jedoch nur annimmt, daß andere Objekte den gleichen Gesetzen gehorchen wie er, sind sowohl die Genesis und der Erfolg der Kausalität als ein Erkenntnisrahmenwerk für die Wirklichkeit zu erklären.

Kausalität und Freiheit sind also zwei Aspekte der gleichen Sache. Freiheit ist das Wissen um die Notwendigkeit. Das Universum als Ganzes ist vollständig frei, weil das, was nicht frei ist, von etwas anderem, außer ihm Liegendem bestimmt wird. Aber alle Dinge sind durch Definition im Universum enthalten, deshalb wird das Universum einzig durch sich selber bestimmt.

Doch jedes einzelne Ding im Universum wird durch andere Dinge bestimmt, weil das Universum etwas Materielles ist. Diese materielle Beschaffenheit wird in der Definition des Universums nicht «gegeben», wird aber von der Wissenschaft als Faktum angenommen, wenn sie die Welt aktiv und positiv erklärt.

Die einzige absolute Freiheit ebenso wie die einzige absolute Wahrheit ist also das Universum selber. Aber Teile des Universums besitzen unterschiedliche Grade von Freiheit, entsprechend dem Grad ihrer Selbstbestimmung. Bei der Selbstbestimmung liegen die Ursachen im Ding selbst; so ist bei dem Gefühl, aus freiem Willen zu handeln, die vorausgehende Ursache einer Handlung der bewußte Gedanke eines Individuums, und da die Handlung auch die des Individuums ist, sprechen wir von Freiheit, weil hier Selbstbestimmung vorliegt.

Die Freiheit des freien Willens kann nur relativ sein. Es ist charakteristisch für die zuletzt entwickelten Kategorien, daß sie mehr Freiheit enthalten. Die Materie, aus der sich der Mensch zusammensetzt, steht in einer raum-zeitlichen Beziehung zu aller anderen Materie im Universum, und ihre Stellung in Raum und Zeit ist nur zu einem geringen Grad selbst-bestimmt. Die menschliche Wahrnehmung steht jedoch in geringerem Grade in Beziehung zum übrigen Universum; sie ist eine exklusivere Art der Wahrnehmung, die nur wenig von Dingen hält, die sich nicht in der unmittelbaren Umgebung des Menschen befinden oder an denen sie nicht interessiert ist, und sie wird großenteils durch die Erinnerung geformt, das heißt durch innere Ursachen. Daher ist sie freier, mehr selbst-bestimmt als die raum-zeitlichen Beziehungen der toten Materie. Das menschliche Bewußtsein ist immer noch in höherem Maße selbst-bestimmt, besonders in seinen späteren Entwicklungsstadien, wie etwa dem bewußten Willen.

Der Mensch nimmt ständig an, er sei freier, als er es tatsächlich ist. Die Forschungen der Freud-Schule haben unlängst gezeigt, daß unbewußte physiologische Erlebnisse (auf der Seins-Ebene) Störungen zur Folge haben können, die sich bewußter Funktionen bemächtigen. Unter solchen Umständen mag sich ein Mensch der Motive seines Handelns nicht bewußt sein, obwohl er glaubt, er sei es. Er ist deshalb unfrei, weil Ereignisse außerhalb seines Bewußtseins seinen Willen bestimmen. Ein Beispiel dafür ist der Neurotiker. Der Neurotiker ist unfrei. Er gewinnt Freiheit, indem er Selbstbestimmung erlangt, das heißt, indem er sich der Motive bewußt wird, die ihm früher unbewußt waren. So wird er der Kapitän seiner Seele. Ich will hier nicht

die Zuverlässigkeit der verschiedenen Methoden untersuchen, durch die man dieses Wissen erlangt, und auch nicht die Frage, welche neurologische Bedeutung wir dem Freudschen Symbolismus geben sollen. Ich stimme mit jener Grundannahme der Freudschen Therapie überein, daß der Mensch immer mehr Freiheit, immer mehr Selbstbestimmung erlangt, indem er sein Bewußtsein oder, in anderen Worten, sein Wissen erweitert. Was seinen Verstand betrifft, so gewinnt der Mensch mehr Freiheit, indem er sich Wissen über dessen Kausalität und die Notwendigkeit seines Funktionierens aneignet. Auch hier erweist sich die Freiheit als eine besondere Form des Determinismus, nämlich als das Wissen um den Determinismus.
Aber der Mensch kann nicht einfach dasitzen und über seinen Verstand nachdenken, nur um dessen Kausalität zu verstehen. Sein Körper und ebenso sein Geist stehen in ständiger metabolischer Beziehung zum übrigen Universum. Infolgedessen finden wir, wenn wir irgendeinen beliebigen geistigen Kausalablauf verfolgen wollen, um uns seiner bewußt zu werden, daß er unlösbar mit Ereignissen der Außenwelt verbunden ist. In einem frühen Stadium sind wir der Meinung, wir müßten Freiheit sowohl in der äußeren wie in der inneren Welt suchen. Wir müssen uns nicht nur unserer eigenen Gesetze, sondern auch der Gesetze der äußeren Realität bewußt sein. Der Mensch war sich stets darüber klar, daß nicht allein der Wille – was immer freier Wille bedeuten mochte –, sondern ebenso die Tat zur Freiheit gehören. Zum Beispiel liege ich in einem Gipsverband und kann kaum noch mit dem Auge zwinkern. Dennoch ist mein Wille vollkommen frei. Bin ich deshalb vollkommen frei? Nur extrem idealistische Philosophen würden behaupten, ich sei es. Ein freier Wille genügt deshalb nicht, die Freiheit zu sichern, sondern wir dürfen auch in unseren Handlungen nicht behindert werden. Nun ist sich jeder darüber klar, daß die äußere Umgebung unsere Freiheit ständig einschränkt und daß freier Wille nicht gleichbedeutend mit Freiheit ist, wenn er nicht handeln kann, wie er will. Daraus ergibt sich, daß wir, um wirklich frei zu sein, auch imstande sein müssen, das zu tun, was wir wirklich wollen.
Aber auch diese Freiheit führt uns zurück zum Determinismus. Denn wir erkennen, und das hat kein Philosoph je bestritten, daß die Umgebung vollständig deterministisch ist. Das heißt, welche Bewegung oder welches Phänomen wir auch wahrnehmen, immer gibt es eine Ursache dafür, die wiederum eine Ursache hat, und so weiter. Und die gleichen Ursachen führen unter den gleichen Umständen immer wieder zu den gleichen Wirkun-

gen. Die Erkenntnis dieses eisernen Determinismus aber bringt Freiheit. Denn je besser wir die Kausalität des Universums verstehen, desto besser sind wir imstande, das zu tun, was wir wirklich wollen. Unser Wissen um die Kausalität des Wassers ermöglicht es uns, Schiffe zu bauen und die Meere zu überqueren; unsere Kenntnis der Luftgesetze ermöglicht es uns, zu fliegen; unsere Kenntnis der notwendigen Bewegungen der Planeten ermöglicht es uns, Kalender zu machen, so daß wir zu dem Zeitpunkt säen, eine Schiffsreise antreten oder ein Treffen vereinbaren, der für unseren speziellen Zweck der günstigste ist. So kann man also auch in der Außenwelt sehen, wie der Determinismus Freiheit schafft, und Freiheit wird als eine besondere Form der Notwendigkeit erkannt, nämlich als das Wissen um die Notwendigkeit. Wir sehen, daß wir durch unser Wissen um die Kausalität subjektiver geistiger Phänomene plus unserem Wissen um die Kausalität der äußeren Phänomene Freiheit erlangen können. Und wir sind nicht überrascht darüber, daß das charakteristische Merkmal des Verhaltens der Objekte – die Kausalität – ebenso ein charakteristisches Merkmal des Bewußtseins ist, denn das Bewußtsein selber ist nur ein Aspekt eines Objekts: des Körpers. Je mehr wir aus dieser doppelten Erkenntnis gewinnen, desto freier werden wir, da wir sowohl freien Willen wie Handlungsfreiheit besitzen. Das sind nicht zwei Dinge, die einander ausschließen – freier Wille gegen Determinismus –, sondern die im Gegenteil einander in die Hand spielen.

Daraus folgt, daß die Tiere weniger frei sind als die Menschen. Geschöpfe, die impulsiv handeln, ohne zu wissen warum, die allen Launen der Natur unterworfen, von anderen Tieren, geographischen Zufallserscheinungen und klimatischen Veränderungen abhängig sind, sie sind der Notwendigkeit ausgeliefert, gerade weil sie sich ihrer nicht bewußt sind.

Das heißt nicht, daß sie keine Freiheit haben, denn einen gewissen Grad von Freiheit besitzen sie. Sie wissen auch einiges über die Kausalität ihrer Umgebung, wie ihr Operieren mit Zeit, Raum und Material zeigt – der Flug des Vogels, das Hüpfen des Hasen, das Nest der Ameise. Sie besitzen etwas innere Selbstbestimmung, wie ihr Verhalten beweist. Aber verglichen mit dem Menschen sind sie unfrei.

Die Auffassung von Denkern wie Russell und Forster, daß alle sozialen Beziehungen die spontane Freiheit einschränken, enthält die Annahme, daß das Tier das einzige vollkommen freie Geschöpf ist. Niemand hindert das einzelne Raubtier, irgend etwas zu tun. Das ist natürlich ein alter Trugschluß. Rousseau ist der berühmte Verkünder dieser Theorie. Der Mensch ist frei geboren, aber er ist überall gefesselt. Im Bürger ist ständig die Legende von einem Goldenen Zeitalter lebendig, von einem vollkommen guten Menschen, der durch Institutionen korrumpiert wurde. Unglücklicherweise aber ist der Mensch ohne Institutionen weder gut noch böse. Er ist überhaupt kein Mensch, er ist weder gut noch böse, er ist ein Tier, das sich seiner selbst nicht bewußt ist.

Russells Idee der Freiheit ist die unphilosophische Idee der Bestialität. Die Narkover Schule ist schließlich keine ganz schlechte Illustration der Russellschen Freiheit. Der einsame Mensch, durch nichts gehindert, nur seinen Instinkten verantwortlich, ist Russells freier Mensch. Der mühevolle Weg vom Tier zum Menschen ist, so betrachtet, nutzlos gewesen. Alle Arbeit, aller Schweiß, alle Revolutionen des Menschen haben ihn nur von der Freiheit weggeführt. Wenn das wahr ist, und wenn ein Mensch glaubt, wie es die meisten von uns tun, wie es auch Russell tut, Freiheit sei das wesentliche Ziel aller menschlichen Anstrengungen, dann sollte man die Zivilisation abschaffen, und wir sollten in die Wälder zurückkehren. Ich bin Kommunist, weil ich an die Freiheit glaube. Ich kritisiere Russell und Wells und E. M. Forster, weil ich glaube, daß sie die Verfechter der Unfreiheit sind.

Aber das geht doch zu weit, wird man sagen. Wie können diese Männer, die die Freiheit des Denkens, des Handelns und der Moral verteidigt haben, Verfechter der Unfreiheit sein? Fahren wir mit unserer Analyse fort, dann werden wir sehen, warum sie es sind.

Die Gesellschaft ist eine Schöpfung, durch die der Mensch ein größeres Maß an Freiheit erlangt, als es die Tiere besitzen. Die Gesellschaft, und nur die Gesellschaft, differenziert den Menschen qualitativ vom Tier. Der wesentlichste Grundzug der Gesellschaft ist die Warenproduktion. Der Mensch, das Individuum, kann das, was er vollbringen möchte, nicht allein vollbringen. Allein ist er unfrei. Deshalb erlangt er Freiheit durch Zusammenarbeit mit seinesgleichen. Die Wissenschaft, durch die er sich der äußeren Wirklichkeit bewußt wird, ist gesellschaftlicher Natur. Die Kunst, durch die er sich seiner Gefühle bewußt wird, ist gesellschaftlicher Natur. Die Warenproduktion, durch die er die äußere Wirklichkeit seinem Fühlen anpaßt, ist gesellschaftlicher Natur und bringt in Intervallen Wissenschaft und Kunst hervor. Also ist es die Warenproduktion, die dem Menschen Freiheit gibt. Infolge seiner Warenproduktion ist der Mensch frei, und die Tiere sind es nicht. Das ergibt sich klar aus der Tatsache, daß die Warenproduktion nichts anderes als die Umgestaltung der menschlichen Umwelt entsprechend dem Willen des Menschen ist – eine Umgestaltung durch Ackerbau, Pferdezucht, Straßenbau, Herstellung von Automobilen, Licht, Heizung und andere technische Leistungen. Die Warenproduktion gibt dem Menschen die Möglichkeit, das zu tun, was er will, und das, was er will, kann er nur mit Hilfe anderer vollbringen. Ohne Straßen, Lebensmittelversorgung, Maschinen, Häuser und Kleidung wäre er wie der Mann in dem Gipsverband, der wollen kann, was er will, und dennoch kein freier Mensch, sondern ein Gefangener ist. Aber selbst sein freier Wille ist von der Warenproduktion abhängig. Denn das Bewußtsein entwickelt sich durch die Evolution der Sprache, der Wissenschaft, der Kunst, und diese alle erwachsen aus der Warenproduktion. So ist die Freiheit des menschlichen Handelns abhängig vom materiellen Standard des Menschen, seiner Warenproduktion. Je fortgeschrittener die Warenproduktion, desto freier die Zivilisation.

Aber, so wird man einwenden, die Warenproduktion ist doch gerade das, was alle «Beschränkungen» der Gesellschaft nach sich zieht! Tägliche Arbeit, Arbeitsteilung, die von Aufsehern überwacht wird, alle Vertrags- und Kapitalgesetze, alle Satzungen der Gesellschaft ergeben sich aus der Warenproduktion. Das ist völlig richtig, denn wie wir gesehen haben, ist Freiheit das Wissen um die Kausalität. Und durch die Warenproduktion, die es dem Menschen ermöglicht, durch sein Tun das zu erreichen, was er will, wird sich der Mensch der Mittel bewußt, die *notwendig* sind, das zu erreichen. Daß ein Hebel eine bestimmte Länge haben *muß*, um einen Stein zu bewegen, den der Mensch bewegen *will*, ist eine Konsequenz; die andere ist, daß eine bestimmte Anzahl von Menschen in einer bestimmten Weise zusammenarbeiten *muß*, um den Hebel zu handhaben. Von da ist es nur eine Sache der Entwicklung bis hin zur schwierigen Maschinerie des modernen Lebens mit seinen komplizierten gesellschaftlichen Verhältnissen.

So sind alle «Beschränkungen», «Verpflichtungen», «Hindernisse» und «Pflichten» der Gesellschaft gerade die Mittel, durch die der Mensch Freiheit erlangt. Freiheit ist daher das gesellschaftliche Wissen um die Notwendigkeit. Freiheit ist nicht einfach Notwendigkeit, denn alle Wirklichkeit wird durch Notwendigkeit zusammengehalten. Freiheit ist das Wissen um die Notwendigkeit – in der äußeren Wirklichkeit, in mir selbst und in den gesellschaftlichen Verhältnissen, die zwischen der äußeren Wirklichkeit und den Menschen vermitteln. Das Tier ist ein Opfer

der bloßen Notwendigkeit; der Mensch in der Gesellschaft ist sich seiner bewußt und bestimmt selbst über sich. Natürlich nicht absolut, aber in höherem Maße als das Tier.
So können wir sehen, wie die Freiheit des Handelns, die Freiheit, das zu tun, was wir wollen, also der wesentliche Teil der Freiheit, durch das gesellschaftliche Wissen um die Notwendigkeit gesichert und im Prozeß der Warenproduktion hervorgebracht wird. Der Preis der Freiheit ist nicht ständige Wachsamkeit, sondern ständige Arbeit.
Aber wie verhält sich die Gesellschaft zum anderen Teil der Freiheit, der Freiheit des Wollens? Die Warenproduktion macht den Menschen frei, das zu tun, was er will, aber ist er frei zu wollen, was er will?
Wir haben gesehen, daß er nur frei war zu tun, was er wollte, wenn er sich der äußeren Notwendigkeit bewußt wurde. Es ist ebenso wahr, daß er nur dann frei ist zu wollen, was er will, wenn er sich der inneren Notwendigkeit bewußt ist. Außerdem sind diese beiden Dinge nicht antagonistisch, sondern, wie wir nun sehen werden, sie sind eins. Bewußtsein ist das Ergebnis einer spezifischen und außerordentlich wichtigen Form der Warenproduktion.
Nehmen wir an, irgend jemand hätte das bedauerliche Experiment unternommen, Bertrand Russell im Alter von neun Monaten einer Ziegenamme anzuvertrauen und ihn in irgendeinem abgelegenen Winkel der Erde, wohin kein Mensch je den Fuß setzt, ihrer Obhut überlassen, auf daß er dort zum Mann aufwachse. Wenn nun etwa vierzig Jahre später zum ersten Male Menschen Bertrand Russell besuchten, würden sie ihn mit den Manuskripten der «Analyse des Geistes» und der «Analyse der Materie» in der Hand vorfinden? Würde er ihnen auch nur seine Definition der Zahl als der Klasse aller Klassen bieten können? Nein. Im Gegensatz zu seinem jetzigen Zustand wäre sein Verhalten sowohl unlogisch wie unhöflich.
Es hat deshalb ganz den Anschein, als sei Russell, so wie wir ihn kennen und schätzen, in erster Linie ein gesellschaftliches Produkt. Russell ist ein Philosoph und kein Tier, weil man ihn nicht nur Manieren lehrte, sondern auch die Sprache, und ihm so Zugang zu der gesellschaftlichen Weisheit ganzer Zeitalter voller Mühe und Anstrengung gegeben hat. Die Sprache füllte seinen Kopf mit Ideen, zeigte ihm, was er beobachten müsse, lehrte ihn Logik, stellte ihm die Weisheit der ganzen Menschheit zur Verfügung und rief in ihm gefühlsmäßig die elementaren Tugenden der Gesellschaft wach: Moral, Gerechtigkeit und Freiheit. Russells Bewußtsein war eine Schöpfung, wie das Be-

wußtsein aller nützlichen gesellschaftlichen Objekte. Sein Bewußtsein macht Russell zu dem, was er ist; es ist das, was wir an ihm schätzen, wenn wir ihn mit einem Menschenaffen vergleichen. Die Gesellschaft formte ihn, so wie sie einen Hut formt. Selbstverständlich waren Russells «natürliche Gaben» (oder, wie wir präziser sagen wollen, sein Genotypus) für das Endergebnis wichtig. Aber das bedeutet nur, daß das Material das Endprodukt bedingt. Die Gesellschaft weiß sehr wohl, daß sie keine Seidenbörse aus einem Schweineohr machen kann und keinen Akademiker aus einem Kretin (außer unter besonderen Umständen). Aber sie weiß auch, daß man aus Eisenerz Felsen, Brücken, Schiffe oder Mikrometer und aus jenem formbaren Material, dem menschlichen Genotypus, Azteken, alte Ägypter, Athener, Preußen, Proletarier, Pfarrer oder Zöglinge von Public Schools machen kann.

Und fast ebenso selbstverständlich ist es, daß ein Mensch kein Hut ist. Er ist ein einmaliges gesellschaftliches Produkt, das Urbild des Butlerschen Traumes von den Maschinen, die wiederum Maschinen erzeugten. Er selbst ist eine jener Maschinen. Die Grundwahrheit über den Menschen, wenn man ihn mit einem Hut vergleicht, ist die, daß er kein Hut ist, sondern der Mensch, der den Hut trägt. Und die Grundwahrheit über den Prozeß der Formung des Menschen durch die Gesellschaft ist die, daß es sich dabei in erster Linie um die Formung seines Bewußtseins handelt, einen Prozeß, der nur beim Menschen stattfindet. Und eben weil die Gesellschaft sein Bewußtsein formt, ist der Mensch, obwohl er genau wie der Hut ein gesellschaftliches Produkt ist, imstande, einen freien Willen zu haben, während der Hut, der ohne Bewußtsein ist, zu einem freien Willen nicht imstande ist. Das Werden eines Menschen, sein «Erwachsenwerden», ist die Gesellschaft, die sich selber formt, eine Gruppe von Bewußtheiten, die selber von vorhergehenden Bewußtheiten geschaffen wurden und ihrerseits wieder ein neues Bewußtsein schaffen. So wird die Fackel der Freiheit weitergereicht und brennt immer heller. Aber gerade durch das Leben bekommt das Bewußtsein des Menschen seine charakteristische Prägung, und Leben ist einfach das Eintreten in soziale Beziehungen.

Aber, so wird man sagen, der Mensch – das Individuum – sieht die Welt für sich allein – Berge, Himmel und das Meer. Allein in seinem Studierzimmer denkt er über Schicksal und Tod nach. Das ist richtig. Aber Berge und Meer haben eine Bedeutung für ihn, eben weil er artikuliert spricht, weil er ein durch die Gesellschaft geformtes Bewußtsein besitzt. Tod, Schicksal und Meer sind hochentwickelte gesellschaftliche Begriffe. Jedes Individuum trägt ein wenig dazu bei, sie zu verändern und zu verfeinern, aber wie klein ist dieser Beitrag, verglichen mit dem gewaltigen Druck der Vergangenheit! Sprache, Wissenschaft und Kunst sind einfach die Ergebnisse der Tatsache, daß sich der Mensch mit seinen Mitmenschen gesellschaftlich zusammengeschlossen hat, um über sich selbst und die äußere Wirklichkeit zu lernen, zu dem Zweck, ihr seine Wünsche zu oktroyieren. Wissen und Anstrengung sind beide nur möglich in der Zusammenarbeit, und beide werden notwendig durch die Kämpfe der Menschen um mehr Freiheit.

So ist die innere Freiheit des Menschen, der bewußte Wille, der zu einem bewußten Zweck eingesetzt wird, ein Produkt der Gesellschaft; er ist ein ökonomisches Produkt. Er ist das verfeinertste aller Produkte, die die Gesellschaft auf ihrer Suche nach Freiheit hervorbringt. Gesellschaftliches Bewußtsein ist die Frucht gesellschaftlicher Anstrengung. In der Anstrengung lassen wir unseren instinktiven Begierden freien Lauf. Indem wir lernen, sie zu erfüllen, lernen wir etwas über das Wesen der Wirklichkeit und wie wir diese Wirklichkeit meistern können. Diese Weisheit verändert das Wesen unserer Begierden, die mehr bewußt werden, mehr erfüllt von genauen Vorstellungen über die Wirklichkeit. So bereichert, werden die Begierden subtiler, und, indem sie sich bemühen, größere Ziele zu erreichen, in einer verbesserten Warenproduktion, gewinnen sie eine noch tiefere Einsicht in die Wirklichkeit und werden infolgedessen noch mehr sublimiert. Das gesellschaftliche Sein bringt so in dialektischem Prozeß das gesellschaftliche Denken hervor, und diese Wechselwirkung zwischen stärker werdender innerer und äußerer Wirklichkeit wird von der Kultur bewahrt und weitergegeben. In dem Maße, wie die Gesellschaft sich weiterentwikkelt, setzt sich das Bewußtsein des Menschen immer weniger aus unmodifizierten Instinkten zusammen und immer mehr aus Wissen und Gefühl, die durch die Gesellschaft geformt wurden. Der Mensch begreift immer besser die Erfordernisse seines eigenen Seins und der äußeren Wirklichkeit. Er wird immer freier.

Die Illusion aber, daß unser Geist so weit frei ist, daß wir uns wie die Tiere der Kausalität unseres geistigen Zustands nicht bewußt sind, sichert unsere Unfreiheit. Die bürgerliche Gesellschaft von heute demonstriert diese Wahrheit, die wir durch Analyse in der Theorie etabliert haben, in der Praxis. Der Bürger glaubt, die Freiheit bestehe im Nichtvorhandensein gesellschaftlicher Organisation, die Freiheit sei etwas Negatives, eine Beseitigung von Hindernissen, die ihr im Wege stehen, und nicht etwas Positives, der Lohn unermüdlicher Anstrengung und Weisheit. Dieser Glaube ist selber das Ergebnis bürgerlicher gesellschaftlicher Verhältnisse. Infolgedessen ist sich der bürgerliche Intellektuelle der Kausalität nicht bewußt, die sein Bewußtsein zu dem macht, was es ist. Wie der Neurotiker nicht glauben will, daß eine Zwangsvorstellung die Folge eines bestimmten unbewußten Komplexes ist, will der Bürger nicht glauben, daß seine Auffassung von der Freiheit als einer bloßen Beseitigung gesellschaftlicher Beschränkungen aus den bürgerlichen gesellschaftlichen Verhältnissen selber erwächst und daß es gerade diese Illusion ist, die ihn überall hemmt. Er will nicht sehen, daß seine eigene begrenzte Freiheit, die Unfreiheit des Arbeiters und alle Widersprüche der sich entwickelnden bürgerlichen Verhältnisse – Pazifismus, Faschismus, Krieg, Haß, Grausamkeit, moralische Krankheiten – durch ein Netz von Kausalität verbunden sind, daß jedes vom anderen beeinflußt wird und daß es deshalb ein Trugschluß ist, anzunehmen, ein freier Mensch könne durch einfache Willensanstrengung, ohne Kenntnis der Ursachen, Faschismus, Krieg und Wirtschaftskrisen abschaffen. Infolge dieses grundlegenden Irrtums versucht dieser Typ des Intellektuellen stets, positive gesellschaftliche Übel, wie etwa Kriege, durch negative individuelle Aktionen zu beseitigen, etwa durch Nichtzusammenarbeit, passiven Widerstand oder Wehrdienstverweigerung aus Gewissensgründen. Das tut er deshalb, weil er sich nicht von der Vorstellung zu lösen vermag, das Individuum sei frei. Aber wir haben gezeigt, daß das Individuum niemals frei ist. Es kann Freiheit nur durch gesellschaftliche Zusammenarbeit erlangen. Es kann nur dann tun, was es will, wenn es gesellschaftliche Kräfte einsetzt. Wenn der einzelne daher erreichen will, daß Armut, Krieg und Elend aufhören, darf er nicht passiven Widerstand leisten, sondern muß die gesellschaftlichen Verhältnisse nutzen. Aber um gesellschaftliche Verhältnisse nutzen zu können, muß er sie verstehen. Er muß die Gesetze der Gesellschaft kennen, so wie er, wenn er einen Stein mittels eines Hebels bewegen will, die Hebelgesetze kennen muß.

Wenn der bürgerliche Intellektuelle eines Tages einsieht, daß die Gesellschaft das einzige Instrument der Freiheit ist, hat er einen weiteren Schritt auf dem Weg zur Freiheit zurückgelegt. Aber bis dahin ist er unfrei. Gewiß ist er ein Logiker, er versteht die Kausalität der Natur, die Theorien Einsteins, den ganzen großartigen Apparat der gesellschaftlichen Entdeckungen, aber er glaubt immer noch an eine magische Welt gesellschaftlicher Verhältnisse, die von diesen Theorien unabhängig ist und in der nur der Gott der bürgerlichen Freiheit regiert. Das wird nicht nur in seiner Theorie bewiesen, in der Art, wie seine Lehre von der Freiheit gleich einem theologischen Dogma aufgenommen und niemals mit seinen philosophischen und wissenschaftlichen Erkenntnissen in Einklang gebracht wird, sondern auch durch die Praxis, wenn sich der bürgerliche Intellektuelle als machtlos erweist, die zunehmende Unfreiheit in der bürgerlichen Gesellschaft aufzuhalten. Die Zwänge des Militarismus, des Faschismus und der wirtschaftlichen Not bedrücken die moderne Gesellschaft, und der bürgerliche Intellektuelle weiß ihnen nichts anderes entgegenzusetzen als individualistische Aktionen, Kriegsdienstverweigerung und passiven Widerstand. Das kann gar nicht anders sein, wenn er unfrei ist. Wie ein Mensch, der glaubt, er könne auf dem Wasser laufen, und dann darin ertrinkt, erhebt der bürgerliche Intellektuelle Anspruch auf ein Maß an Freiheit, das es in Wahrheit gar nicht gibt, und ist deshalb geistig und körperlich unfrei. Wer vermag nicht zu sehen, wie der eiserne Zwang heute durch die bürgerliche Welt schreitet? Wir sind frei, wenn wir tun können, was wir wollen. Die Gesellschaft ist ein Instrument der Freiheit, insofern sie das sichert, was die Menschen wünschen und brauchen. Alle Mitglieder der bürgerlichen Gesellschaft, Arbeiter, Kapitalist und kapitalistischer Intellektueller, wünschen die Zunahme des materiellen Wohlstands, wollen Glück, Sicherheit, keinen Kampf und keine Lebensgefahr. Aber in der bürgerlichen Gesellschaft von heute nimmt der materielle Wohlstand ab, und diese Gesellschaft bringt außerdem Arbeitslosigkeit, Unglück, Konflikte aller Art, Unsicherheit und ständige Kriege hervor. Deshalb sind alle unfrei, die in der bürgerlichen Gesellschaft leben, sei sie nun demokratisch, faschistisch oder rooseveltisch, denn die bürgerliche Gesellschaft gibt ihnen nicht, was sie haben wollen. Daß sie das Wahlrecht oder Redefreiheit besitzen oder nicht besitzen, ändert an ihrer Unfreiheit überhaupt nichts.

Warum erfüllt die bürgerliche Gesellschaft denn nicht die Wünsche ihrer Mitglieder? Weil sie die Gesetze der Warenproduktion nicht erkennt – sie ist unorganisiert und planlos. Sie ist sich der Erfordernisse der Warenproduktion nicht bewußt und kann deshalb auch nicht dafür sorgen, daß die Warenproduktion die Wünsche der Gesellschaft erfüllt. Aber warum ist sie sich der Erfordernisse der Warenproduktion nicht bewußt? Weil sie aus historischen Gründen glaubt, die Warenproduktion laufe dann am besten, wenn es jedem Menschen überlassen bleibt, das zu produzieren, was ihm den höchsten

Profit verspricht. Mit anderen Worten, sie glaubt, die Freiheit sei durch das Fehlen jeglicher gesellschaftlicher Organisation des Individuums in der Hauptfunktion der Gesellschaft, der Warenproduktion, gesichert. Wie wir sahen, ist diese individuelle Freiheit durch Unkenntnis eine Täuschung. Die unwissende, getäuschte bürgerliche Gesellschaft ist deshalb unfrei. Sogar Russell ist unfrei; und im nächsten Krieg wird man ihn wie im letzten ins Gefängnis werfen.

Diese sich als Individualismus äußernde Unfreiheit in der Hauptfunktion der Gesellschaft erzeugt aber letzten Endes jede Form äußeren Zwanges. Der bürgerliche Revolutionär verfocht eine trügerische Freiheit: der Mensch sei von Natur aus gut und liege überall gefesselt und nur die Institutionen machten ihn schlecht. Es stellte sich heraus, daß diese Freiheit, die er propagierte, Individualismus in der privaten Warenproduktion war. Das offenbarte das trügerische Wesen dieser Freiheit, da sie zugleich als eine Beschränkung erschien. Denn sie konnte nur durch Zwang gesichert werden, war nur ein Name für das unbeschränkte Recht auf den Besitz der Produktionsmittel, was an sich schon eine Beschränkung für diejenigen ist, die auf diese Weise den Mitteln, mit denen sie sich ihren Lebensunterhalt verdienen, entfremdet werden. Denn klarerweise darf mein Nachbar nichts antasten, was mir ganz und gar gehört.

Alle sozialen Beziehungen, die auf Pflicht und Privileg beruhten, wurden durch die bürgerliche Revolution in ausschließliche und mit Gewalt behauptete Rechte auf den Besitz von Geld umgewandelt. Ich produziere für mein individuelles Selbst, für Profit.

Deshalb produziere ich notwendigerweise für den Markt, nicht für den Gebrauch. Ich arbeite einzig für Geld, nicht aus Pflicht gegen meinen Herrn oder Lehnsmann. Alle meine Pflichten gegenüber dem Staat konnten jetzt durch Geld abgegolten werden. Alle meine vertraglichen Verpflichtungen, sei es Ehe oder gesellschaftliche Organisation, konnten durch Geld abgegolten werden. Geld erschien als die einzige Verpflichtung zwischen Menschen, die im übrigen offenbar vollkommen frei waren – freie Meister, freie Arbeiter, freie Produzenten, freie Konsumenten, freier Markt, freier Handel, freie Unternehmer, der freie Fluß des Kapitals von Hand zu Hand und von Land zu Land. Und sogar die Verpflichtungen eines Menschen dem Geld gegenüber erschienen als Verpflichtung des Geldes ihm gegenüber, etwas, was ganz und gar ihm gehörte.

Diese Auflösung gesellschaftlicher Verpflichtungen könnte gerechtfertigt sein, wenn der Mensch an sich frei wäre und wenn er, indem er das tut, was für ihn, für sein eigenes Wohl und seinen eigenen Profit am besten ist, tatsächlich das bekäme, was er sich wünscht, und so die Freiheit sichern würde. In Wahrheit aber war es eine Rückkehr zur scheinbaren Freiheit des Dschungels, wo jedes Tier nur für sich selbst kämpft und keinem anderen Wesen gegenüber Verpflichtungen hat. Aber diese Freiheit ist, wie wir sahen, eine Illusion. Das Tier ist weniger frei als der Mensch. Die Begierden des Dschungels heben einander auf, und keiner bekommt genau das, was er haben will. Kein Tier ist frei.

Dieser Trugschluß offenbarte sich sofort folgendermaßen als solcher: Vollständige Freiheit in bezug auf den Besitz von Eigentum bedeutete, daß die Gesellschaft sich in Besitzende und Besitzlose aufgeteilt sah. Die Besitzlosen – von denen jeder einzelne das zu tun versuchte, was unter den gegebenen Umständen gemäß der bürgerlichen Lehre von der Freiheit für ihn das beste war – hätten den Besitzenden gewaltsam ihr Eigentum entrissen. Aber das hätte vollständige Anarchie bedeutet, und obwohl Anarchie nach der bürgerlichen Theorie vollkommene Freiheit ist, erkennt der Bürger in der Praxis sehr rasch, daß man nicht frei ist, wenn man im Dschungel lebt. Das Eigentum ist die Grundlage seiner Lebensform. Unter solchen Umständen könnte die gesellschaftliche Produktion nicht weitergeführt werden, und die Gesellschaft würde auseinanderfallen, der Mensch würde wieder zum Wilden werden und die Freiheit ganz und gar untergehen. So befand sich der Bürger in der Praxis von Anfang an im Widerspruch zu seiner eigenen Theorie. Der Staat erlangte seine spezifische moderne Form als die Institution, die bürgerliche Rechte mit Gewalt durchsetzte. Polizei, stehendes Herr und Gesetze wurden geschaffen, um die Besitzenden vor den «freien» Begierden der Besitzlosen zu schützen. Die bürgerliche Freiheit hatte sofort bürgerlichen Zwang zur Folge, Gefängnisse, Armeen, Verträge, den ganzen ekelhaften und schwerfälligen Apparat des Gesetzes, die ganze Ideologie und Erziehung, in deren Mittelpunkt die Heiligkeit des Privateigentums steht, alle bürgerlichen Gebote. So wurde die bürgerliche Freiheit auf einer Lüge errichtet, und ihre Widersprüche mußten zwangsläufig sehr schnell zutage treten.

Bei den Besitzlosen hatte die bürgerliche Freiheit neuen Zwang zur Folge. Der freie Arbeiter, dem nichts gehörte, hatte die Freiheit, seine Arbeitskraft auf jedem Markt zu verkaufen. Aber das wurde eine Form der Sklaverei, die in ihrer unbeschränkten Form schlimmer war als die eigentliche Sklaverei – ein Schrecknis, das die Blaubücher der Regierung, in denen die Verhältnisse vor der Fabrikgesetzgebung dargestellt werden, trotz ihrer trockenen Sprache lebendig machen. Sie zeigen, wie die ungehinderte Fabrikindustrialisierung aus Männern, Frauen und Kindern Tiere machte, die als Dreißigjährige an Altersschwäche starben, die frühmorgens erschöpft aufstanden, um zur Arbeit zu gehen, und spät am Abend mit der Arbeit aufhörten, nur um erschöpft einzuschlafen; wie die Kinder durch die Arbeit zu Greisen wurden, bevor sie aufgehört hatten, Kinder zu sein. Der Fabrikarbeiter, der schlimmer dran war als ein Sklave – denn er hatte immer noch die Freiheit, arbeitslos zu sein –, kämpfte für die Freiheit, indem er seinen Arbeitgebern gesellschaftliche Beschränkungen aufzwang. Er schloß sich mit anderen zu Gewerkschaften zusammen und begann den langen Kampf, der zu den verschiedenen Fabrik-Gesetzen, Lohnabkommen und der ganzen komplizierten gesellschaftlichen Gesetzgebung führte, die heute dem bürgerlichen Arbeitgeber Schranken auferlegt.

Und nach alledem ist selbst der Bürger nicht frei. Daß er weiterhin uneingeschränkt seiner Illusion von Freiheit anhängt, verlangt unbeschränkten Wettbewerb, und weil dieser Wettbewerb unbeschränkt ist, arbeitet er so chaotisch und blind wie das Wetter. Dieser Wettbewerb macht den Bürger unfrei, liefert ihn einem nicht verstandenen Schicksal aus, ganz so, als sei er ein auf den Wellen schaukelnder Korken. Daher sucht auch der Bürger Freiheit in der Beschränkung – die Industrie wird in zunehmendem Maße durch Fusionen, Kartelle, Tarife, Preisabsprachen, Klauseln gegen unfairen Wettbewerb, staatliche Subventionen und Regierungsschutz für die Ausbeutung von Kolonialgebieten geschützt. Die bürgerliche Freiheit offenbart ihre inneren Widersprüche, indem sie monopolisiert wird.

Hier liegt das geheime Paradoxon der bürgerlichen Entwicklung und des bürgerlichen Niedergangs. Der Bürger schaffte die feudalen Verhältnisse im Namen einer Freiheit ab, die er als Freiheit von gesellschaftlichen Beschränkungen ansah. Solch eine Freiheit hätte zur Barbarei geführt. Doch tatsächlich brachte die Freiheit, die er forderte – das unbeschränkte Privateigentum –, Beschränkungen mit sich, das heißt, sie führte zu komplizierten Formen gesellschaftlicher Organisation, die vielseitiger, dauernder, tiefgreifender und umfassender waren als die feudalen Beschränkungen. So gab ihm das Verhältnis zum Geld, von dem er annahm, es würde das Ende aller gesellschaftlichen Beschränkungen bedeuten und ihm also Freiheit bringen, zwar ein größeres Maß an Freiheit als im Feudalismus, aber im Gegensatz

zu seinen Erwartungen zwang es ihm viel kompliziertere Organisationen auf als jene der feudalen Zivilisation. All die sorgfältig ausgearbeiteten Formen der bürgerlichen Verträge, die Marktorganisation, die industrielle Struktur, die Nationalstaaten, die Gewerkschaften, die Tarife, der Imperialismus und die bürokratische demokratische Regierung, der eiserne Druck des Konsumenten und des Arbeitsmarktes, die Arbeitslosenunterstützung, staatliche Subventionen, staatliche Förderung der Wirtschaft – alle diese mannigfaltigen Formen der gesellschaftlichen Organisation – wurden von einer Klasse geschaffen, welche die Auflösung der gesellschaftlichen Organisation forderte. Und daß die bürgerliche Zivilisation ein größeres Maß an Kontrolle über ihre Umgebung als die Feudalgesellschaft erlangte – und daher um so viel freier war –, ist dem Umstand zu verdanken, daß alle diese komplizierten gesellschaftlichen Organisationen geschaffen wurden – aber sie wurden blindlings geschaffen.
Blindlings geschaffen; das ist der Ursprung der letztlichen Unfreiheit der bürgerlichen Zivilisation. Die bürgerliche Gesellschaft ist nicht imstande, sich selber zu kontrollieren, weil sie sich nicht der Tatsache bewußt ist, daß Privateigentum an den Produktionsmitteln, unbeschränkte Konkurrenz und die Geldbeziehungen, die beider Wesen ausmachen, verschiedene Formen der Beschränkung zur Folge haben – Entfremdung vom Eigentum, Wirtschaftskrisen und Krieg, Arbeitslosigkeit und Elend. Die verschiedenen Formen gesellschaftlicher Organisation, welche die bürgerliche Gesellschaft blindlings geschaffen hat – so wie ein Tier, das einen unterirdischen Gang baut, um Gold zu finden, große Erdhaufen aufwerfen kann –, sind alle zufällig und werden nicht verstanden. Die bürgerliche Gesellschaft glaubt, um diese Organisationsformen ganz zu begreifen, um sie bewußt nach ihrem Willen zu manipulieren, müsse sie sich zum Anwalt des Determinismus machen, die Freiheit töten, den Zustand eines Bienenstocks herstellen. Denn obwohl der Bürger so viel Verwüstung rings um sich sieht, glaubt er, nur das Tier sei frei, und Freisein bedeute, allen Zufälligkeiten des Schicksals, Kriegen, Wirtschaftskrisen und sozialen Kämpfen ausgeliefert zu sein.
Jede Definition der Freiheit, die nicht das eine meint: Freiheit, das zu tun, was man tun will, ist Humbug. Ein Volk ist frei, dessen Angehörige die Freiheit haben, zu tun, was sie wollen – die Güter zu bekommen, die sie haben wollen, und die Übel zu vermeiden, die sie hassen. Was wollen die Menschen denn? Sie wollen glücklich sein und nicht hungern müssen und nicht verachtet werden und nicht um die Annehmlichkeiten des Lebens

gebracht werden. Sie wollen in Sicherheit leben und zu ihren Mitmenschen freundlich sein und nicht gezwungen werden, einander abzuschlachten und selber abgeschlachtet zu werden. Sie wollen heiraten und Kinder bekommen und einander helfen und nicht einander unterdrücken. Welcher Mensch ist frei, der alle diese Dinge nicht tun kann, selbst wenn er das Wahlrecht und Redefreiheit besitzt? Wer ist denn frei in der bürgerlichen Gesellschaft, in der nicht einige wenige, sondern Millionen Menschen durch die Verhältnisse gezwungen werden, Arbeitslosigkeit und Elend und Verachtung zu ertragen, und die Annehmlichkeiten des Daseins nicht genießen können. Millionen werden gezwungen, sich abschlachten zu lassen oder einander umzubringen und zu unterdrücken. Millionen werden gezwungen, mit ihren Mitmenschen um ein paar glitzernde Preise zu kämpfen; sie müssen auf Heirat, ein Heim und Kinder verzichten, weil die Gesellschaft ihnen diese Dinge nicht gewähren kann. Millionen und aber Millionen Menschen sind nicht frei. Das aber sind die Grundelemente der Freiheit, und solange diese nicht gewährleistet sind, ist es Wahnsinn, wenn eine zahlenmäßig begrenzte Klasse glaubt, sie könne die Feinheiten der Freiheit sichern. Nur wenn diese Grundforderungen erfüllt sind, kann sich der Mensch höher erheben, Kunst und Wissenschaft pflegen und dadurch klarer erkennen lernen, was er will und was er bekommen kann; erst dann ist er aus der Sphäre der Notwendigkeit in die Sphäre der Freiheit eingetreten.

Jeder Schritt zu einer höheren Erkenntnis vollzieht sich unter Kampf und Schwierigkeiten. Es ist der natürliche, aber schicksalhafte Irrtum des Menschen, anzunehmen, der Weg der Freiheit sei einfach, Freiheit sei ein bloßes Negativum, eine Erleichterung, die Beseitigung eines Hindernisses, das ihm den Weg versperrt. Freiheit ist mehr als das. Die wahre Freiheit muß unter den gleichen Anstrengungen geschaffen werden, mit denen wir die Instrumente der Freiheit, Werkzeuge und Maschinen, herstellen. Sie muß dem Herzen der Wirklichkeit entrungen werden, welche die innere Wirklichkeit der menschlichen Seele einschließt.

Aus diesem Grund aber wenden sich alle freiheitsliebenden Menschen, die das Wesen der Freiheit erkannt haben und vor den unfruchtbaren Kategorien des bürgerlichen Denkens geflohen sind, dem Kommunismus zu. Denn das ist Kommunismus: die Erlangung von mehr Freiheit, als die bürgerliche Gesellschaft gewinnen kann. Die Grundlage des Kommunismus ist die Erkenntnis der Kausalität der Gesellschaft, so daß Schluß gemacht werden kann mit aller Unfreiheit, welche die bürgerliche Gesellschaft mit sich bringt, der Versklavung der Besitzlosen durch die Besitzenden und der Versklavung sowohl der Besitzenden wie der Besitzlosen durch Krieg, Wirtschaftskrisen, Depressionen und Aberglauben. Es ist schon etwas, die Gesetze der toten Materie zu kennen, aber es ist nicht genug. Der Kommunismus erlangt einen höheren Grad der Selbstbestimmung, um den Menschen vor Krieg, Hunger, Haß und Zwang zu retten, indem er sich das Wissen um die Kausalität der Gesellschaft zu eigen macht. Der Kommunismus macht den freien Willen zu einer Realität für den Menschen, indem er der Gesellschaft ermöglicht, sich ihrer selbst bewußt zu werden. Um die Wirklichkeit zu verändern, müssen wir ihre Gesetze kennen. Wenn wir einen Stein bewegen wollen, müssen wir die Hebelgesetze richtig anwenden. Wenn wir die bürgerlichen gesellschaftlichen Verhältnisse in kommunistische umwandeln wollen, müssen wir einen bestimmten Weg gehen. Die Besitzlosen, die Proletarier, müssen die Produktionsmittel von den Besitzenden, den Bürgern, übernehmen, und da, wie wir sahen, die bürgerliche und die proletarische Freiheit nicht miteinander zu vereinbaren sind, müssen Beschränkungen, in der Form des Zwangsstaates, solange aufrechterhalten werden, wie das Bürgertum versucht, sein früheres Eigentum zurückzugewinnen. Aber, im Gegensatz zu der früheren Situation, ist das nur ein Übergangsstadium. Dieses Stadium ist die sogenannte Diktatur des Proletariats, der notwendige Schritt von der Diktatur der Bourgeoisie – denn nichts anderes ist der bürgerliche Staat – zum klassenlosen Staat, denn eben das ist der Kommunismus. Und wie das Beispiel Rußland zeigt, ist der Mensch schon während der Diktatur des Proletariats, bevor noch der klassenlose Staat entstanden ist, freier als zuvor. Er kann der Arbeitslosigkeit, der Konkurrenz mit seinen Mitmenschen und der Armut entgehen. Er kann heiraten und Kinder bekommen und sich die Annehmlichkeiten des Lebens verschaffen. Niemand fordert ihn auf, seine Mitmenschen zu unterdrücken.

Für den Arbeiter, der der Arbeitslosigkeit ausgeliefert ist und inmitten des Überflusses Mangel leidet, zeichnet sich dieser Weg am Ende klar ab. Trotz der Versicherungen des Bürgertums, er sei in einem demokratischen oder nationalen Staat vollständig frei, revoltiert er. Und wer wird ihm in jenen Tagen zur Seite stehen? Etwa das Bürgertum, selber in die Enge getrieben und entrechtet durch die zunehmende Konzentration des Kapitals, entmutigt und pessimistisch, in Kriege getrieben und unterdrückt durch «Mächte, die sich jeder Kontrolle entziehen», und dennoch immer noch Freiheit fordernd? Von der Antwort auf diese Frage, die jeder einzelne Bürger früher oder später geben muß, wird es abhängen, ob er in jenen Tagen helfen wird, die Menschen frei zu machen oder sie weiter in Fesseln zu halten. Und das hängt auch davon ab, ob er das Wesen der Freiheit verstanden hat. Die Klasse, für die der Kapitalismus Freiheit bedeutet, wird zahlenmäßig immer kleiner, aber diejenigen, die einst dieser Klasse angehörten und nun dem Krieg und dem Imperialismus und der Armut ausgeliefert sind, halten immer noch an jener bürgerlichen Interpretation der Freiheit fest, die zur Genüge bewiesen hat, daß sie falsch ist. Sie können nur entkommen und frei werden, wenn sie das aktive Wesen der Freiheit verstehen und sich des Weges bewußt werden, den sie gehen müssen, um diese Freiheit zu erlangen. Ihr Wille ist nicht frei, solange sie Freiheit wollen, aber Unfreiheit hervorbringen. Er ist nur dann frei, wenn sie Kommunismus wollen und Freiheit hervorbringen.

Dieses Gut, die Freiheit, enthält alles Gute. Nicht nur auf der einfachen Ebene der augenblicklichen materiellen Bedürfnisse, sondern dort, wo die Wünsche und Sehnsüchte aller Menschen keimen, ist Freiheit das Ziel aller, das in der gleichen Weise erstrebt wird. Die Wissenschaft ist das Mittel, durch das der Mensch lernt, was er tun kann, und deshalb erforscht sie die Bedürfnisse der äußeren Wirklichkeit. Kunst ist das Mittel, durch das der Mensch lernt, was er tun will, und deshalb erforscht sie das menschliche Herz. Und das Bürgertum, das seine Augen vor der Schönheit verschließt und der Wissenschaft den Rücken kehrt, bleibt bis zum Schluß in seiner Dummheit befangen. Es kreuzigt die Freiheit an einem goldenen Kreuz, und wenn man fragt, in wessen Namen es das tut, erwidert es: «Im Namen der persönlichen Freiheit.»

Personenregister

Inhalt

Christopher Caudwell: *Bürgerliche Illusion und Wirklichkeit.* Beiträge zur materialistischen Ästhetik. Hrsg. von Peter Hamm. Reihe Hanser 76. 352 Seiten. Broschur 12.80 DM.

»Christopher Caudwell, der 30jährig als Freiwilliger im Spanischen Bürgerkrieg fiel, ist noch mehr als dreißig Jahre nach seinem Tode außerhalb Englands fast unbekannt, obschon aus seinem Nachlaß so wichtige philosophische Werke wie "Illusion and Reality", "Studies in a Dying Culture" und "The Crisis in Physics" zwischen 1937 und 1939 erschienen, 1949 und 1971 dann weitere kulturkritische Abhandlungen. Die nun in der Reihe Hanser von Peter Hamm herausgegebene deutsche Übersetzung des ersten Werkes – unter dem Titel ›Bürgerliche Illusion und Wirklichkeit‹ – sollte nicht geringere Resonanz auslösen, als es vor fünfzehn Jahren die erste Benjamin-Edition tat. Denn Caudwell gehört sicher zu den bedeutendsten Wegbereitern einer marxistischen Ästhetik, neben Lu Märten, die ihm vorausging und Max Raphael, der etwas vor ihm und gleichzeitig seine wichtigsten Manuskripte schrieb.
Caudwell versucht, mit der Idee einer historischen Ästhetik Ernst zu machen. Das heißt, Struktur und Qualität von Kunst (und nicht nur von Kunstwerken als einzelnen Objekten) werden im Hinblick auf die sich darin formal wie inhaltlich ausdrückende gesellschaftliche Funktion bestimmt.«

Hans Heinz Holz in der
Basler Nationalzeitung

Reihe Hanser

1 Elias Canetti: *Die Stimmen von Marrakesch.* Aufzeichnungen nach einer Reise.
3 *Marx-Chronik.* Zusammengestellt von Maximilien Rubel.
5 Erich Fried: *Zeitfragen.* Gedichte.
7 Reinhard Lettau: *Feinde.*
8 Tadeusz Rózewicz: *Entblößung.* Erzählung.
10 Stanislaw Jerzy Lec: *Letzte unfrisierte Gedanken.*
11 Günter Kunert: *Die Beerdigung findet in aller Stille statt.* Erzählg.
12 *Kritik – von wem / für wen / wie?* Hrsg. von Peter Hamm.
14 Reinhard Kühnl: *Deutschland zwischen Demokratie und Faschismus.*
15 Wolf Wondratschek: *Früher begann der Tag mit einer Schußwunde.*
16 *Das Denken von Sade.* Aufsätze von R. Barthes, H. Damisch, P. Klossowski, Ph. Sollers und M. Tort.
17 Miroslav Holub: *Obwohl . . .* Gedichte.
18 Joachim Schickel: *China: Die Revolution der Literatur.*
19 Lars Gustafsson: *Der eigentliche Bericht über Herrn Arenander.* Roman.
20 Paul Jacobs / Saul Landau: *Die Neue Linke in den USA.*
21 Gabriel Laub: *Verärgerte Logik.* Aphorismen.
22 Barbara König: *Spielerei bei Tage.* Erzählungen.
23 Elias Canetti: *Der andere Prozeß.* Kafkas Briefe an Felice.
24 Allen Ginsberg: *Planet News.* Gedichte.
25 Petr Kropotkin: *Die Eroberung des Brotes und andere Schriften.* Hrsg. von Hans G Helms.
27 Hans Heinz Holz: *Widerspruch in China.* Politisch-philosophische Erläuterungen zu Mao Tse-tung.
28 *Musik auf der Flucht vor sich selbst.* Hrsg. von Ulrich Dibelius.
31 Michail Bachtin: *Literatur und Karneval.* Zur Romantheorie und Lachkultur.
33 Günter Kunert: *Warnung vor Spiegeln.* Gedichte.
35 Günter Bruno Fuchs: *Handbuch für Einwohner.*
37 Karel Michal: *Gespenster für den Alltag.* Geschichten.
38 Horst Bienek: *Bakunin, eine Invention.*
40 Karl Heinz Bohrer: *Die gefährdete Phantasie, oder Surrealismus und Terror.*
41 Svetozar Stojanović: *Kritik und Zukunft des Sozialismus.*
42 *Guerrilleros, Partisanen.* Theorie und Praxis. Hrsg. von Joachim Schickel.
43 Alfred Jarry: *König Ubu, Ubu Hahnrei, Ubu in Ketten.*
44 Wolf Wondratschek: *Ein Bauer zeugt mit einer Bäuerin einen Bauernjungen, der unbedingt Knecht werden will.*
45 *Let it bleed.* Die Rolling Stones in Altamont. Berichte und Photos. Hrsg. von Siegfried Schober.
46 Richard Brautigan: *In Wassermelonen Zucker.* Roman.
47 *Sprache und Stil Lenins.* Aufsätze von V. Schklowski, B. Eichenbaum, L. Jakubinski, J. Tynjanow, B. Kasanski, B. Tomaschewski.
48 Kvetoslav Chvatik: *Strukturalismus und Avantgarde.* Aufsätze zur Kunst und Literatur.
49 August Strindberg: *Ein Lesebuch für die niederen Stände.* Hrsg. von Jan Myrdal.
50 Elias Canetti: *Alle vergeudete Verehrung.* Aufzeichnungen 1949–1960.
52 Arnfrid Astel: *Kläranlage.* 100 neue Epigramme.
53 Lars Gustafsson: *Utopien.* Essays.
56 Michael Pehlke / Norbert Lingfeld: *Roboter und Gartenlaube.* Ideologie und Unterhaltung in der Science-Fiction-Literatur.

57 Klaus Wallraven / Eckart Dietrich: *Politische Pädagogik.* Aus dem Vokabular der Anpassung.
60 Paul Lüth: *Ansichten einer künftigen Medizin.*
61 Wolf Lepenies / Helmut Nolte: *Kritik der Anthropologie.*
62 Witold Wirpsza: *Der Mörder.* Erzählungen.
63 *Verwaltete Musik.* Hrsg. von Ulrich Dibelius.
64 *Die Unterhaltung der deutschen Fernsehfamilie.* Hrsg. von Friedrich Knilli.
66 *Die Tabus der bundesdeutschen Presse.* Hrsg. von Eckart Spoo.
68 *a + b leuchten im Klee.* Psychopathologische Texte. Hrsg. von Leo Navratil.
70 *Das Rechtskartell.* Reaktion in der Bundesrepublik. Hrsg. von Harald Jung und Eckart Spoo.
71 Dylan Thomas: *Abenteuer in Sachen Haut.* Erzählungen.
72 Wolf Wondratschek: *Paul oder die Zerstörung eines Hörbeispiels.* Hörspiele.
73 Richard Brautigan: *Forellenfischen in Amerika.* Roman.
74 Klaus Völker: *Brecht-Chronik.* Daten zu Leben und Werk.
75 Helmut Ostermeyer: *Strafunrecht.*
76 Christopher Caudwell: *Bürgerliche Illusion und Wirklichkeit.* Studien zu einer materialistischen Ästhetik. Hrsg. von Peter Hamm.
77 Uwe Brandner: *Mutanten Milieu.* Bericht aus dem Land Asphalt.
78 Ulrike Prokop: *Soziologie der Olympischen Spiele.* Sport und Kapitalismus.
79 Afheldt / Potyka / Sonntag / von Weizsäcker: *Durch Kriegsverhütung zum Krieg?*
80 Wolf Lepenies: *Soziologische Anthropologie.* Materialien.
81 Peter Klein: *Francos zweite Inquisition.* Spanien zwischen Folter und EWG.
82 Pierre Hoffmann / Nikitas Patellis: *Demokratie als Nebenprodukt.* Versuch einer öffentlichen Planung.
83 Jean-Luc Godard: *Godard/Kritiker.* Gesammelte Kritiken und Aufsätze über Film (1950–1970). Hrsg. von Frieda Grafe.
84 Alfred Schmidt: *Geschichte und Struktur.* Fragen einer marxistischen Historik.
85 Gary Snyder: *Maya.* Gedichte.
86 Jorge Luis Borges: *David Brodies Bericht.* Erzählungen.
87 Boris Arvatov: *Kunst und Produktion,* Entwurf einer proletarisch-avantgardistischen Ästhetik (1921–1930). Hrsg. von Hans Günther und Karla Hielscher.
88 Miladin Zivotič: *Proletarischer Humanismus.* Studien über Mensch, Wert und Freiheit.
89 *Das Böse.* Dokumente und Interpretationen. Hrsg. von Gerhard Zacharias.
90 Marquis de Sade: *Der Greis in Charenton.* Letzte Aufzeichnungen und Kalkulationen.
91 Vladimir Kazakov: *Meine Begegnungen mit Vladimir Kazakov.* Prosa.
92 Alfred Jarry: *Der Alte vom Berge.* Gedichte, Dramen, Prosa. Hrsg. von Klaus Völker.
93 Joachim Steffen u. a.: *Fetisch Eigentum.* Wie privat sind Grund und Boden?
95 Horst Bienek: *Solschenizyn und andere.* Essays.
96 *Plädoyers für eine Europäische Sicherheitskonferenz.* Hrsg. von Walter Fabian.

97 *Wagner-Chronik.* Zusammengestellt von Martin Gregor-Dellin.
98 Wolfgang Bächler: *Traumprotokolle.* Ein Nachtbuch.
99 Ulrich, Albrecht: *Politik und Waffengeschäfte.* Rüstungsexport in der BRD.
100 *Und sie fliegen über die Berge, weit durch die Welt.* Aufsätze von Volksschülern. Hrsg. von ihrem Lehrer Ludwig Harig.
101 Ulrich Kurowski: *Lexikon Film.*
102 Fritz J. Raddatz: *Erfolg oder Wirkung.* Schicksale politischer Publizisten in Deutschland.
103 John Heartfield: *Krieg im Frieden.* Fotomontagen zur Zeit 1930–1938.
104 Helmut Nolte / Irmingard Staeuble: *Zur Kritik der Sozialpsychologie.*
105 Ferruccio Rossi-Landi: *Sprache als Arbeit und als Markt.* Kommunikationsforschung.
106 Charles W. Morris: *Grundlagen der Zeichentheorie. Ästhetik und Zeichentheorie.* Kommunikationsforschung.
107 Hans Heinz Holz: *Strömungen und Tendenzen im Neomarxismus.*
108 Rüdiger Thomas: *Modell DDR.* Die kalkulierte Emanzipation.
109 Alfred Schmidt: *Emanzipatorische Sinnlichkeit.* Ludwig Feuerbachs anthropologischer Materialismus.
111 Elias Canetti: *Die gespaltene Zukunft.* Aufsätze und Gespräche.
112 *Ansichten einer künftigen Futurologie.* Zukunftsforschung in der zweiten Phase. Hrsg. von Dietger Pforte und Olaf Schwencke.
113 Walter Kempowski: *Haben Sie Hitler gesehen?* Deutsche Antworten. Nachwort von Sebastian Haffner.
114 Günter Bruno Fuchs: *Reiseplan für Westberliner anläßlich einer Reise nach Moskau und zurück.* Handbuch für Einwohner No. 2.
115 *Marxismus und Formalismus.* Dokumente einer literaturtheoretischen Kontroverse. Hrsg. von Hans Günther.
116 Leo Kofler: *Aggression und Gewissen.* Grundlegung einer anthropologischen Erkenntnistheorie.
117 Tadeusz Różewicz: *Der Tod in der alten Dekoration.* Erzählung.
118 *Eine andere Verteidigung?* Alternativen zur atomaren Abschreckung. Aus der Arbeit der Vereinigung Deutscher Wissenschaftler.
119 Helmut Eisendle: *Handbuch zum ordentlichen Leben.*
120 Helmut H. Diederichs: *Konzentration in den Massenmedien.* Systematischer Überblick zur Situation in der BRD. Kommunikationsforschung.
121 Karl Held: *Kommunikationsforschung – Wissenschaft oder Ideologie?* Materialien zur Kritik einer neuen Wissenschaft. Kommunikationsforschung.
122 *Neue Ansichten einer künftigen Germanistik.* Hrsg. von Jürgen Kolbe.
123 Karl Heinz Bohrer: *Der Lauf des Freitag.* Die lädierte Utopie und die Dichter. Eine Analyse.
124 Elias Canetti: *Masse und Macht.* 1. Band.
125 Elias Canetti: *Masse und Macht.* 2. Band.
126 Günter Kunert: *Gast aus England.* Erzählung.
127 Bernd Jentzsch: *Jungfer im Grünen.* Geschichten.
128 Eugène Ionésco: *Macbett.*
129 Martin Gregor-Dellin: *Richard Wagner – die Revolution als Oper.*
130 Heinz Abosch: *Trotzki-Chronik.* Daten zu Leben und Werk.
131 Auguste Comte: *Plan der wissenschaftlichen Arbeiten, die für eine Reform der Gesellschaft notwendig sind.* Einleitung von D. Prokop.

132 Hermann Glaser: *Weshalb heißt das Bild nicht Bett?* Soziolinguistische Paradigma zur Sprache der Gegenwart.
133 Dietmar Kamper: *Geschichte und menschliche Natur.* Die Tragweite gegenwärtiger Anthropologiekritik.
134 Wolfgang Pohrt: *Wissenschaftspolitik – von wem, für wen, wie.* Prioritäten in der Forschungsplanung. Vorwort von Dietrich Goldschmidt.
135 Sergej M. Eisenstein: *Schriften 2. Panzerkreuzer Potemkin.* Hrsg. von Hans-Joachim Schlegel.
136 Dziga Vertov: *Schriften zum Film.* Herausgegeben von Wolfgang Beilenhoff.
137 Joachim Schickel: *China in der Welt.* Ein außenpolitisches Dossier.
138 Johann Galtung / Dieter Senghaas (Hrsg.): *Kann Europa abrüsten?* Friedenspolitische Optionen für die siebziger Jahre.
139 Otto Kreye (Hrsg.): *Multinationale Konzerne.* Entwicklungstendenzen im kapitalistischen System.
140 *Die politischen Gefangenen Saigons.* Eine Dokumentation von Holmes Brown und Don Luce.
141 Dieter Prokop (Hrsg.): *Kritische Kommunikationsforschung.* Aufsätze aus der »Zeitschrift für Sozialforschung«.
142 Henri Lefebvre: *Kritik des Alltagslebens,* Band I.
143 Henri Lefebvre: *Kritik des Alltagslebens.* Band II.
144 Henri Lefebvre: *Kritik des Alltagslebens.* Band III.
145 Miroslav Holub: *Aktschlüsse.* Halbgedichte.
146 *Netzer kam aus der Tiefe des Raumes.* Notwendige Beiträge zur Fußball-Weltmeisterschaft. Hrsg. von Ludwig Harig und Dieter Kühn.
147 *Wollüstige Phantasie.* Sexualästhetik der Literatur. Aufsätze über Sade, Bataille, Genet, Miller, Schnitzler, Wedekind und Nabokov. Hrsg. von Horst Albert Glaser.
148 Peter Christian Ludz: *Deutschlands doppelte Zukunft.* Bundesrepublik und DDR in der Welt von morgen. Ein politischer Essay.
149 Alfred Schmidt: *Zur Idee der Kritischen Theorie.* Elemente der Philosophie Max Horkheimers.
150 Michel Foucault: *Von der Subversion des Wissens.* Hrsg. von Walter Seitter.
151 Guy Hocquenghem: *Das homosexuelle Verlangen.*
152 *Lenin-Chronik.* Daten zu Leben und Werk. Zusammengestellt von Hermann und Gerda Weber.
153 *Ansichten einer künftigen Geschichtswissenschaft I.* Kritik – Theorie – Methode. Hrsg. von Imanuel Geiss und Rainer Tamchina.
155 Robert Leicht: *Grundgesetz und politische Praxis.* Parlamentarismus in der Bundesrepublik.
156 *Durch Kooperation zum Frieden?* Probleme gesamteuropäischer Sicherheit und Zusammenarbeit. Eine Veröffentlichung der Vereinigung deutscher Wissenschaftler.
157 Klaus Kreimeier: *Politische Theorie des Fernsehens.* Kommunikationsforschung.
158 Sergej M. Eisenstein: *Schriften 1. Streik.* Hrsg. von Hans-Joachim Schlegel.
159 Vsevolod Meyerhold: *Theaterarbeit 1917–1930.* Hrsg. von Rosemarie Tietze.
160 Horst Holzer: *Kinder und Fernsehen.* Materialien zu einem öffentlich-rechtlichen Dressurakt.
162 Christopher Caudwell: *Studien zu einer sterbenden Kultur.*